Yash Tandon

HANDEL IST KRIEG

Nur eine neue
Wirtschaftsordnung
kann die Flüchtlings-
ströme stoppen

*Übersetzung aus dem Englischen
von Christoph Bausum*

QUADRIGA

Dieser Titel ist auch als E-Book erschienen

Titel der englischen Originalausgabe:
»Trade is War. The West's War Against the World«

Für die Originalausgabe:
Copyright © 2014 by Yash Tandon
Published by arrangement with OR Books, New York

Für die deutschsprachige Ausgabe:
Copyright © 2016 by Bastei Lübbe AG, Köln
Gesamtgestaltung: fuxbux, Berlin
Gesetzt aus der ITC Mendoza Roman
Druck und Einband: CPI books GmbH, Leck – Germany

Printed in Germany
ISBN 978-3-86995-087-7

5   4   3   2   1

Sie finden uns im Internet unter www.quadrigaverlag.de
Bitte beachten Sie auch www.luebbe.de

Ein verlagsneues Buch kostet in Deutschland und Österreich jeweils überall dasselbe.
Damit die kulturelle Vielfalt erhalten und für die Leser bezahlbar bleibt, gibt es die *gesetzliche Buchpreisbindung*. Ob im Internet, in der Großbuchhandlung, beim lokalen Buchhändler, im Dorf oder in der Großstadt – überall bekommen Sie Ihre verlagsneuen Bücher zum selben Preis.

INHALT

ZUM ANDENKEN AN MEINE MUTTER MATAJI

VORWORT

Carlos Lopes,
Leiter der UN-Wirtschaftskommission für Afrika

Der Blick auf die Weltwirtschaft hat sich so stark gewandelt,
dass eine Unterscheidung, wie sie früher zwischen *International
Economics* (Außenwirtschaft) und *Development Economics* (Entwicklungsökonomie) vorgenommen wurde, heute lächerlich
erscheint. Obwohl viele Universitäten an den alten Disziplinen
festhalten, sind die Belege für den Wandel so gewaltig, dass Ansichten über die Wirtschaft einer bestimmten Gruppe von Ländern, die den globalen Raum dominieren, irrelevant geworden
sind. Das Hervortreten Chinas als wirtschaftliche Supermacht
hat eine völlig neue Wahrnehmung zur Folge. Zur heutigen
Landschaft gehören viele neue Player aus der Gruppe, die meist
mit der bequemen Kategorie Globaler Süden zusammengefasst
wird, was diese Einteilung klar in der Vergangenheit verortet.

Niemand stellt infrage, dass es eine neue Verteilung von
Wohlstand und Macht gibt. Die Gründung der G20-Runde
im Gefolge der weltweiten Finanzkrise von 2008/2009 ist ein
klarer Hinweis auf die Notwendigkeit, eine Governance für
globale Wirtschaftsfragen zu schaffen, zu stärken und zu befördern. Die Zusammensetzung der G20 basiert (mit kleinen Abweichungen) auf der Größe des Bruttoinlandsprodukts

(BIP) – ein Prinzip, das nicht unumstritten ist, aber trotzdem den Wandel in Richtung einer neuen Realität widerspiegelt. Das Gleiche gilt für die moderateren Veränderungen in der Governance der Bretton-Woods-Institutionen. Es ist nicht zu leugnen, dass der Einfluss des Globalen Südens zunimmt. Der Zusammenschluss der BRICS-Staaten sowie die Gründung der neuen Infrastrukturbank (AIIB) unter chinesischer Führung sind ebenfalls wichtige Ereignisse.

Die weltweiten Warenexporte haben sich innerhalb der letzten beiden Jahrzehnte mehr als verdreifacht und sind im Jahr 2012 auf 18 Billionen US-Dollar gestiegen. Ein Viertel davon entfällt auf den Handel zwischen Entwicklungsländern – den sogenannten »Süd-Süd-Handel« –, der laut UNCTAD eine Rekordhöhe von 4,7 Billionen US-Dollar erreicht hat. Im Jahr 1995 wickelten die Entwicklungsländer 42 Prozent ihrer Exporte untereinander ab. 2013 lag dieser Anteil bereits bei 57 Prozent.[1] Laut IWF macht der Süd-Süd-Handel heute in China fast die Hälfte und in Indien und Brasilien fast 60 Prozent des gesamten Handels aus. Und nach Prognosen des IWF wird der Süd-Süd-Handel all dieser Länder bis ins Jahr 2050 durchgängig höher liegen als ihr Handel mit dem Rest der Welt.

Afrika ist das beste Beispiel für diesen Trend: Zwischen 2001 und 2011 stieg der gesamte Handel (Exporte und Importe) zwischen afrikanischen und BRICS-Ländern von 22,9 auf 267,9 Milliarden US-Dollar an.[2] Obwohl traditionelle Handelspartner wie Europa und die USA für Afrika nach wie vor wichtig sind, kauften im Jahr 2013 Brasilien, Indien und China zusammen schon ein Viertel der afrikanischen Exportgüter.[3] China ist Afrikas wichtigster Geschäftspartner – mit einem Handelsvolumen von mehr als 198,5 Milliarden US-Dollar gegenüber einem Handel zwischen Afrika und den USA, der sich 2013 auf 99,8 Milliarden US-Dollar belief.[4] Indiens Handel mit Afrika summierte sich im gleichen Jahr auf mehr als 70 Milliarden US-Dollar.

Bis vor ein paar Jahren war der Beitrag der Entwicklungsländer zu den Strömen von Auslandsdirektinvestitionen (Foreign Direct Investment, FDI) vernachlässigbar gering. Die traditionellen Ursprungsländer solcher Direktinvestitionen, wie
etwa die USA, sind zwar nach wie vor dominant, doch einige
Schwellen- und BRICS-Länder haben deutlich aufgeholt. Hier
ist besonders China zu nennen, dessen FDI in den 80er-Jahren
noch praktisch bei null lagen und 2011 schon 74 Milliarden
US-Dollar erreichten, was China den Rang des größten BRICS-
Investors sicherte.

Die Höhe der chinesischen Investitionen in Afrika ist schwer
zu messen, doch man schätzt, dass sie im Jahr 2014 bei 40 Milliarden US-Dollar lagen.[5] Und China ist nicht das einzige Land,
das Investitionen nach Afrika lenkt: Große indische Privatunternehmen wie etwa Bharti Enterprises, Essar oder Tata sind
in dieser Hinsicht ziemlich aktiv. Bharti Airtel kaufte 2010 für
10,7 Milliarden US-Dollar ein afrikaweites Mobilfunknetz. Indiens größter Erdölprospektor, die Oil and Natural Gas Cor-
poration, erwarb 2013 für 2,6 Milliarden US-Dollar einen
zehnprozentigen Anteil an einem Offshore-Gasfeld in Mosambik.[6]

Der wachsende Einfluss des Globalen Südens tritt nirgend-
wo deutlicher zutage als im Handel. In Handelsstrukturen
spiegeln sich andere Megatrends wie demografische, techno-
logische und klimatische Veränderungen. Die Verbindung zwischen Handel und verbessertem Wachstum ist Gegenstand un-
zähliger Bücher. Seit Gründung der Welthandelsorganisation
(WTO) im Jahr 1994 ist die globale Wirtschaftsleistung von
29,9 Milliarden US-Dollar auf 74,9 Milliarden US-Dollar im
Jahr 2013 gestiegen.[7] Im gleichen Zeitraum hat der globale Han-

del nach Zahlen der WTO um den Faktor neun zugenommen. Die Korrelation zwischen der Liberalisierung des Handels und Wachstum ist in vielen Studien festgestellt worden. Auch wenn einige Ergebnisse dieser Studien umstritten sein mögen, steht doch nicht zur Debatte, dass etliche Länder des Globalen Südens von der Vergrößerung des Handelskuchens stark profitiert haben.

Ungeachtet all dessen ist es etwas anderes, was Yash Tandons Denken vorantreibt: Ihm geht es um das Versäumte, nicht um das Erreichte; um das Übersehene und nicht um das Sichtbare; um das Mögliche, das von Hindernissen aufgehalten werden könnte. Der Handel bildet für ihn den Zugang zu fundamentalen Veränderungen in den globalen Beziehungen. Er ist fest davon überzeugt, dass wir im kapitalistisch-imperialistischen Zeitalter leben, und in diesem Zeitalter ist Handel Krieg. Das Konzept des Krieges ist in sich so komplex, dass es sich durchaus mit der Praxis des Handels in Verbindung bringen lässt. Tandon befördert den Diskurs über den Handel mit zugespitzten Analysen und provokanten Beiträgen. Auch wenn der Leser seine Meinung nicht teilt, darf er sich in jedem Fall auf eine erfrischende Diskussion freuen.

Man muss Tandon kennen, um zu wissen, was ihn antreibt. Sein ganzes Leben lang war er ein Kämpfer für die Gerechtigkeit. Sein Engagement ist in Afrika weithin bekannt, die politischen Eliten suchen seinen Rat, aber auch in Nichtregierungsorganisationen gilt er als »organischer Intellektueller«. Tandon ist gut informiert, ein Aktivist bis ins Mark, rastlos wie die Jugend, die seinen Kontinent Afrika dominiert. Seine beruflichen und politischen Referenzen sind weitgehend deckungsgleich. Er hält mit seinen ideologischen Überzeugungen nie hinter dem Berg und macht es zu seinem Ziel, gegen andere Ideologien anzugehen. Man mag nicht alle seine Positionen schätzen, teilen

oder auch nur verstehen. Doch niemand kann dieser nahbaren
und intellektuell geprägten Persönlichkeit vorwerfen, er gehe
Auseinandersetzungen aus dem Weg. Er lässt sich nicht nur
auf Konfrontationen ein, er genießt solche Kontroversen sogar,
wenn sie dazu beitragen, ein tieferes Verständnis für die Probleme zu schaffen.

Tandon machte schon vor geraumer Zeit den Handel als den
Schuldigen für Afrikas ökonomische Entfremdung aus. Er hat
die Fahne der afrikanischen Eigenständigkeit konsequent hoch-
gehalten – worunter er nicht die minimalistische Karikatur der
Autarkie versteht, sondern die Notwendigkeit, die eigenen Ressourcen und Fähigkeiten so zu nutzen, dass sie eine ungerechte
Realität verändern können. In Tandons Narrativ finden sich
viele Hoffnungen – manche würden vielleicht sogar von Träu-
men sprechen. Ich bin sicher, dass er gegen diese Charakterisie-
rung nichts einzuwenden hätte, weil seiner Überzeugung nach
die Utopie notwendiger Bestandteil jedweder Mobilisierung ist.
Man muss jedoch zugeben, dass seine Überzeugungen auf Analyse und Sachkenntnis gegründet sind, unabhängig davon, ob
man mit ihnen übereinstimmt oder nicht.

Tandons Buch räumt der geschichtlichen Perspektive einen
breiten Raum ein. Der historische Blick auf die Ökonomie ist
immer aufschlussreich und lohnend. Er ermöglicht eine besser
informierte Diskussion. Indem Tandon auf geradezu pädago-
gische Weise die komplexen Beziehungen zwischen dem Handel und anderen von ihm beeinflussten Bereichen ausleuchtet,
belegt er seine These von der zentralen Stellung des Handels –
auch wenn er sicherlich nicht alle seine Leser davon überzeugen wird, dass er mit Krieg gleichzusetzen ist.

Gerade weil Afrika vom Handel marginalisiert wird – im Jahr
2013 steht dieser Kontinent für gerade einmal 3,4 Prozent des
weltweiten Handels[8] –, liegt es für einen Autor wie Tandon, der

stolz auf seine militanten afrikanischen Wurzeln ist, nahe, diesem Kontinent ein großes Maß an Aufmerksamkeit zu widmen. Für mich manifestiert sich auch hierin das Engagement, an das sich sämtliche Freunde Tandons – zu denen auch ich gehöre – gewöhnen mussten. Angesichts der Offenheit, die er bei solchen Themen immer wieder an den Tag legt, ist auch diesem Buch eine große Aufmerksamkeit sicher.

Tandon spricht offen. In diesen unsicheren Zeiten müssen solche Stimmen gehört werden.

GELEITWORT

Die abgrundtiefe Scheinheiligkeit des Westens

Jean Ziegler, 2000 bis 2008 UN-Sonderberichterstatter für das Recht auf Nahrung und Autor des Buches *Das Imperium der Schande* (2005).

Edgar Morin stellt fest: »Die Dominanz des Westens ist die schlimmste in der Geschichte der Menschheit, sowohl in ihrer Dauer als auch in ihrer weltweiten Ausdehnung.«[9]

In diesem großartigen Buch analysiert Yash Tandon eine der wichtigsten Waffen, die die westlichen Mächte einsetzen, um die Völker der südlichen Hemisphäre und insbesondere in Afrika auszubeuten und zu knechten: die Waffe des internationalen Handels.

Ausgestattet mit einem scharfen Verstand und einem reichen persönlichen Erfahrungsschatz (als Unterhändler bei der WTO für sein eigenes Land Uganda, später auch für Kenia und Tansania sowie in seiner Eigenschaft als Direktor des renommierten South Centre in Genf eine Leitfigur der internationalen Zivilgesellschaft) untersucht Tandon den Widerstandskampf von Ländern des Globalen Südens rund um verschiedene Aspekte des Welthandels.

Nehmen Sie zum Beispiel Tandons Untersuchung der 76
AKP-Staaten (Afrika, Karibik, Pazifik). Sie alle sind frühere
Kolonien der einen oder anderen europäischen Macht, und sie
erfreuten sich lange Zeit eines besonderen Handelsstatus, be-
sonders infolge der Lomé-Konventionen I, II und III sowie des
Cotonou-Abkommens.

Das Jahr 2007 brachte eine brutale Veränderung in der
politischen Landschaft Europas mit sich: Die EU kündigte alle
früheren Abkommen auf und versuchte, den AKP-Ländern
sogenannte »Wirtschaftspartnerschaftsabkommen« (WPAs)
aufzuzwingen. Diese WPAs sind Vereinbarungen, die uneinge-
schränkten freien Handel verlangen und alle Protektionsmaßnahmen in den Binnenmärkten der AKP-Staaten untersagen.

Die Lage für diese Länder ist ernst. Das Bruttosozialprodukt
der 28 Mitgliedsstaaten der Europäischen Union übersteigt
18 Billionen Dollar. Am anderen Ende des Spektrums stehen
50 der 76 AKP-Länder, die zu den ärmsten Ländern der Welt
gehören. 35 Prozent der afrikanischen Bevölkerung gelten als
schwer und dauerhaft unterernährt. Im Jahr 2014 mussten die
54 afrikanischen Staaten Nahrungsmittel im Wert von 24 Milliarden Dollar importieren. Wegen fehlender Investitionen (in
Dünger, Bewässerung, Samen usw.) liegt die nahrungsprodu-
zierende Landwirtschaft in vielen dieser Länder am Boden.

Nimmt man einem AKP-Land seine Zollgebühren weg, dann
reduziert man es auf den Status eines Vasallen, gibt es dem Ver-
fall preis.

Die »Verhandlungs«-Taktik, mit der Brüssel seine Ziele erreichen will, kommt einer Erpressung gleich: Entweder du un-
terschreibst, oder deine Wirtschaftshilfe – insbesondere die aus
dem Europäischen Entwicklungsfonds – wird gestrichen.

Bislang sind die Eurokraten mit dieser Strategie zumindest
teilweise gescheitert. Yash Tandons formidables Talent als Un-

terhändler und Analytiker, verbunden mit der Kraft seiner Überzeugung, hielt dem Druck stand und stellte Brüssels zynische Erpressungsversuche bloß.

Antonio Gramsci war ein Vorzeige-Revolutionär und ein einflussreicher Philosoph. Die letzten zehn Jahre seines kurzen Lebens verbrachte er in den Gefängnissen von Mussolinis faschistischer Diktatur. 1926 war er verhaftet worden, und er starb kurz nach seiner Freilassung im Jahr 1937. In seinen *Quaderni del carcere (Gefängnisheften)* entwickelte er mit großer Finesse und unter Heranziehung zahlreicher historischer Beispiele die Theorie des organischen Intellektuellen, der durch seine Analysen und Visionen zum unverzichtbaren Helfer der sozialen Bewegung wird.

Yash Tandon ist die perfekte Verkörperung dieser historischen Funktion des organischen Intellektuellen. Ohne ihn, ohne die Kraft seines analytischen Denkens, ohne seine Vitalität, ohne seine Geduld in diesem Kampf, wäre die Zivilgesellschaft des Planeten heute weitaus weniger effektiv ... Wir sind ihm zu großer Dankbarkeit verpflichtet.

Dieses Buch ist kein utopisches Konzept, sondern eine Kampf-Anleitung. Es ist Pflichtlektüre für alle, die sich dem Kampf gegen die kannibalistische Ordnung verschrieben haben, die zurzeit unsere Welt dominiert.

ABKÜRZUNGEN

AKP   Afrikanische, karibische und pazifische Staaten

AoA   Agreement on Agriculture (Agrarabkommen)

AU   Afrikanische Union

DDA   Doha Development Agenda (Doha-Entwicklungsrunde)

EAC   East African Community (Ostafrikanische Gemeinschaft)

EALA   East African Legislative Assembly
(Ostafrikanische Legislativversammlung)

ECA   Economic Commission for Africa
(Wirtschaftskommission für Afrika)

EU, EK   European Union, European Commission /
Europäische Union, Europäische Kommission

IS   sogenannter »Islamischer Staat«

KSSFF   Kenya Small Scale Farmers Forum
(Forum kenianischer Kleinbauern)

MDGs   Millennium Development Goals
(Millenniums-Entwicklungsziele)

NAM   Non-Aligned Movement (Bewegung der blockfreien Staaten)

NAMA   Non-agricultural market access
(Marktzugang für nichtlandwirtschaftliche Güter)

NATO   North Atlantic Treaty Organization
(Nordatlantikpakt-Organisation)

NGO   Non-governmental organisation
(Nichtregierungsorganisation)

NWWO	Neue Weltwirtschaftsordnung
ODA	Official development assistance (Öffentliche Entwicklungszusammenarbeit)
OECD	Organisation for Economic Cooperation and Development (Organisation für wirtschaftliche Zusammenarbeit und Entwicklung)
R2P	Responsibility to Protect (Schutzverantwortung)
S&D	Special and differential treatment under GATT/WTO (Sonder- und Vorzugsbehandlung)
SAP	Strukturanpassungsprogramm
SDGs	Sustainable Development Goals (Nachhaltige Entwicklungsziele)
TIPA	Trade and Investment Partnership Agreement (Handels- und Investitionspartnerschaftsvereinbarung)
TRIPS	Trade Related Intellectual Property Rights (Übereinkommen über handelsbezogene Aspekte der geistigen Eigentumsrechte)
TTIP	Transatlantic Trade and Investment Partnership (Transatlantische Handels- und Investitionspartnerschaft)
UN	United Nations (Vereinte Nationen)
UNCTAD	United Nations Conference on Trade and Development (Konferenz der Vereinten Nationen für Handel und Entwicklung)
UNDP	United Nations Development Programme (Entwicklungsprogramm der Vereinten Nationen)
UNFCCC	United Nations Framework Convention on Climate Change (Klimarahmenkonvention der Vereinten Nationen)
WIPO	World International Property Organisation (Weltorganisation für geistiges Eigentum)
WPA	Wirtschaftspartnerschaftsabkommen
WZO	Weltzollorganisation
WTO	World Trade Organisation (Welthandelsorganisation)

1. EINLEITUNG

Warum dieses Buch?

Seit dreißig Jahren bin ich auf unterschiedlichen Ebenen an Gesprächen über Handelsabkommen beteiligt – global, regional und bilateral. Beim Schreiben dieses Buches lasse ich Fachliteratur und offizielle Dokumente einfließen, aber auch meine eigene Erfahrung. Ich war 1996 Teilnehmer des ersten Ministertreffens der Welthandelsorganisation (WTO) in Singapur, und seither war ich bei praktisch allen WTO-Ministertreffen dabei, oft als Vertreter meines eigenen Landes (Uganda), aber auch für andere Länder (Kenia und Tansania). Zwischen 2005 und 2009 nahm ich als Leiter des South Centre an den Treffen teil. Die WTO ist eine wahre Kriegsmaschine.

Außerdem bin ich seit fast dreißig Jahren direkt involviert in die Verhandlungen zwischen den afrikanischen, karibischen und pazifischen Staaten der AKP-Gruppe einerseits und der Europäischen Union (EU) auf der anderen Seite – oft als Teil der ugandischen Delegation, aber auch als NGO-Aktivist.

In diesem Buch geht es nicht um mich. Es geht um jenes globale Handelssystem, das ich als »Krieg« beschreibe. Wenn kleine und mittelgroße Länder sich nicht »an die Regeln halten«, die ihnen die großen Mächte, von denen die WTO kontrolliert wird, diktieren, dann werden sie – kollektiv oder indivi-

duell – mit Sanktionen belegt. Ich ziehe in diesem Buch Afrika
als Beispiel heran, doch das Prinzip gilt für alle schwächeren
Mitglieder der sogenannten »internationalen Gemeinschaft«,
auch für die BRICS-Staaten Brasilien, Russland, Indien, China
und Südafrika. Diese sind natürlich große Länder – doch in den
Bereichen Welthandel, Technologie, Urheberrechtsschutz und
internationales Finanzwesen sind sie noch relativ schwach.

Der zweite Grund für dieses Buch hat mit der Frage der
Deutungshoheit zu tun. Nach wie vor halten sich koloniale
Denkmuster. Die Ungleichheiten des globalen Handelssystems
werden mit einem ideologischen Tarnanstrich versehen. Ich
versuche, ein alternatives Narrativ zu liefern. Wenn du nicht
deine eigene Geschichte schreibst, hast du kein Recht auf Unabhängigkeit.

Mein dritter Grund zum Schreiben ist der Wunsch, durch
konkrete Beispiele zu belegen, dass Handel zwar Krieg ist, dass
dieser Konflikt aber durchaus nicht einseitig sein muss. Schwächere Nationen und Völker leisten Widerstand und wagen den
Gegenangriff. Es gibt keinen Grund, in Zynismus und Resig-
nation zu verfallen, wenn man einer scheinbaren Übermacht
gegenübersteht. Dieses Buch beschreibt die beiden Seiten des
»Krieges«.

Die WTO als wichtigster Schauplatz
des globalen Handelskrieges

Die WTO ist im Grunde genommen eine konspirative Organisation. Ihre Entscheidungen werden von einigen ausgewählten
Mitgliedern (die großen Mächte plus eine kleine Anzahl von
Ländern aus dem Süden, die der Norden ausgewählt hat) in
sogenannten »Green Rooms« getroffen. Diese Entscheidungen

sind für alle bindend, selbst für jene, die nicht anwesend sind. Afrika war in diesen »Green Rooms« in Singapur nicht dabei, und dennoch waren die afrikanischen Staaten verpflichtet, die sogenannten »Singapur-Themen« zu akzeptieren, die hinter ihrem Rücken als Teil der WTO-Agenda vereinbart wurden. Die WTO ist definitiv keine demokratische Organisation. Seit 1996 kämpft Afrika darum, den Schaden wiedergutzumachen, der in Singapur angerichtet wurde.

1997 veranlassten mich die Erfahrungen mit der Ministerkonferenz von Singapur, einige Recherchen anzustellen. Dabei musste ich bestürzt feststellen, dass praktisch alle afrikanischen Länder die Vereinbarungen der Uruguay-Runde, die zur Gründung der WTO führten, unterzeichnet hatten, ohne deren Text auch nur zu lesen. Das schockierte mich. Wieso unterschrieben sie eine Vereinbarung, die Afrikas Interessen zuwiderlief, ohne sie auch nur zu lesen? Warum hatten die Regierungen Afrikas die Vereinbarung nicht einer rigorosen Analyse unterzogen? Ich fand auch heraus, dass keine Regierung den Vertrag ihrem nationalen Parlament für eine demokratische Prüfung vorgelegt hatte. Warum nicht? Handelte es sich um ein Versehen ... oder war dieses Verhalten das Resultat von Geschichte oder Psychologie?

Ich bin kein Psychoanalytiker. Doch Afrikas Erfahrung mit der WTO erinnert mich an die brillante Analyse des auf Martinique geborenen algerisch-französischen Psychiaters und Philosophen Frantz Fanon. In seinem Buch *Schwarze Haut, weiße Masken* (1952) erklärt er mithilfe psychoanalytischer Theorien die Gefühle von »Abhängigkeit« und »Unzulänglichkeit«, die schwarze Menschen in einer weißen Welt empfinden. Auch nach der Unabhängigkeit ihres Landes fällt es schwarzen »Untertanen« schwer, den Minderwertigkeitskomplex abzulegen, der eine zwangsläufige Folge des Kolonisierungsprozesses ist.

Fanon schreibt, dass dieser Effekt besonders stark bei gebildeten Schwarzen auftritt, die von ihren weißen Mentoren akzeptiert werden möchten: »Der von seiner Minderwertigkeit versklavte Neger und der von seiner Überlegenheit versklavte Weiße verhalten sich beide in Übereinstimmung mit einer neurotischen Orientierung.«

Es mag erstaunlich klingen, dass auch nach jahrzehntelangen Kämpfen um Unabhängigkeit die Mehrheit der afrikanischen Regierenden eine Art blindes Vertrauen zu ihren europäischen Mentoren hat. Dahinter steht die implizite Annahme, man könne heute, nach dem Ende der antikolonialen Kriege, absolut darauf bauen, dass die Europäer im afrikanischen Interesse handeln. Doch natürlich ist das nicht der einzige Grund, warum Vereinbarungen wie diejenige, die zur Gründung der WTO führten, unterzeichnet werden. Es gibt auch den Lockruf der »Entwicklungshilfe« und die Androhung von Sanktionen. Außerdem gibt es, zumal nach dem Aufkommen der Doktrin des Neoliberalismus, die alles durchdringende Ideologie von freiem Welthandel und staatlicher Deregulierung. Diese Ideologie postuliert, dass die Ressourcen der Welt durch das Wirken von komparativen oder Wettbewerbsvorteilen ausgesprochen effizient und produktiv verteilt werden, wenn man sie nur dem freien Markt überlässt. Ich bin jedoch zu dem Schluss gekommen, dass der Grund, warum Afrika Europa vertraut, in erster Linie in dem naiven Glauben liegt, die früheren Kolonialherren hätten ihr Fehlverhalten der Vergangenheit eingesehen und man könne sich nun darauf verlassen, dass sie Afrika in Handelsfragen fair und gerecht begegnen würden. Das war es, was mich am meisten verwirrte.

Nach den Erfahrungen von Singapur gründete ich deshalb 1997 eine Organisation namens *Southern and Eastern African Trade Information and Negotiations Institute* (SEATINI). Diese

Organisation hat ein einfaches und klares Ziel: Sie will dazu beitragen, Afrikas Verhandlungsgeschick beim Abschließen von Handelsabkommen zu steigern und das Selbstbewusstsein der afrikanischen Handelsbeauftragten aufzubauen, damit sie ihren früheren Kolonialherren etwas entgegensetzen können. SEATINI besteht nun schon seit fast zwanzig Jahren, und ich bin immer noch der Vorsitzende. Es gibt SEATINI-Büros in Kampala, Nairobi und Harare, auch in Johannesburg gab es für kurze Zeit ein Büro. Die Organisation wird weitgehend ehrenamtlich geführt von einer Handvoll engagierter lokaler »Handelsexperten« aus Kenia, Uganda und Simbabwe, daneben wird sie »solidarisch unterstützt« von einigen europäischen NGOs.

In den 1990er- und 2000er-Jahren organisierte die WTO »Training Workshops« für Handelsbeauftragte aus Afrika und aus anderen Dritte-Welt-Ländern, damit diese die »Spielregeln« der WTO lernten. Im Jahr 2004 wurde ich von der WTO eingeladen, bei einem dieser Seminare in Stockholm einen Vortrag zu halten. Bei dieser Gelegenheit übte ich, untermauert mit Fakten und Argumenten, drastische Kritik an der WTO und ihren Methoden. Die Teilnehmer waren sichtlich schockiert, einen Blick auf die WTO zu bekommen, der sich von dem unterschied, den die WTO-Offiziellen und die anderen Dozenten ihnen vermittelt hatten. Drei Tage lang kamen viele von ihnen abends zu mir, um weiter zu diskutieren. Als ich Stockholm verließ, hatte ich mehrere Teilnehmer zumindest so weit »bekehrt«, dass sie einräumten, dass es eine andere Sichtweise über die WTO gab. Sie begannen, einen Unterschied zwischen der Realität vor Ort (wie ich sie beschrieben hatte) und der Ideologie des freien Marktes zu sehen (wie sie die WTO-Offiziellen präsentierten).

Im Januar 2005 wurde ich zum Leiter des South Centre ernannt. Dieses ist ein zwischenstaatlicher Thinktank zur Politik-

forschung, der 1995 von der politischen Führung der südlichen
Länder gegründet wurde. Er hat seine Zentrale in Genf, und
sein erster Vorsitzender war Julius Nyerere. Sowohl das South
Centre als auch SEATINI beschäftigen sich mit Fragen im Zusammenhang mit Handelsgesprächen, einschließlich multi-
lateraler Verhandlungen (wie in der WTO) sowie regionaler
oder bilateraler Verhandlungen (wie im Fall von Afrikas Verhandlungen mit Europa). Seine Arbeit erstreckt sich auch auf
andere »handelsrelevante« Fragen wie beispielsweise geistiges
Eigentum, Gesundheit, Ernährungssicherung, Rohstoffe, Kontrolle über nationale Ressourcen, Klimawandel, Steuergerech-
tigkeit und eine ganze Reihe weiterer Themen. Die »starken
und mächtigen« Länder haben es immer wieder geschafft, die
unterschiedlichsten Themen unter »Handel« zu subsumieren,
indem sie einfach das Etikett »handelsbezogen« anhängten.
Auf diese Weise schafften es auch die vier Singapur-Themen –
Investition, Wettbewerb, Transparenz im öffentlichen Beschaffungswesen und Handelserleichterungen – auf die Agenda der
WTO (unzulässigerweise, wie ich hinzufügen möchte).

Dann, bei der fünften WTO-Ministerkonferenz im mexika-
nischen Cancún im September 2003 widersetzten sich die Entwicklungsländer unter der Führung Brasiliens und Indiens dem
westlichen Versuch, einen von den westlichen Ländern vor-
bereiteten und abgestimmten Text zur Landwirtschaft durch-
zudrücken. Hunderte von NGO-Aktivisten, aus dem Norden
ebenso wie aus dem Süden, versammelten sich aus Solidarität
mit den südlichen Ländern, um gegen die Unfairness des WTO-
Systems zu protestieren. Ich war dort als inoffizielles Mitglied
der kenianischen Delegation, eingeladen vom kenianischen
Minister für Handel und Industrie, Mukhisa Kituyi (der inzwischen Generaldirektor der UNCTAD ist). Er war zugleich
der einzige Afrikaner, dem Zugang zu den »Green Room«-Ver-

handlungen gewährt wurde. Er war neu in diesem Spiel, aber er
spielte seine Karten gut und schaffte es, dass drei der vier »Singapur-Themen« wieder von der WTO-Agenda entfernt wurden. Das einzige Thema, das auf der Tagesordnung blieb, war
das der »Handelserleichterungen«. Trotz größten Drucks der
westlichen Länder und der WTO-Bürokratie – angeführt vom
damaligen Generalsekretär Pascal Lamy – scheiterte die Konferenz. Die NGO-Aktivisten tanzten am Tagungsort und in den
Straßen von Cancún, sie feierten den Triumph der Entwicklungsländer gegen die Gängelei der großen Mächte. Die »Starken und Mächtigen« und Pascal Lamy schmollten nach ihrer
demütigenden Niederlage. Das soll kein persönlicher Angriff
gegen Lamy sein. Meiner Ansicht nach war er ein brillanter
Organisator und Ideologe für die WTO.

Der Handelskrieg zwischen der EU und Afrika unter WPAs

Das WTO-Erlebnis ist nicht ungewöhnlich. Europa führt ständig Handelsgespräche mit Afrika, und auch das ist ein kriegerischer Akt. Ich kenne die Art, mit der die Europäische Union
afrikanischen, karibischen und pazifischen Staaten »Wirtschaftspartnerschaftsabkommen« (WPAs) aufgedrängt hat, aus
mittlerweile fast dreißigjähriger persönlicher Erfahrung. Afrikanische Regierungen, geschwächt durch ihre Abhängigkeit
von sogenannter »Entwicklungshilfe«, sind oft »bereit«, diese
asymmetrischen und vollkommen unfairen Abkommen zu unterzeichnen. Vielleicht liegt es auch am »Minderwertigkeitskomplex« – dem psychologischen Phänomen, das Fanon als
Nebenprodukt des Kolonisierungsprozesses beschrieben hat:
dem Drang der »kolonisierten Elite«, die Anerkennung ihrer

europäischen Mentoren zu suchen. Doch während afrikanische Regierungen vor Europa den Kotau machen, leisten die gewöhnlichen Bürger Afrikas Widerstand. Im Jahr 2007 zum Beispiel reichte das Kenya Small Scale Farmers Forum (KSSFF) Klage gegen die eigene Regierung ein mit der Begründung, dass WPAs den Lebensunterhalt von Millionen von kenianischen und ostafrikanischen Bauern gefährdeten. Am 13. Oktober 2013 entschied der Oberste Gerichtshof Kenias zugunsten des KSSFF. Das Urteil verpflichtete die kenianische Regierung, einen Mechanismus einzurichten, der alle Beteiligten (einschließlich der Kleinbauern) in die laufenden WPA-Verhandlungen einbindet, und eine öffentliche Debatte über das Thema anzustoßen. Darauf werde ich in Kapitel drei näher eingehen.

Eine längere Zeitperspektive

Ich muss den Gebrauch des Wortes »Krieg« in diesem Kontext erklären und eine ausgewogene und differenzierte Analyse meiner Grundthese »Handel ist Krieg« liefern.

Es ist kein Krieg im hergebrachten Sinn des Wortes, kein Krieg mit Bomben und Drohnen – doch Handel ist in der kapitalistisch-imperialistischen Ära ebenso tödlich und ebenso eine »Massenvernichtungswaffe« wie eine Bombe.

Handel tötet Menschen; er treibt sie in die Armut; er schafft Reichtum am einen und Armut am anderen Ende; er bereichert die mächtigen Nahrungsmittelkonzerne auf Kosten der Marginalisierung von armen Bauern, die dann zu Wirtschaftsflüchtlingen in ihren eigenen Ländern werden oder (sofern sie körperlich gesund sind) versuchen, ihr Land zu verlassen, um in den reichen Ländern des Westens nach Arbeit zu suchen – über das Mittelmeer von Afrika nach Europa, über die mexi-

kanische Grenze zur USA, über das Meer von Südasien nach
Australien.

Natürlich ist Handel lebenswichtig für das Wohlergehen der
Menschen. Wir stellen Dinge her, wir produzieren Nahrung,
wir liefern Dienstleistungen wie Bankwesen, Gesundheit, Bildung etc., und wir müssen verkaufen, was wir produzieren.
Menschen treiben seit unvordenklicher Zeit Handel. Handel
muss nicht Krieg sein. Er kann ein Mittel zur friedlichen Entwicklung der Völker der Welt sein – das kann er sein, und das
war er in der Vergangenheit. Doch in unserer Zeit ist er es nicht.
Handel ist zu einer Waffe des Krieges zwischen den reichen Nationen und dem Rest der Welt geworden.

Sklavenhandel und die Kolonisierung Indiens

Mit »unsere Zeit« meine ich die Zeit seit dem Beginn der
Kolonisierung des Südens durch den Westen. In den letzten
500 Jahren war Handel ein Serienkrieg gegen die Völker des
Südens. Vom Sklavenhandel bis zum Rohstoffhandel erstreckt
sich eine Geschichte des erbarmungslosen Krieges, den die Industriestaaten gegen jene Länder geführt haben, die vor rund
500 Jahren die Sklaven lieferten und die in jüngerer Zeit die
Rohstoffe liefern. Im späten 17. und 18. Jahrhundert endete der
englische Indien-»Handel« damit, dass England den indischen
Subkontinent kolonisierte. Die East India Company, gegründet
von Londoner Kaufleuten, die mit Südostasien Handel trieben,
handelte ursprünglich mit Rohstoffen wie Baumwolle, Seide,
Farbstoffen, Salz, Tee und Opium. Durch geschicktes Taktieren
nach dem Grundsatz »Teile und Herrsche« schuf das Unternehmen im Lauf der Zeit seine eigene Verwaltung und Militär-
macht zur Beherrschung Indiens. 1857 revoltierten die Einge-

borenen. Die Briten sprachen von einem »Aufstand«, den sie
brutal niederschlugen. 1858 übernahm die britische Krone die
direkte Kontrolle über das riesige Land, das rund dreizehnein-
halb Mal so groß ist wie England.

China und die Opiumkriege

Zu dieser Zeit hatte sich England bereits das Monopol auf Opi-
umproduktion und -handel in Indien gesichert. Von der Mitte
des 17. Jahrhunderts an handelte England (ebenso wie andere
europäische Länder) auch mit China. China war mehr oder
weniger autark und hatte keinen besonderen Ehrgeiz, mit Europa zu handeln, doch Europa brauchte chinesischen Tee, Seide,
Porzellan und so weiter, für die China in Silber bezahlt werden
wollte. England hatte nicht genug Silber, um diesen Handel zu
finanzieren, deshalb zwang es China während des 18. Jahrhunderts, Opium aus Indien statt Silber als Bezahlung zu akzeptieren. Die Chinesen waren nicht scharf auf Opium, was 1839 bis
1860 zu den sogenannten »Opiumkriegen« führte, die auch als
Anglo-Chinesische Kriege bekannt sind. An deren Ende wurden
die Küstenstädte Chinas unter erzwungenen und ungleichen
Verträgen zu europäischen Kolonien.

Afrika nach der Berliner Aufteilung
von 1884/85

1884 trafen sich in Berlin unter dem Vorsitz von Otto von Bis-
marck Vertreter der europäischen Mächte, um Afrika unter sich
aufzuteilen. Es folgten kaltblütige Kriege gegen die Menschen
in Afrika, deren Länder erobert und zu Rohstoffkolonien degra-

diert wurden. Dann trugen die Europäer zwei Kriege untereinander aus (1914–18 und 1939–45), an denen mit Japan und den USA auch noch zwei weitere imperiale Mächte beteiligt waren – zumindest teilweise in der Absicht, die eroberte Welt entsprechend dem sich verschiebenden Machtgefüge im imperialistischen Lager neu aufzuteilen. Heute setzen sich diese Kriege auf beiden Ebenen fort – auf der Ebene des kollektiven Krieges, den die dominanten gegen die schwächeren Nationen führen, und auf der Ebene der inter-imperialistischen Rivalitäten.

Ich habe eine außerordentliche Geschichte hier verkürzt dargestellt. Ich habe zum Thema internationaler Handel seit Langem wissenschaftlich gearbeitet und tue dies bis heute, weil ich will, dass Afrika und die Völker des Südens von ihrer Arbeit und ihren Fähigkeiten auch profitieren. Ich habe mich von einem »reinen Akademiker« weiterentwickelt zu einem »akademischen Aktivisten«, der sich mit Handelsfragen befasst. Seit ich das South Centre 2009 verlassen habe, war ich bei Dutzenden von Konferenzen überall auf der Welt eingeladen, bei denen es um multilaterale, regionale oder bilaterale Handelsgespräche ging. Einige von ihnen fanden in Ländern des Südens statt, andere im Norden.

Die andere Seite der Medaille

Der Westen und der Rest der Welt

In diesem Buch möchte ich Sie in Handelsfragen auf den neuesten Stand bringen. Ich will Ihnen zeigen, dass die westlichen Mächte bis zum heutigen Tag den Handel als Waffe einsetzen, um sich selbst auf Kosten der restlichen Welt zu bereichern. Tatsächlich herrscht mittlerweile ein genereller Krieg zwischen allen handelnden Nationen. Ich will Ihnen zeigen, dass die Geschichte des Handels, besonders seit der Geburt des Kapitalismus, in Blut und Gewalt geschrieben wurde. Die gängige ökonomische Theorie argumentiert, Handel sei der »Motor« des Wachstums, und es sei gut für Nationen, sich im Handel zu betätigen. Die Wahrheit ist, dass im Verlauf der letzten 500 Jahre einige Nationen auf Kosten von anderen gewachsen sind. Außerdem übersetzt sich Wachstum nicht automatisch in Entwicklung für alle Menschen, selbst in den Ländern, die andere Länder ausbeuten. Es gibt Entwicklung für die Reichen und Brosamen für den Rest. Deshalb ist die Theorie, dass es für alle Nationen gut ist, sich im Handel zu betätigen, offensichtlich falsch.

WTO-gelähmt

Die andere Seite der Medaille ist: Nicht immer endet der Konflikt mit einem Sieg für die Mächtigen und einer Niederlage der Schwachen. Das Ergebnis eines Krieges ist nicht immer einseitig. Auf dem langen Marsch der Geschichte kommt es durchaus auch vor, dass die schwächeren Völker und Nationen sich vereinigen und dagegenhalten. Die mächtigen Nationen entwickeln innere Widersprüche – im jeweils eigenen Land oder untereinander –, und daraus eröffnet sich die Möglichkeit für schwächere Nationen, Allianzen zu bilden und ihre früheren Kolonisatoren zu besiegen. So etwas spielt sich – zumindest in gewissem Ausmaß – auch im Bereich des Handels ab.

Nach fast zwanzig Jahren ihrer Existenz hat sich die WTO mehr oder weniger festgefahren. Einige der WTO-Ministerkonferenzen – darunter Seattle 1999 und Cancún 2003 – brachen unter dem Gewicht der Opposition aus den Ländern des

Südens und Solidaritätsaktionen von den Völkern und NGOs
des Nordens einfach zusammen. Doch es ist ein ungleicher
Kampf. Beim Ministertreffen in Bali im November 2013 schafften es die »Starken und Mächtigen« mit ihrer »Zuckerbrot und
Peitsche«-Strategie, einen Teil ihrer Themen zu retten. Aufgrund ihrer chronischen Schwäche (verursacht in erster Linie
durch ihre Abhängigkeit von Hilfsleistungen) schafften es die
afrikanischen Regierungen nicht, das Thema »Handelserleichterungen« von der Tagesordnung zu streichen (in Kapitel zwei
werde ich darauf eingehen). Außerdem machten sie sehr wenig Fortschritte bei den »Entwicklungs«-Themen, für deren
Aufnahme in die WTO-Agenda sie 2001 in Doha so vehement
gekämpft hatten. Andererseits leistete Indien heftigen Widerstand gegen alle Regelungen, die sein Getreide-Subventionspro-
gramm gefährdeten. Auch dies war aber nicht das Verdienst
der indischen Regierung; die Ehre gebührt den Menschen Indiens – Ernährungssicherung ist ein heißes Thema bei allen
nationalen Wahlen in Indien. Auf jeden Fall hat es Indien in
Bali geschafft, eine vorläufige »Friedensklausel« durchzusetzen,
die das bestehende Bevorratungsprogramm für Lebensmittel
auf rund vier Jahre vor juristischen Anfechtungen innerhalb
der WTO schützt.

Die Ostafrikanische Gemeinschaft fordert
die Europäische Union heraus

Im Falle Afrikas hat die Europäische Kommission alle Mittel
eingesetzt, die ihr zu Gebote stehen, um die Länder zum Unterzeichnen von Wirtschaftspartnerschaftsabkommen (WPAs) zu
zwingen. Wie bereits geschildert, sind afrikanische Regierungen oft auch tatsächlich zur Unterschrift bereit. Doch die

Menschen der betreffenden Länder wehren sich. Im Juni 2010 versuchte die Kommission, die Länder der Ostafrikanischen Gemeinschaft (EAC) – Kenia, Uganda, Tansania, Ruanda und Burundi – zur Unterzeichnung der WPAs zu bewegen. Sie hatte in diese Vereinbarungen eine Reihe von Themen hineingepackt, die sie im Rahmen der WTO nicht hatte durchsetzen können, so etwa die »Singapur-Themen«. Sie verpackte diese Themen in eine Passage des Entwurfs mit dem mysteriösen Namen »Rendezvous-Klausel«. Es gab in diesem Entwurf der Europäischen Kommission noch eine Reihe weiterer Klauseln, die für die Wirtschaft der ostafrikanischen Staaten nachteilig gewesen wären. Die Kommission war fest davon überzeugt, dass die EAC-Regierungen den Entwurf beim Treffen in Daressalam trotzdem unterzeichnen würden. Am 5. Juni 2010 flog ich nach Daressalam. Tansanias Ex-Präsident Benjamin Mkapa und ich überzeugten den aktuellen tansanischen Präsidenten Kikwete, dass der von der Europäischen Kommission vorgelegte Entwurf nicht unterzeichnet werden sollte.

SEATINI hatte seit vielen Jahren mit der East African Legislative Assembly (EALA) zusammengearbeitet und sie darüber informiert, welche Risiken mit dem Unterzeichnen der WPAs einhergingen. Die EALA und SEATINI standen vor einer großen Herausforderung. Die Europäische Kommission hatte den ostafrikanischen Unterhändlern bei den Handelsgesprächen (die »Experten« genannt wurden) die Hände gebunden und sie gezwungen, die WPAs zu unterschreiben. Am 7. Juni flog EU-Handelskommissar Karel De Gucht mit seinem Team nach Daressalam, in der sicheren Erwartung, dass der Entwurf der Kommission unterzeichnet werden würde. Drei Tage lang war Daressalam ein Schlachtfeld. Die ostafrikanischen NGOs, darunter auch SEATINI, führten einen regelrechten Guerillakrieg gegen die Abordnung der Europäischen Kommission, wobei sie

von gewählten Delegierten der EALA unterstützt wurden. Vier
Tage vor De Guchts Ankunft, am 3. Juni, hatte die EALA eine
Resolution verabschiedet, die unter anderem ihre Besorgnis
zum Ausdruck brachte, dass ohne eine Klärung der noch offenen Fragen »die Rahmenbedingungen der WPA die East African
Community (EAC) an nachteilige Handelskonditionen binden
wird«. Als De Gucht kam, hatte die Europäische Kommission
bereits verloren. Die Minister beherzigten die EALA-Resolution
und instruierten den Ministerrat, »das Unterzeichnen zu verzögern ... bis alle kontroversen Fragen geklärt sind«. Das Abkommen wurde nicht unterzeichnet.

Einen Monat zuvor, am 13. Mai 2013, hatte SEATINI zusammen mit 22 weiteren NGOs einen schriftlichen Appell an die
EALA gesandt und sie vor einer Zustimmung zu dem Handels-
und Investitionspartnerschaftsabkommen (TIPA) zwischen den
USA und der EAC gewarnt, zu dessen Unterzeichnung die USA
die ostafrikanischen Regierungen seit Oktober 2012 gedrängt
hatte. TIPA ähnelt der Transatlantischen Handels- und Investi-
tionspartnerschaft (TTIP), zu deren Unterzeichnung die USA
die europäischen Regierungen drängt. Auch das TTIP-Abkom-
men hat eine starke Opposition unter den NGOs in der Europäischen Union auf den Plan gerufen.

Weiter oben habe ich das Beispiel des Kenya Small Farmers
Forum geschildert, das im Oktober 2013 ein Urteil des Obersten
Gerichtshofs von Kenia erwirkte, das der Regierung untersagte,
das WPA-Abkommen weiterzuverfolgen, bevor nicht eine gesellschaftliche Debatte und die volle Mitwirkung aller betroffenen gesellschaftlichen Gruppen sichergestellt war.

Das war die Situation im Jahr 2014. In Kapitel drei werde
ich auf einige der Entwicklungen eingehen, die seither stattgefunden haben.

Menschen bewegen die Hebel
der Geschichte

Eines ist sicher: Die Geschichte entwickelt sich nicht immer
nach den Wünschen der wenigen Privilegierten, die sich an der
Macht befinden. Sie sind nicht immer – oder nicht ausschließlich – die »Macher« der Geschichte. Das ist der Grund, warum
Demokratie und der Konsens der Menschen so wichtig ist. Natürlich ist Demokratie ein Prozess, nichts Statisches. Und selbst
in absolut demokratischen Staaten wird der Wille des Volkes
oft von politischen Imperativen als Geisel genommen oder von
»Special Interests« (wie Interessengruppen in den Vereinigten
Staaten genannt werden) manipuliert. Es gibt weder die »perfekte« noch eine »Modelldemokratie«. Derartige Ansprüche
sind offensichtlich unehrlich. Menschen sind wichtig. Wenn
sie verzweifelt sind, gehen sie auf die Straße, unterzeichnen Petitionen, organisieren Kundgebungen, wandern ins Gefängnis
und mobilisieren die Medien. Aktivisten schreiben Petitionen,
verfertigen Analysen, in denen die Fachausdrücke des Han-
delsjargons für normale Menschen und Medien verständlich
gemacht werden, bearbeiten Minister und organisieren Strate-
giekonferenzen. Und wenn die Lage wirklich schlecht aussieht,
greifen die Menschen zu den Waffen wie in vielen Teilen Afrikas, Asiens und Lateinamerikas während des Kampfes gegen
das Kolonialsystem.

Krieg und Frieden

Darum geht es in diesem Buch. Es geht um Krieg, und es geht
um Frieden. Ich diskutiere diese Konzepte im Bereich des Han-

dels. Wer Handelskriege austrägt, sieht sich vor glasklare Alternativen gestellt, denn die Auswirkungen von Sieg oder Niederlage können katastrophal sein. Mein Ziel geht allerdings darüber hinaus, eine einfache Geschichte zu erzählen. Die Absicht dieses Buches geht tiefer als nur zu behaupten, dass Handel Krieg ist. Dem Handel liegen moralische Fragestellungen zugrunde, genau wie es bei allen Arten von Krieg der Fall ist. Die Menschen reden von »Fair Trade«, vom »Schaffen gleicher Wettbewerbsbedingungen« oder von »differenzierter Behandlung« in den Verträgen mit den schwächeren Nationen des Südens. Das sind nicht nur die bizarren Launen von »NGO-Gutmenschen«, selbst wenn diese Absichten im Getümmel der Handelskriege bisweilen ignoriert oder verwässert werden, wie wir in diesem Buch sehen werden.

Die Motivation für dieses Buch ist vor allem anderen der Wunsch, den Geist des revolutionären Optimismus am Leben zu halten und nicht in Zynismus und Verzweiflung zu verfallen, wenn man scheinbar überlegenen Mächten gegenübersteht. Im letzten Kapitel diskutiere ich die Strategie und Taktik dessen, was ich »Guerillakrieg gegen den imperialistischen Frieden« nenne. Wer Frieden will, muss auf Krieg vorbereitet sein. Ich bin der Überzeugung, dass gewaltlose Methoden zum Lösen von Handelskonflikten effizienter und dauerhafter sind und weniger Spaltungen zur Folge haben. Ich philosophiere ein wenig, auch wenn ich kein Philosoph bin. Ich rede über meine »Philosophie der Widersprüche«. Doch ich muss hier aufhören. Man kann nicht alles in eine kurze Einleitung packen.

2. DIE WTO ALS SCHAUPLATZ DES GLOBALEN HANDELSKRIEGES

Ich habe praktisch seit ihrer Gründung an den Beratungen der WTO teilgenommen, und ich kann ohne Zögern sagen, dass die WTO der verlängerte Arm der Handels- und Außenpolitik von USA und EU ist. Was den Süden eint, ist die gemeinsame Erfahrung der Kolonialherrschaft, was ihn aber spaltet, ist die Manipulation seiner inneren Schwächen durch die imperialistischen Mächte. Die Länder und Völker des Südens können dem imperialistischen Druck und den Manipulationen widerstehen – doch das erfordert ein gemeinsames Denken und Handeln.

Einleitung

Die WTO nahm am 1. Januar 1995 ihre Arbeit auf. Ihr Zweck war es, den Vereinigten Staaten, der Europäischen Union und Japan zu nützen – auf Kosten der restlichen Welt.

Ich will hier aufzeigen, wie der Westen trotz seiner endlosen Reden über »Entwicklung« keinerlei Interesse an der Entwicklung der restlichen Welt hat und in Wirklichkeit einen erbarmungslosen »Krieg« gegen sie führt. Wenn der Rest der Welt sich entwickelt, dann geschieht dies durch seine eigene hartnäckige Anstrengung, sich einen Freiraum zu erkämpfen – ein

Thema, das ich in Kapitel sechs weiterverfolgen werde. Die bevorzugten Herrschaftsinstrumente des Westens sind Entwicklungshilfe, Handel, Investitionen und Technologie. Am Ende des Zweiten Imperialistischen Krieges (1939–45) trafen sich die Siegermächte (die »Alliierten«) in Bretton Woods in den USA, um eine neue Weltordnung zu schaffen. Drei große internationale Institutionen wurden ins Leben gerufen: die Weltbank, der Internationale Währungsfonds (IWF) und das Allgemeine Zoll- und Handelsabkommen (General Agreement on Tariffs and Trade, kurz GATT). Während die ersten beiden sich mit den Themen Finanzen und Entwicklung befassten, ging es beim GATT um Handelsregelungen und -abkommen. 1995 wurde GATT durch die WTO abgelöst (obwohl das GATT und seine Regeln formal nach wie vor ein integraler Bestandteil des WTO-Systems sind).

Der westliche Mangel an Sensibilität gegenüber nichtwestlicher Entwicklung lässt sich mit einem kurzen Blick in die Geschichte erklären. Am Ende des 18. Jahrhunderts war Großbritannien die dominierende Industrienation. Ende des 19. Jahrhunderts hatten andere aufgeschlossen: der größte Teil dessen, was wir heute als Westeuropa kennen, die Vereinigten Staaten und Japan. Die früheren Weltreiche Portugal und Spanien waren zurückgefallen. Auch die Niederlande befanden sich im Niedergang, erlebten aber im Zuge des Industriekapitalismus eine Art Renaissance. Weitere Imperien im Niedergang waren das osmanische und das russische Reich. Russland stand an der Schwelle einer prä-revolutionären Periode. Der Rest der Welt zählte nicht – er war entweder bereits kolonisiert (wie Indien), teilweise kolonisiert (wie China), neo-kolonisiert (wie Brasilien) oder kurz davor, kolonisiert zu werden (wie Afrika und die Reste des osmanischen Reiches).

Ist diese Darstellung zu simpel? Natürlich. Doch der Kern

der Sache liegt in seiner Einfachheit. Um 1900 herum herrschte in Russland Chaos, Amerika war damit beschäftigt, sein eigenes Hinterland (etwa Mexiko) und frühere spanische Kolonien (wie Kuba) zu kolonisieren und Südamerika neu zu kolonisieren. 1884/85 kamen die Europäer in Berlin zusammen, legten eine Karte von Afrika auf den Tisch und teilten Schwarzafrika systematisch unter sich auf. Übrig blieben einige wenige »unabhängige« Staaten. Liberia gehörte dazu, doch das war bereits eine amerikanische »Kolonie«. Südafrika und Äthiopien wurden später »erobert« – Ersteres durch die Briten und Letzteres durch Italien. Somit bestand vom Ende des 19. Jahrhunderts bis zum Ende des Zweiten Imperialistischen Krieges 1939–45 die Welt aus dem »Westen« und dem »Rest«. Der Westen regierte, der Rest war ohne Belang.

Kolonial- und Finanzimperien, wie sie im 19. und 20. Jahrhundert von Europa und Amerika errichtet wurden, waren bewusst daraufhin konzipiert, den eigenen Völkern zu nützen, nicht den kolonisierten Völkern. Letztere wurden durch politische, ökonomische und militärische Dominanz gezwungen, Rohstoffe, Nahrungsmittel und Mineralien zu produzieren, die in den Ländern der Kolonialherren weiterverarbeitet wurden.

Nach 1945 änderten sich die Dinge. Die kolonisierten Völker revoltierten gegen das imperialistische System. Überdies verlangten die USA von den europäischen imperialistischen Nationen, dass sie ihre Kolonien für amerikanischen Handel und amerikanische Investitionen öffneten. Mit diesem doppelten Angriff konfrontiert, musste Europa seinen Kolonien die politische Unabhängigkeit »schenken«. Doch die alten Systeme der direkten Finanz- und Handelskontrollen wurden einfach in neue Formen gegossen und dienten auch weiterhin den gleichen imperialistischen Zielen. Diese Geschichte zeigt, wie Europäer und Amerikaner ihre Dominanz über Handel und

Produktion in den alten Kolonien des Südens behaupteten. Nach 1989 und dem Zusammenbruch der Sowjetunion veränderte sich die Situation in der Welt aufs Neue. Die entwickelten Länder beschlossen, dass sie nun andere Bedürfnisse hatten, und sie änderten erneut ihre Forderungen in Gestalt einer Reihe von internationalen Handelsabkommen – doch dazu komme ich später.

Was ich hier geschildert habe, ist nur ein Teil der Geschichte. Der andere Teil ist der Widerstand, den der Rest der Welt dem Westen entgegensetzte. Kein Krieg ist vollkommen einseitig. Die Dinge ändern sich – auch wenn es eine lange Zeit dauern kann. Nicht immer bekommt der Westen seinen Willen. Wir leben heute in einer anderen Welt. Doch auch dazu werde ich später kommen.

Kigali und Genf

Kigali

Im November 2010 nahm ich an der sechsten ordentlichen Konferenz der Handelsminister der Afrikanischen Union in Kigali in Ruanda teil. Der Premierminister des Gastgeberlandes eröffnete das Treffen, indem er einen bitteren Punkt zur Sprache brachte: Afrikas Anteil am Welthandel sinkt. Warum? Und was können wir dagegen tun? Nach seiner Rede übernahm die ruandische Ministerin für Handel und Industrie, Monique Nsanzabaganwa, die später zur nächsten Vorsitzenden der Handelsministerkonferenz gewählt wurde, die Diskussionsleitung. Sie vertrat den Standpunkt, dass Afrika dem innerafrikanischen Handel Priorität vor dem Welthandel einräumen und sich in Richtung eines »grenzenlosen Afrika« entwickeln müsse. Nach ihr betrat Erastus Mwencha, stellvertretender Vorsitzender der Kommission der Afrikanischen Union (und zuvor General-sekretär des Common Market for Eastern and Southern Africa; COMESA), das Podium und wies darauf hin, dass Afrika zu an-fällig für externe Erschütterungen sei. Es müsse seine Export-abhängigkeit reduzieren und sich stärker regional orientieren. Er hoffe, dass die laufenden Dreierverhandlungen zwischen COMESA, der Ostafrikanischen Gemeinschaft (EAC) und der Südafrikanischen Entwicklungsgemeinschaft (Southern Afri-can Development Community; SADC) dem Kontinent eine funktionsfähige Freihandelszone bescheren würden. Er zeich-nete ein ernüchterndes Bild von Afrika, aber er sah Hoffnung, dass Afrika seine Lage verbessern könnte, wenn es sich besser organisierte.

Der einzige Missklang vom Podium kam von Pascal Lamy, da-mals Generaldirektor der WTO (zuvor Außenhandelskommis-sar der Europäischen Kommission). Im Gegensatz zu dem, was die Afrikaner gesagt hatten, vertrat er den Standpunkt, Afrika habe seine schlimmste ökonomische Krise überstanden; der Kontinent habe aufgrund der »klugen Wirtschaftspolitik« ein »robustes Wachstum« erlebt, und der Handel müsse »im Zentrum der afrikanischen Erholung und des afrikanischen Wachstums stehen, damit die Millennium Development Goals (MDGs) erreicht werden können«.[10] Offenbar hatte Lamy ein Fantasiebild von Afrika, das seine Beamten gefälligerweise mit-hilfe konventioneller Kategorien wie BIP und FDI[11] um »Fakten und Daten« ergänzt hatten.

Die rosa Brille der neoliberalen Ökonomie, durch die Lamy und die internationale Handelsbürokratie Afrika ganz allge-mein betrachten, verrät ihre ideologische Ausrichtung. Afrika »geht es gut«, weil es – zweifellos auf Geheiß des IWF, der Welt-bank und der WTO – eine »kluge Wirtschaftspolitik« verfolgt.

Diese Bürokraten stecken so tief in den Details der Handelsgespräche, dass sie den Wald vor lauter Bäumen nicht sehen.
Doch selbst wenn sie ihre Augen für einen Moment von den
Bäumen der Handelsdetails abwenden, sehen sie den Wald nur
mit dem kurzsichtigen Blick des Neoliberalismus.

Doch gelegentlich wird der Wald, wenigstens für einige Politiker, zumindest im Rückblick erkennbar. Im Oktober 2008
zum Beispiel sagte Bill Clinton vor der UN, dadurch, dass die
Grundnahrungsmittel nicht als Grundrecht der Armen betrachtet, sondern als »Rohstoffe« eingeordnet wurden, »haben
[wir] es alle verbockt, einschließlich ich als Präsident«. Er
tadelte die Weltbank, den IWF und andere globale Institutionen und nannte Getreidesubventionen und die amerikanische Nahrungsmittelhilfepolitik als Schlüsselprobleme, die zur
globalen Nahrungsmittelkrise beitragen.[12] Doch für die WTO
bleiben die Grundnahrungsmittel trotz Clintons Lamento ein
handelbarer Rohstoff. Die Folgen der früheren Fehler der WTO,
insbesondere die Auswirkungen ihrer Entschlossenheit, den
Marktwirtschaftsfundamentalismus immer weiterzutreiben,
sind in vielen Gegenden der Welt zu besichtigen – und ganz
besonders in Afrika.

Genf

Ich habe die meiste Zeit meines Lebens in Afrika gelebt, außer
in den Jahren, als ich Ende der 50er-Jahre in London studierte
und später 1967/68 als Postdoktorand in New York. Daneben
habe ich oft andere westliche Hauptstädte, darunter auch Genf,
besucht; meistens, um an Konferenzen oder Tagungen teilzunehmen. Von 2004 bis 2009 allerdings, als ich zum Leiter des
South Centre ernannt worden war, habe ich in Genf gelebt.

Diese Zeit war für mich eine einzigartige, horizonterweiternde und oftmals bizarre Erfahrung – aufregend in vielerlei Hinsicht, andererseits aber auch entmutigend und einschüchternd.

Genf hat eine surreale Atmosphäre. Es ist nicht wirklich Teil der »normalen« Welt, zumindest nicht der Welt des Südens, wo zwei Drittel der Menschheit leben. Der öffentliche Nahverkehr, der zuverlässig wie ein Schweizer Uhrwerk läuft, und die friedvolle Umgebung von Schweizer Bergen und Genfer See sorgen für ein entspanntes Ambiente, in dem Diplomaten aus dem Süden und dem Norden über Dinge von Handel bis Urheberrecht, von Abrüstung bis Menschenrechte verhandeln. Genf hüllt sich in einen bequemen Schleier der (scheinbaren) Distanz zur realen Welt. Die Verhandlungen, die hier stattfinden, haben ein Flair der Entrücktheit von machtpolitischen Realitäten. Die harte Wirklichkeit einer oft grausamen Welt – besonders im Globalen Süden – sind weit weg. Genf ist ein synthetischer, ein keimfreier Ort.

Das ist gleichzeitig gut und schlecht. Gut ist es, weil es ein gewisses Maß an komfortabler Distanz zwischen den internationalen Handelsgesprächen und dem unschönen Alltag von Nahrungsmittelknappheit, Aids, Ebola und Terrorattacken gewährleistet. Doch es gibt eine Kehrseite. Die existenzielle Distanziertheit hat auch eine konzeptionelle Distanziertheit zur Folge. Das Denken wird universalisiert und idealisiert, wird von der Realität abstrahiert. Und wenn hinter der erhabenen Fassade der WTO-Zentrale am Ufer des Genfer Sees die Handelsgespräche beginnen, dann übernimmt mathematischer Formalismus – ein abstruses Zahlenspiel – in sich immer wiederholenden Beschwörungsformeln das Regiment. Koeffizienten und Prozentsätze parodieren das Leben – und das gilt unabhängig davon, ob die an den Gesprächen Beteiligten um Dinge feilschen, die mit Industrie und Produktion zusammenhängen

(was seltsamerweise mit dem negativen Etikett »Non-Agricultural Market Access«, kurz NAMA, versehen wird), oder über
Dinge reden, die mit Landwirtschaft (oder kurz »Ag« im Jargon
der Experten) zu tun haben.

Auf diesem exklusiven Feld der Verhandlungen entstehen
seltsame Metaphern (von »Landezone« bis »Waldspaziergang«),
die ihren Weg von den Schreibtischen über Partysmalltalk bis
in die Medien finden. Leider neigen die Unterhändler dazu, auf
ihren Waldspaziergängen die Bäume zu zählen, und oft verlieren sie dabei den Wald aus dem Blick. Vielleicht denken sie,
dass sie das Zahlenspiel gewonnen hätten und bemerken überhaupt nicht, dass sie sich in der Zwischenzeit im Wald verlau-
fen haben.

Die WTO: Eine ideologische und sanktions-
bewehrte Kriegsmaschine

Die zwei Säulen der WTO

1. Die Ideologie der Handelsliberalisierung –
von der Geschichte widerlegt
In den letzten dreißig Jahren wurde die Liberalisierung des Handels vom sogenannten »Washington Consensus«[13] als »Wachs-
tumsmotor« hochgejubelt. Es ist dies einer der Grundpfeiler
der vorherrschenden neoliberalen Wirtschaftsideologie unserer
Tage. Das Interessante an dieser Ideologie ist allerdings, dass
sie paradoxerweise vollkommen von der Realität abgekoppelt
ist. Sie hat kein echtes Leben. Das essenzielle Prinzip der freien
Marktwirtschaft, das ihr zugrunde liegt, hatte seine Glanzzeit,
als England im 19. Jahrhundert die Meere beherrschte. Doch als
die Vereinigten Staaten sich in der zweiten Hälfte des 19. Jahr-

hunderts ebenfalls zu industrialisieren begannen, stellten sie
die marktwirtschaftliche Ideologie der Engländer sofort infrage
und errichteten protektionistische Barrieren gegen den »freien
Handel«. Nach den 1870er-Jahren wurde das amerikanische
Beispiel von Deutschland, Frankreich, Japan, der Schweiz und
jedem anderen europäischen Land, das sich auf dem Weg zur
Industrialisierung befand, nachgeahmt.

Heute haben neoliberale Ökonomen diese Ideologie des
»Freihandels« wiederbelebt als eine Art Entwicklungsmantra,
eine Möglichkeit, gegen rivalisierende Wirtschaftstheorien
(wie etwa den Keynesianismus[14]) anzugehen und jede staatliche Intervention in die Wirtschaft auszuschließen. Die Ironie
dabei ist allerdings, dass diese Theorie des freien Marktes nur
für die Länder des Südens Gültigkeit haben soll. Politiker und
Akademiker sollten diese Ideologie nicht ernst nehmen. Ich
nehme seit fast dreißig Jahren an Handelsgesprächen teil, und
ich kann zahllose Beispiele dafür liefern (was ich später in diesem Kapitel auch tun werde), dass die Länder des Nordens ungeachtet ihrer eigenen Reden protektionistische Maßnahmen,
staatliche Subventionen und all die anderen Maßnahmen »ge-
schlossener« Ökonomien nutzen. Und es sind nicht allein die
Regierungen der nördlichen Staaten, die dafür sorgen, dass die
Wirtschaft ihrer Länder geschlossen bleibt; auch die monopo-
listischen Konzerne des Nordens ziehen am gleichen Strang.
Die hohle Basis ihrer »marktwirtschaftlichen« Ideologie wurde
beim finanziellen Zusammenbruch der Kasinoökonomie in
den Jahren 2007/08 mehr als deutlich.

Wie kommen die Sanktionen
in das WTO-System?

Die zweite Säule – Durchsetzung – bedarf einer kritischen Über-
prüfung. Sie basiert auf der Prämisse, dass die ausgehandelten
Texte der WTO bindend sind und dass daher kein Land die
WTO ignorieren darf. Im internationalen juristischen Sprachgebrauch ist das im Prinzip richtig. Die WTO ist vielleicht die
einzige Organisation (außer dem Sicherheitsrat der Vereinten
Nationen), die Zähne hat. Die WTO kann nicht nur bellen,
sondern auch beißen. Ihre Struktur legitimiert das Sanktionie-
ren von Sündern durch die geschädigte Partei. Warum man der
WTO Zähne verlieh, während ihre Vorgängerin GATT keine
besaß, kann man nur verstehen, wenn man ein bisschen Hin-
tergrundwissen darüber hat, wie die WTO entstand. Das ist
durchaus keine müßige Frage. Sanktionen sind eine Kriegs-
handlung (ein Thema, das wir in Kapitel fünf genauer beleuchten werden).

Lassen Sie uns also am Anfang beginnen. Woher kommt
die Idee, dass »die von der WTO ausgehandelten Texte bindend
sind«? Was bedeutet »gesetzliche Verpflichtung« im Zusammenhang mit der WTO? Eine Zollsenkung zum Beispiel ist
ein unter dem Grundsatz der Reziprozität ausgehandelter Ausgleich – andererseits aber gibt es das sogenannte Meistbegünstigungsprinzip (Most Favoured Nations; MFN), das dieser ausgehandelten Reziprozität widerspricht. Lassen Sie mich das
kurz erklären. Beim Meistbegünstigungsprinzip geht es darum,
Diskriminierung zwischen Handelspartnern zu vermeiden. Es
besagt, dass alle Handelsvorteile, Privilegien oder Immunitä-
ten, die ein Staat einem anderen Staat einräumt, für *alle* Handelspartner dieses Staates gelten sollen. Ein einfaches Beispiel:

Angenommen, Uganda würde China freien Marktzugang für Kleidung einräumen; dann muss es diesen auch Großbritannien gewähren. Doch wie passt das zu dem Prinzip, dass alle Handelsvereinbarungen einen gegenseitig ausgehandelten Ausgleich darstellen? Das ist eine wichtige Frage. Zum Beispiel besteht die Europäische Union in allen ihren Verhandlungen mit Afrika darauf, dass jeder Deal, den Afrika etwa mit China macht, nach dem MFN-Prinzip auch auf Europa angewendet werden muss. Doch warum sollte Afrika nach harten Verhandlungen mit China über entsprechende Gegenleistungen, der Europäischen Union die gleichen Privilegien einräumen wie den Chinesen? Das ergibt einfach keinen Sinn. Die MFN-Regel ist eins der absurdesten Prinzipien des globalen Handelssystems – aber es ist durchaus nicht das einzige.

Die Frage, wie und woher die WTO ihr »regelbasiertes System« bezieht, ist eine komplexe juristische Frage. Sie ist von Bedeutung, wenn man das WTO-System verstehen will. Doch ist hier nicht der richtige Ort, um das zu erörtern – es ist ein sehr komplexes Thema.

Auf jeden Fall ist es nützlich, in die Historie dieses Themas einzusteigen. Und dafür muss man sich die Arrangements anschauen, die es gab, bevor die WTO gegründet wurde. Die WTO ist das Ergebnis des gescheiterten Versuchs, im Rahmen der Bretton-Woods-Verhandlungen nach dem Zweiten Weltkrieg eine »International Trade Organization« (ITO) zu gründen. Die Entwürfe hinsichtlich möglicher Zwangsmaßnahmen der ITO bei Regelverletzungen legten den Fokus auf *Kompensation* für die Geschädigten, nicht auf *Sanktionen*. Die Vorschläge sahen eine dreistufige Prozedur vor: Über Beschwerden sollte nach einer entsprechenden Untersuchung der Vorstand (das Executive Board) entscheiden. Gegen einen Spruch des Vorstands konnte bei der Vollversammlung aller Mitglieder Ein-

spruch eingelegt werden. Letzte Berufungsinstanz war der Internationale Gerichtshof (International Court of Justice; ICJ),
allerdings nur, »wenn die Vollversammlung dem zustimmt«.
Frankreich und die Benelux-Staaten waren dagegen, die ITO
zu Sanktionen zu ermächtigen, aus Sorge, die ITO könnte von
der Macht der Anglo-Amerikanischen Dollar/Sterling-Impe-
rien politisch beeinflusst werden. Die USA und Großbritannien
dagegen bevorzugten die Sanktionsvariante. Sie argumentierten, dass ein bloßer Schadensersatz im Widerspruch stand zur
»höheren moralischen Pflicht, Versprechen einzuhalten«. Die
ITO wurde nie realisiert, doch die Struktur, die an ihrer Stelle
entstand – nämlich die WTO – bekam (auf Insistieren der angelsächsischen Länder) als Teil ihrer Architektur die Sprache
der Sanktionen mit auf den Weg.

Das »Fair Trade«-Konzept

Die Auswirkungen des Wohlfühleffekts
auf das »Fair Trade«-Konzept

Sanktionen und ihre Durchsetzung sind problematisch genug.
Eine weitere Frage, die sich aus dem Streitschlichtungsmecha-
nismus der WTO ergibt, ist, ob die Entscheidungen der WTO
juristische und ethische Normen oder gar Präzedenzfälle schaffen. Das ist ebenfalls ein komplexes Thema.[15] Meine Frage liegt
aber ein wenig anders. Mir geht es nicht um eine positivistische
oder teleologische Evolution des Handelsrechts. Mein Ansatz
beruht vielmehr auf der Vorstellung, dass die WTO von ethischen Normen geleitet sein sollte, weil ständige *ad hoc*-Ent-
scheidungen in Handelsfragen zu viel Macht in die Hände der
Mächtigen legen. Diese Mächtigen sollten vielmehr an Prin-

zipien wie Fairness und Gerechtigkeit gemessen werden und rechenschaftspflichtig sein. Außerdem muss dafür gesorgt werden, dass »gleiches Recht für alle« gilt, bevor Staaten fairen Handel untereinander betreiben können – eine Vorstellung, die ich zumindest partiell teile. Der normative Reiz des Konzepts der »Fairness« liegt auf der Hand. Diese Idee von »Fair Trade« liegt Dingen wie »Fair Trade«-Kaffee oder -Kakao oder -Bananen in den Supermärkten des Westens zugrunde.

Ich unterstütze »Fair Trade« als ethische Idee, die man auch als eine Art »Gegen-Sanktion« gegen die mächtigen Konzerne betrachten kann, die zu »Marktpreisen« handeln. Ironischerweise haben ja nicht zuletzt auch riesige Handelsunternehmen wie Wal-Mart oder Tesco diese Idee übernommen: In ihren Filialen findet man Regale, in denen »Fair Trade«- Kaffee zu einem etwas höheren Preis angeboten wird als »normaler« Kaffee. Für die Verbraucher im Westen, die ihre Solidarität mit armen äthiopischen oder guatemaltekischen Kaffeebauern zeigen wollen, hat das Kaufen von »Fair Trade«-Kaffee einen »Wohlfühleffekt«. Und das ist auch völlig in Ordnung. Ich glaube allerdings nicht, dass diese Käufe auch nur an der Oberfläche des Status quo kratzen, der letzten Endes ein System des »unfair Trade« ist.

Spieglein, Spieglein an der Wand,
wer ist der Fairste im ganzen Land?[16]

Die harte Realität ist, dass Handel immer noch Krieg ist. Um es einmal ganz klar auf den Punkt zu bringen: Die Vorstellung, dass die »Fair Trade«-Bewegung einen fairen Handel zur Folge haben wird, ist eine Illusion, außerdem verdeckt sie ein Stück weit den Blick auf die harte Realität. Ich schreibe dies

als jemand, der auf verschiedenen Seiten an dieser Debatte
teilgenommen hat. Ich bin an den Tagungsorten von WTO-
Konferenzen in Singapur, Genf, Seattle, Doha und Cancún mit
Transparenten herumgelaufen, die Aufschriften wie »Fair Trade
for Africa« oder ähnliche Forderungen trugen. Aber ich habe
auch verbissene Verhandlungen durchgestanden, in denen
die staatlichen Vorstellungen von fairen Handelsbedingungen
und die »Fair Trade«-Ideen der NGOs praktisch diametral ent-
gegengesetzt waren.

Lassen Sie mich diesen letzten Punkt am Beispiel der Vereinigten Staaten illustrieren. Die Handelsgesetzgebung der USA
unterscheidet zwei Arten von Klagen wegen Unfairness: Es gibt
offensive und defensive Unfairness. Fälle von »defensiver Unfairness« liegen vor, wenn Ausländer unfaire Handelsbarrieren
gegen amerikanische Exporte errichten; »offensive Unfairness«
gibt es, wenn Ausländer ihre Produkte zu Schleuderpreisen
auf den amerikanischen Markt bringen.[17] Es kann natürlich
sein, dass die amerikanischen Vorstellungen von Unfairness
sich nicht mit denen von, sagen wir Japan, China oder Indien
decken. Nach dem Zweiten Weltkrieg haben die USA zum Beispiel dreißig Jahre lang jeden Vorwurf zurückgewiesen, dass
ihre Konzerne aufgrund ihrer Größe unfaire Vorteile hätten.
Als aber die japanischen Stahlunternehmen immer größer wurden, fingen die USA an zu behaupten, dass deren Größe einen
unfairen Vorteil darstellte. Mit anderen Worten, die USA nutzten das Konzept »Fair Trade«, um Märkte im Ausland für sich
zu öffnen – und zwar so lange, bis die japanische Konkurrenz
»unfair« wurde.[18]

Die Doppelzüngigkeit der WTO und
die Frage der »Standards«

»Fair Trade« bekommt noch eine weitere Dimension, wenn
Politiker und NGO-Aktivisten ihre defensive »Kriegsstrategie«
entwickeln. Das hat etwas mit der Frage ethischer »Standards«
zu tun. Die Industrieländer des Nordens behaupten oft, die
Entwicklungsländer hätten einen »unfairen Vorteil«, weil sie
bei der Produktion ihrer Waren keine so hohen Umweltstandards wie die Fabriken in den Industrieländern einhalten müssen. Die Entwicklungsländer, unterstützt von manchen NGOs,
erklären dagegen, es sei »nicht fair«, von ihnen zu verlangen,
dass sie die gleichen hohen Standards wie die Industrieländer
einhalten, obwohl sie gar nicht über die nötigen Technologien
verfügen. Wenn dieses Argument bei den Verhandlungen um
den Klimawandel vorgebracht wird, wird es in der Regel von
allen Parteien stillschweigend akzeptiert. Das Kyoto-Protokoll[19]
geht davon aus, dass die Industrieländer den Entwicklungsländern das nötige Kapital und die Technologie zur Verfügung
stellen müssen, wenn sie wollen, dass diese ihre Produktion
»nachhaltig« gestalten. (Natürlich ist die Umsetzung des Kyo-
to-Protokolls noch einmal eine ganz andere Angelegenheit –
und zwar eine, die dauerhaft blockiert ist. Doch das ist ein
anderes Thema.)

»Komm doch in meinen Salon«,
sagte die Spinne zur Fliege

Halten wir an dieser Stelle kurz inne. Mir ist klar, dass die
letzten Seiten ziemlich dicht gefüllt waren. Ich habe versucht,

eine sehr komplexe Organisation auf einigen wenigen Seiten
zu umreißen. Die WTO ist ein wahres Schlachtfeld, auf dem
die Kriegsparteien um die wichtigen Fragen kämpfen – Fragen,
die sich unmittelbar auf das Leben und die Arbeitsplätze von
Millionen von Menschen auswirken. Die Beteiligten kämpfen
mit komplizierten technischen, juristischen und moralischen
Argumenten, mit ideologischen und politischen Waffen, mit
Geschick und Finten, die in kaum einem anderen Kontext
vorstellbar sind. Menschen haben ihr gesamtes Berufsleben
innerhalb dieser Organisation zugebracht und dort Karriere
gemacht – oder in den nationalen Ministerien, mit denen
die WTO umgeht, oder auch mit dem Studium und der Er-
forschung der WTO und des internationalen Handelssystems.
Nach fast zwanzig Jahren intensiver Beobachtung – in meiner
Rolle als NGO-Aktivist, aber auch als Teilnehmer an den Verhandlungen im Rahmen der WTO – habe ich langsam angefangen, das System in seiner ganzen Komplexität zu verstehen
(wenn ich das selbst so sagen darf). Die WTO ist ein kompli-
ziertes Spinnennetz, in dem die Spinnen und Fliegen ihr töd-
liches Spiel spielen.[20] An der Oberfläche wirkt das alles locker
und freundlich, doch die Niederlage in einer Diskussion hier
oder ein nicht abgestimmter Text dort (oder manchmal sogar ein einziges falsches Wort) können dazu führen, dass ein
Land »Sanktionen« unterworfen wird – Zwangsmaßnahmen,
die durch das Bestrafungssystem der WTO legalisiert sind. Es
kann auch geschehen, dass einem Land Handelsbestimmun-
gen aufgezwungen werden (etwa der Abbau von Zöllen oder
das Streichen von Subventionen), die ihrerseits Deindustrialisierung und Arbeitslosigkeit zur Folge haben können – wie in
vielen der sogenannten Least Developed Countries (LDCs) im
Globalen Süden, insbesondere in Afrika, die auch die »Vierte
Welt« genannt werden.

Diese Darstellung ist nur ein kleiner Ausschnitt aus einer weitaus größeren, komplexeren und oftmals verwirrenden Debatte. Sie reicht aus, um uns eine Vorstellung davon zu vermitteln, worum es bei der WTO geht, und uns mit einem Mindestmaß an WTO-Jargon (oder Doppelzüngigkeit) vertraut zu machen, damit wir die folgenden Seiten verstehen können. Wer einen Krieg vorbereitet, richtet seine Strategie nicht an Illusionen wie etwa dem Ideal von »Fair Trade« aus; er passt sie der Realität vor Ort an.

Doha: 9.–14. November 2001

Keine zwei Stunden nach meiner Ankunft auf dem Doha International Airport in Katar befand ich mich im Conference Centre, dem Tagungsort der vierten WTO-Ministerkonferenz. Ich war dort in meiner Eigenschaft als Leiter des *Southern and Eastern African Trade Information and Negotiations Institute* (SEATINI), einer Nichtregierungsorganisation, die ich im Gefolge der ersten WTO-Konferenz in Singapur im Jahr 1997 gegründet habe. Außerdem war ich dort als ein offizielles Mitglied der Delegation Ugandas und inoffiziell als ein Berater des tansanischen Handels- und Industrieministers Iddi Simba. Dieser hatte mich im Jahr davor eingeladen, an der Konferenz der Least Developed Countries (LDCs) in der historischen Dau-Stadt Sansibar teilzunehmen. Zusammen mit Ali Mchumo (damals der tansanische Botschafter in Genf) und Martin Khor (damals Chef des Third World Network in Genf) gehörte ich dem Komitee an, das den Entwurf der Abschlusserklärung für die Sansibar-Konferenz verfasst hatte. Jetzt in Doha vertrat Iddi Simba die Interessen der LDCs; er bekleidete mithin die wichtige Position eines Sprechers für »die ärmsten Nationen der Welt«.

Es gab eine Anzahl von Themen, die die LDCs und die Entwicklungsländer insgesamt einten, dazu gehörten etwa Landwirtschaft und Ernährungssicherung; Marktzugang für nichtlandwirtschaftliche Erzeugnisse (Non-Agricultural Market
Access, kurz NAMA); die Singapur-Themen; die ewige Frage der
»differenzierten Sonderbehandlung« (Special and Differential
Treatment; S&D) für die LDCs und das Thema Ausnahmeregelungen im Kontext der Verhandlungen zwischen der Europäischen Union und den Afrikanischen, Karibischen und Pazifischen Staaten (AKP).

Aber an dieser Stelle geht es mehr um eine Analyse der Prozesse und weniger um die Inhalte, denen ich mich später in
diesem Kapitel zuwenden werde.

Am letzten Tag (genauer gesagt, in den frühen Morgenstunden des 13./14. November 2001) saßen Delegierte vor allem
aus südlichen Ländern im Foyer vor dem Fernseher und schau-
ten CNN, wo zu sehen war, wie amerikanische Bomben auf
Afghanistan niederregneten. Wir warteten auf Nachrichten
darüber, wie weit der gefürchtete Text der späteren »Doha Declaration« inzwischen gediehen war. Wir hatten gehört, dass es
einen »Green Room« gab, in dem harte Verhandlungen statt-
fanden. Ich hatte sogar versucht, für Uganda in den »Green
Room« vorgelassen zu werden, allerdings ohne Erfolg. Hinter
den Türen des »Green Room« wurden Minister Iddi Simba und
Botschafter Ali Mchumo aus Tansania die ganze Nacht lang bis
in die frühen Morgenstunden bedrängt, sie sollten dem Text im
Namen der LDC zustimmen, sonst ...[21] Wir hörten Gerüchte,
die USA hätten wissen lassen, dass sich mit dem 11. September
2001 die Situation verändert hätte: Alle, die sich »verschworen«
hätten, um das Debakel von Seattle in Doha zu wiederholen,
seien Helfershelfer der Terroristen. Die WTO-Ministerkonferenz in Seattle im Dezember 1999 war ein Desaster gewesen.

Die Medien sahen die Schuld für das Desaster bei den NGOs. Die Länder des Südens hatten eine andere Sicht und feierten das Scheitern von Seattle. Aber jetzt war es anders: Die Drohungen der USA verwandelten Doha in einen Sieg für den Norden und eine Niederlage für den Süden.

Die dreischichtige Realität der WTO

Die Konferenz von Doha wurde von den großen Mächten und den Mainstream-Medien zu einem »Erfolg« erklärt. War sie das wirklich? Das ist die Frage, die ich hier stelle. Die einzig mögliche Antwort auf diese Frage ist, dass es davon abhängt, auf welcher Ebene man die Prozesse und das Ergebnis von Doha bewertet, denn es gibt drei sehr verschiedene Realitätsebenen: das offizielle Narrativ, das die Oberfläche beschreibt; die schwer zu fassende ökonomische Realität unter der Oberfläche, wie Schatten in einem fließenden Bach; und schließlich die zugrunde liegende philosophisch-ideologisch-ethische Realität.

Laut dem offiziellen Narrativ (propagiert von der WTO, westlichen Regierungen und den Mainstream-Medien) wurde am letzten Tag von Doha ein »ausgehandeltes« Dokument präsentiert, und alle dort versammelten Delegierten erklärten ihren »Konsens« mit dieser Erklärung. Nur vereinzelt gab es Widerspruch, und einigen der dabei geäußerten Sorgen wurde noch in letzter Minute »entsprochen«. Zum Beispiel war Indien bis zum letzten Tag standhaft geblieben und hatte sogar damit gedroht, seine Zustimmung zurückzuziehen. Die afrikanischen, karibischen und Pazifikstaaten (AKP) wollten eine Ausnahmeregelung für das EU-AKP-Abkommen. Doch in den Schlussminuten der Marathonsitzung zogen sie ihre früheren

Bedenken gegen den Entwurf der Erklärung zurück. Der entscheidende Punkt war: »Niemand verließ die Versammlung.«
In der abschließenden Plenarsitzung stellten sich alle hinter
das Dokument als Ausdruck »des kollektiven Willens der internationalen Gemeinschaft«.

Das ist die eine Realitätsebene. Es ist sinnlos, ihre Existenz
abzustreiten. (Wie bereits gesagt: An dieser Stelle betrachte ich
den Prozess des »Verhandelns«, nicht die Substanz der Erklärung von Doha.) Hinterfragt man das offizielle Narrativ und
versucht, die tieferen Schichten offenzulegen, steht man vor
der Frage, warum die Abweichler-Staaten nicht ihre Zustimmung verweigerten. So, wie die Dinge liegen, ist kein Land in
der Position, dass es sich über die Erklärung von Doha bekla-
gen könnte. Alle haben »nachgegeben« und müssen nun die
Konsequenzen tragen. Selbst die Länder, die sich vielleicht
unter Druck gesetzt fühlten, etwas zu unterzeichnen, an das
sie nicht glaubten, können auf der formellen oder offiziellen
Ebene nicht sagen, dass sie den Konsens nicht teilen oder auch
nur öffentlich zugeben, dass sie zum Unterzeichnen gezwungen
wurden. Die Erklärung von Doha ist ein *Fait accompli*. Sie ist
Teil der künftigen Realität.[22]

Die zweite Realität liegt tiefer. Die USA und die EU spielten
das »Spiel« der Handelsgespräche, als ob sie sich im Kriegszustand mit den Entwicklungsländern befänden, einem Krieg, der
sich seinem *Geist* nach nicht wesentlich von dem Krieg unterschied, den sie in Afghanistan führten. Sie ließen ihre Muskeln
spielen und winkten mit ihrer prallen Geldbörse; nur ein nai-
ver Beobachter würde »Beweise« dafür verlangen. *Dinge, die im
Dunkeln geschehen, sind per Definition unsichtbar.* Ich weiß nicht,
was hinter den Kulissen zwischen USA/EU und Indien lief. Ich
weiß aber, was mit den LDCs und der Frage der Ausnahmeregelungen für die AKP-Staaten los war. Ausnahmeregelungen

sind nichts Außergewöhnliches. So haben die USA etwa von der WTO Ausnahmeregelungen für einen mit Afrika geschlossenen Vertrag bekommen, der den Namen African Growth and Opportunity Act (AGOA) trägt. Hätte Europa eine Ausnahmeregelung für sein eigenes Wirtschaftspartnerschaftsabkommen (WPA) mit Afrika haben wollen, dann hätte es gewusst, wie man eine bekommt. Doch in Doha entschied sich Europa dafür, ein großes Thema daraus zu machen, den AKP-Ländern zu sagen: Unterzeichnet den Rest der Erklärung, sonst gibt es keine Ausnahmeregelung, und ihr werdet euren bevorzugten Marktzugang nach Europa verlieren. Dann würden kleine Bananenfarmer aus Afrika und der Karibik im direkten Wettbewerb mit den Plantagenbananen von den Philippinen und aus Ecuador stehen. Bis zu diesem Moment hatte die »Dritte Welt« eine bemerkenswerte Einigkeit und Solidarität gezeigt. Ihre Genfer Handelsexperten demonstrierten ein beeindruckendes Verständnis für die technischen Fragen – niemand kann also behaupten, dass sie nicht wussten, was sie unterzeichneten. Diesmal wussten sie es – anders als bei der Gründung der WTO in Marrakesch 1994 oder beim ersten WTO-Ministertreffen in Singapur 1997. In Doha mussten sie letzten Endes nachgeben. Warum? Weil in einer Kriegssituation die Schwachen alles aufgeben müssen, was sie nicht mit der Stärke ihrer Wirtschaft und ihres politischen Willens festhalten können.

Die dritte Realität geht noch tiefer, wie der Grund eines Ozeans. Auf dieser Ebene geht es um die Regeln von »Good Governance«, »Demokratie« und »Fair Play«. Doha ist das Produkt einer Manipulation der Regeln, die einer gerechten Entscheidungsfindung zuwiderlaufen. Von Anfang bis zum Ende wurde praktisch jede einzelne Regel aus dem Handbuch für die Durchführung internationaler Konferenzen, insbesondere für die Durchführung von WTO-Ministertreffen, gebrochen. Die großen Akteure legten sich die Regeln ständig neu zurecht. So erfanden das WTO-Sekretariat und die Vertreter der großen Mächte vom Augenblick, als der erste Erklärungsentwurf von Stuart Harbinson, dem Vorsitzenden des General Councils, am 26. September 2001 in Genf veröffentlicht wurde, immer »neue Regeln«, so wie es ihnen gerade in den Kram passte – über alle folgenden Entwürfe und die Ernennung der »Friends of the Chair« (ohne Konsultation mit dem General Council) hinweg bis hin zu ihrem Verhalten im »Green Room« (den ich den »Kesselraum« nenne). Solange die schwächeren Mitglieder am Ende des Tages nicht den Mut und die Willenskraft aufbrachten, den Konsens zu verweigern und die Verhandlungen zu verlassen, waren sie wie Tiere im Käfig – gezwungen, alle Regeln und Regeländerungen zu akzeptieren, bis zum finalen Showdown der letzten Plenarsitzung.[23] Es gibt nur eine einzige maßgebliche Regel für die Geschäfte der WTO: Wer ihre Entscheidungen nicht akzeptiert, verweigert sich dem Konsens. Wenn du das nicht kannst, hast du Pech gehabt.

Das einzig Positive an der Doha-Runde war der Zusatz des Wortes »Entwicklung«. So etablierte sich unmittelbar nach Doha die Bezeichnung »Doha-Entwicklungs-Runde« oder Doha Development Agenda (DDA). Doch die »bereits entwickelten« Länder des Westens versuchen bis heute mit allen Mitteln, dieses Wort in der Mitte wieder loszuwerden. Ihre Regierungen und Medien bezeichnen die Ergebnisse von Doha meist mit dem Begriff »Doha-Runde«.

Nach diesem Blick auf die Art und Weise, wie in der WTO Entscheidungen getroffen werden – den Prozess –, will ich mich nun der Substanz der Verhandlungen zuwenden.

Die wechselhafte Agenda
der Handelsgespräche

Von WTO zu UNCTAD und
wieder zurück zur WTO

Die Themen, um die es in den Handelsgesprächen geht, lassen sich in zwei Kategorien einteilen: die »traditionellen« und die »neuen« Themen. Traditionellerweise befasste sich das GATT-Abkommen mit dem Handel von Industrieprodukten und mit Problemen, die in diesem Umfeld auftraten – Dinge wie Marktzugang (Zölle und Quoten), Dumping, Subventionen und Konfliktschlichtung. Nach der Gründung der United Nations Conference on Trade and Development (UNCTAD) 1964 kamen Dinge hinzu, die die Entwicklungsländer betrafen: Rohstoffe, Technologietransfer und Terms of Trade (ich nenne dies die »UNCTAD-Themen«). Und dann kamen mit der Uruguay-Runde von 1986 eine Reihe von weiteren Themen hinzu. Gleichzeitig wurden die UNCTAD-Themen wieder entfernt.

Die UNCTAD-Themen waren weitgehend auf Betreiben der Entwicklungsländer aufgenommen worden. Sie waren unzufrieden mit der bestehenden Ordnung und verlangten nach neuen Regeln – nach einer neuen Weltwirtschaftsordnung (New International Economic Order; NIEO). Die Gründung der UNCTAD war eng verbunden mit den Ideen von Raul Prebisch, ihres »Architekten« und ersten Generalsekretärs. Er gehörte zu den Ökonomen, die eine Theorie entwickelten, die der Mainstream-Wachstumstheorie widersprach. Diese antihegemoniale Theorie ist unter verschiedenen Namen bekannt: »Unterentwicklungs«-Theorie, Zentrum-Peripherie-Theorie oder Lateinamerikanische Dependenztheorie.[24]

Mit dem Aufstieg der neoliberalen Ideologie in den 8oer-
und 9oer-Jahren trat die Idee einer Neuen Weltwirtschaftsordnung in den Hintergrund, und die Dependenztheorie verlor an
Bedeutung.

Traditionelle Themen	UNCTAD-Themen	Neue WTO-Themen
· Fertigungsprodukte · Marktzugang · Dumping · Subventionen · Industriezölle · Streitschlichtung	· Rohstoffe · Technologietransfer · Terms of Trade · Transnationale Unternehmen (Transnational Corporations; kurz TNCs)	· Landwirtschaftliche Produkte · Textil & Bekleidung · Dienstleistungen · Geistiges Eigentum · Investitionen · (TRIMS) · Telekommunikation · Wettbewerbspolitik · Beschaffung · Umwelt · Arbeitsgesetzgebung · Handelserleichterungen · Gentechnik · Entwicklung

Und mit diesen wurden die UNCTAD-Themen von der »Handels«-Agenda genommen. Die UNCTAD ist heute nur noch ein
Schatten ihres ursprünglichen Selbst, und die WTO ist, ohne
die UNCTAD-Themen, zu einem Club der Reichen und Mächtigen geworden.

An dieser Stelle ist eine kurze Übersicht darüber angebracht,
wie diese »Neuen Themen« auf die Agenda der WTO kamen;
sie bereitet den Boden für tiefere Analysen in diesem und den
folgenden Kapiteln.

Neue Themen auf der Agenda der WTO

Landwirtschaft: Lange Zeit wollten die entwickelten Länder die Landwirtschaft nicht in das Multilaterale Handelssystem einbeziehen. Sie alle förderten ihre eigene Landwirtschaft hinter protektionistischen Barrieren. Die Gemeinsame Agrarpolitik (GAP) der EU zum Beispiel basierte auf massiven Inlands- und Exportsubventionen. Europäische Bauern verhinderten mit ihrem politischen Einfluss erfolgreich eine Liberalisierung des Marktes, weil diese ihren »Lebensstil« beeinträchtigt hätte. Doch in den 80er-Jahren sorgten die europäischen Agrarsubventionen für große Ernteüberschüsse und Druck auf die Nahrungsmittelpreise. Auf Betreiben der USA wurde die Landwirtschaft auf die Agenda der Uruguay-Runde (1986) gesetzt. Die USA und die EU stellten einen Kompromiss vor, bei dem es den Industrieländern erlaubt war, handelsverzerrende Subventionen beizubehalten, sofern sie »nicht mehr als minimale Handelsverzerrungen« verursachten – was immer das bedeuten sollte. Die Entwicklungsländer waren von diesen Verhandlungen ausgeschlossen. So gelangte die Landwirtschaft unter die Kontrolle der WTO.

Handelsbezogene Aspekte der geistigen Eigentumsrechte (Trade-related Intellectual Property Rights, kurz TRIPS): TRIPS kamen weitestgehend auf Druck der US-Pharmaindustrie auf die Agenda. Dabei geht es nicht um freien Handel, sondern darum, Monopole zu schützen. Es gibt andere Vereinbarungen, wie etwa die Biodiversitäts-Konvention (Convention of Biological Diversity; CBD), in denen geistiges Eigentum aus der Perspektive biologischer Vielfalt betrachtet wird, doch diese Vereinbarungen werden vom TRIPS-Abkommen im Großen und Ganzen ignoriert.

Dienstleistungen: Diese Vereinbarungen beziehen sich auf Handel mit nichtsichtbaren Gütern – darunter fallen Dinge wie Bankwesen, Versicherungen, Transport, Catering, Tourismus, Kommunikation und dergleichen. Es gibt Bemühungen, einige Güter in die Rubrik Dienstleistungen zu bringen, indem wichtige Unterschiede verwischt werden – zum Beispiel zwischen Nahrungsmitteln und Catering oder Teppichen als Ware im Gegensatz zu dem Verlegen von Teppichen als Dienstleistung. Die Exporteinnahmen der Industriestaaten rühren heutzutage zum überwiegenden Teil aus Dienstleistungen und nicht aus dem Export von Waren her, weshalb es einen ständig steigenden Druck von ihrer Seite gibt, den Umfang der Dienstleistungs-Agenda innerhalb der WTO zu vergrößern.

Umwelt und Arbeitnehmerrechte: Diese sind nie Handelsthemen gewesen. Es gibt andere globale Institutionen, die speziell ihnen gewidmet sind. Doch sie wurden auf die Agenda gesetzt, weil westliche Konzerne der Meinung waren, die »niedrigen Löhne« und »niedrigen Umweltstandards« der Entwicklungsländer würden diesen einen »unfairen Vorteil« bescheren, weshalb diese Themen von der WTO kontrolliert werden müssten, damit »gleiche Bedingungen für alle« herrschten.

Investitionspolitik: Auch diese war nie ein Handelsthema. Traditionell sind es IWF und Weltbank, die sich mit Geld und Kapital befassen. Die Regulierung und Steuerung der Kapitalströme sind zweifellos keine legitimen Funktionen der WTO. Doch im Rahmen der WTO-Konferenz von Singapur (1996) gelangte auch die Investitionspolitik auf die Agenda – dank des Drucks von amerikanischen und europäischen Konzernen. Auf der Ministerkonferenz der WTO in Cancún im Jahr 2003 wurde sie dann aber endgültig von der Agenda genommen.

Wettbewerbspolitik: Auch dieses Thema gelangte 1996 in Singapur als eines der vier sogenannten »Singapur-Themen«

in den Fokus der WTO. Damit waren alle politischen Möglich-
keiten der Entwicklungsländer, ihre heimischen Unternehmen
zu begünstigen, gefährdet. Auch dieser Themenkomplex wurde
bei der Ministerkonferenz von Cancún (2003) von der WTO-
Agenda gestrichen.

Öffentliches Beschaffungswesen: ein weiteres aus der Gruppe der vier Singapur-Themen. Es hätte nie in die Zuständigkeit
der WTO fallen dürfen, doch auch hier setzten sich die westlichen Konzerne mit ihrem Druck durch. Diese Maßnahme gefährdete die Souveränität der Entwicklungsländer, öffentliche
Aufträge an Betriebe im eigenen Land zu vergeben. Auch dieses
Thema wurde bei der Konferenz von Cancún (2003) wieder
von der WTO-Agenda gestrichen.

Handelserleichterungen: das letzte der Singapur-Themen.
Handelserleichterungen stehen nach wie vor auf der WTO-
Agenda. Dieses Thema dient den Industrieländern als Mittel,
um sich den Zugang zu den Entwicklungsländern zu öffnen –
unter dem Vorwand, Hilfestellung beim Aufbau effizienterer
Handelssysteme und einer besseren Integration in den Weltmarkt zu leisten.

Drei der oben angesprochenen vier Singapur-Themen sind
also mittlerweile nicht mehr der Kontrolle der WTO unterstellt.
Doch die Industrieländer versuchen, diese »verlorenen« Themen durch bilaterale und regionale Handelsabkommen mit
Entwicklungsländern, Free Trade Areas (FTAs) genannt, wieder
hereinzuschmuggeln. Zum Beispiel versuchen sie, das »Prinzip
der Inländerbehandlung«, das sich auf Waren bezieht, auf den
Investmentsektor auszudehnen. Entwicklungsländer bestreiten
die Zulässigkeit solcher Maßnahmen.[25]

Landwirtschaft und Ernährungs-
sicherung

Die Bedeutung der Ernährungssicherung
in der Landwirtschaft

Landwirtschaft ist seit 1995 Teil der WTO-Agenda, Ernährungssicherung aber nicht. Marktzugang, nicht Ernährungssicherung, ist der Daseinszweck der WTO. Für ein gewöhnliches Ge-
hirn mag das ein Widerspruch sein, doch die surreale Realität
des Handelssystems ist so. Man vergisst nur allzu leicht, dass
die WTO eine Handelsinstitution ist und keine Entwicklungs-
organisation. Entwicklung wurde erst auf der Konferenz von
Doha (2001) auf die Agenda gesetzt, und wie bereits gesagt, versuchen die Großen und Mächtigen seither, den Begriff »Entwicklung« wieder aus der »Doha Development Agenda« (DDA)
zu tilgen. Die Industrieländer gehen davon aus, dass Handel
automatisch Entwicklung zur Folge haben wird. Wie Pascal
Lamy sagte: »Handel muss im Zentrum von Afrikas Erholung
und Wachstum stehen, wenn die Millennium Development
Goals (MDGs) erreicht werden sollen.« Dies ist eine ideologische Haltung, die mit der Realität nur sehr wenig zu tun hat.

Die DDA umfasst zwanzig Kapitel, deren wichtigste Landwirtschaft, Industrie und Dienstleistungen betreffen. Alle Themen, über die verhandelt wird, haben eine politische, eine soziale und eine ökonomische Dimension. Doch während der
Bereich Industrie in erster Linie ökonomisch und der Bereich
Dienstleistungen in erster Linie sozial ist, ist der Bereich Landwirtschaft vor allem politisch. Warum ist das so? Weil ein
Durchbruch in den Agrargesprächen bei der WTO die Basis ist,
auf der die Verhandlungen in anderen Bereichen Fortschritte

machen können – selbst dann, wenn die Landwirtschaft ihrerseits von einer Einigung in diesen Bereichen abhängig ist. So ist es von der ersten Konferenz in Punta del Este 1986 bis zum Ministertreffen von Bali im Jahr 2013 gewesen. Die Geschichte und die ökonomische Logik zeigen, dass kein Land sich ohne Industrie und Produktion entwickeln kann. Die WTO-Verhandlungen über den Marktzugang für nichtlandwirtschaftliche Güter (Non-Agricultural Market Access; NAMA) sind deshalb von entscheidender Bedeutung. Wenn Unterhändler aus den Entwicklungsländern bei den Handelsgesprächen ihre internationalen Zoll-Koeffizienten falsch ansetzen, können sie sich von der Industrialisierung ihres Landes verabschieden. Und wenn sie die Bedeutung der sozialen Dimension des Dienstleistungssektors unterschätzen, müssen sie sich später dafür verantworten, wenn ihre Länder die nationale Kontrolle über Gesundheitswesen, Bildung, Verkehr, Bankenwesen und andere Dienstleistungen verlieren. Wenn jedoch landwirtschaftliche Verhandlungen schiefgehen, dann kann dies zur Folge haben, dass, insbesondere im Süden, Regierungen die Wut ihrer Wähler zu spüren bekommen oder die Macht ganz verlieren.

Im Jahr 2008 berichtete Jean Ziegler, der UN-Sonderberichterstatter für das Recht auf Nahrung, dass es trotz des Wachstums in manchen südlichen Ländern insgesamt wenig Fortschritt bei der Senkung der Zahlen von Hunger- und Unterernährungstoten gibt. Die Hungerproblematik hat seit 1996 jedes Jahr zugenommen (heute sind geschätzte 854 Millionen Menschen betroffen) – trotz der beim Welternährungsgipfel von 2000 verkündeten Verpflichtung, diese Zahl zu halbieren. Alle fünf Sekunden stirbt ein Kind unter zehn Jahren an Erkrankungen, die die Folge von Hunger und Unterernährung sind. Die Situation ist in Zieglers Worten »alarmierend«.[26]

Die Gründe für die schlechter werdende
Ernährungslage im Globalen Süden

Mehrere Gründe haben zur Verschlechterung der Ernährungslage im Globalen Süden beigetragen, darunter:
• die globale Erwärmung, die das Gleichgewicht der natürlichen Systeme von Luft, Wasser und Wetter durcheinan-
dergebracht hat – Wasser und Witterungsabläufe sind entscheidend für die Nahrungsmittelproduktion;
• steigende Treibstoffpreise, die die Kosten etwa für Dünger
und Transport in die Höhe treiben;
• das sogenannte »Land Grabbing«, das besonders in Afrika
zunehmend zum Problem wird – reiche kommerzielle Far-
mer und globale Nahrungsmittelkonzerne drängen Kleinbauern, die wenig gegen Marktbewegungen ausrichten können, immer mehr an den Rand;
• Flächen für den Anbau von Nahrungsmitteln verwandeln
sich in Flächen für die Produktion von Biotreibstoffen;
• die Demontage der finanziellen und physischen Infrastruktur der lokalen Agrarproduktion: Staatliche Subventionen
für die Nahrungsmittelproduktion fallen weg; die dörflichen
Depots und lokalen Nahrungsreserven werden wegen der vom
IWF verhängten Strukturanpassungsprogramme (SAPs) ab-
gebaut, die arme Bauern den Launen des Marktes, der Zwi-
schenhändler und den globalen Saatgut- und Düngemittel-
konzernen ausliefern;[27]
• finanzielle Spekulation im Nahrungsmittelsektor;
• US- und EU-Subventionen, darunter auch die Praxis des
»Box Shifting« (siehe Seite 74) zur Erhaltung von Subventionen, und die Reform der Gemeinsamen Agrarpolitik der
EU (Common Agricultural Policy; CAP).

Alle diese – und weitere – Faktoren müssen berücksichtigt werden, wenn man die wahren Gründe für zunehmende Verar-
mung, Unterernährung und Elend, besonders in ländlichen
Gebieten des globalen Südens, verstehen will.

Die Bedeutung der Landwirtschaft in der WTO-Agenda

Wir hatten bereits erwähnt, dass die USA und Europa im
GATT-Abkommen vor der Gründung der WTO die Landwirtschaft im multilateralen Handelssystem nicht sehen wollten.
Erst als USA und EU (die Entwicklungsländer waren in diesem
Entscheidungsprozess irrelevant) sich damit einverstanden erklärten, die handelsverzerrenden Subventionen des jeweils anderen unangetastet zu lassen, wurde die Landwirtschaft unter
die Kontrolle der WTO gestellt. Die meisten dieser Subventionen existieren größtenteils bis heute, und sie stehen im Zentrum der Frage, warum das globale Agrarsystem nicht richtig
funktioniert. Heutzutage bedienen sich USA und EU ausgeklügelter Euphemismen – so ist etwa von der »Multifunktionali-
tät« der Landwirtschaft die Rede –, um ihre eigenen Bauern
und Lebensmittelkonzerne weiter protegieren und subventio-
nieren zu können, die in ihren demokratischen Systemen über
erhebliche Macht verfügen. Das Problem ist ein politisches.

Ich werde mich im Kapitel über »Europas Handelskrieg gegen Afrika« mit der Frage der Gemeinsamen Agrarpolitik der
EU auseinandersetzen (Kapitel 3). Hier konzentriere ich mich
zunächst nur auf das Thema der Subventionen im Kontext
der WTO-Verhandlungen – und schon das ist, als würde man
durch ein Minenfeld laufen. Die Sprache dieser Verhandlungen
ist sehr juristisch und technisch, aber ich werde versuchen, sie
in einfachen Worten zu erklären.

Das Phänomen des »Box Shifting«

Ich habe bereits erwähnt, dass die europäischen Binnen- und Exportsubventionen in den 80er-Jahren hohe Getreideüberschüsse und einen starken Preisdruck bei Nahrungsmitteln zur Folge hatten. Unter dem Agreement on Agriculture (AoA) müssen alle Subventionen reduziert werden. Es gibt eine erlaubte Subventionshöhe (genannt »De minimis«), die bei fünf Prozent oder im Fall der Entwicklungsländer bei zehn Prozent des Produktionswertes liegt, und es gibt eine festgelegte Obergrenze für die gesamten Subventionen, das sogenannte »aggregierte Stützungsmaß« (Aggregate measurement of support; AMS). Die Subventionen werden in verschiedene Kategorien oder »Boxen« eingeteilt, je nach Größe ihrer Auswirkungen auf Handel und Produktion. *Gelbe* Subventionen greifen direkt auf Produktionsebene und sind begrenzt; *blaue* Subventionen sind produktionsbegrenzende Maßnahmen, die aber dennoch den Handel beeinflussen und nach und nach reduziert werden müssen; *grüne* Subventionen verursachen angeblich nur minimale Verzerrungen, doch sie müssen durch ein staatlich finanziertes Programm gezahlt werden, das nicht zu Preiserhöhungen für die Verbraucher führt und auch keine Stützung der Preise für die Hersteller beinhaltet.

Der Großteil dieser Regelungen wurde vom Globalen Norden 1986 im Rahmen der Uruguay-Runde ausgearbeitet – und sie wirken asymmetrisch, zum Nachteil der Entwicklungsländer. Doch selbst innerhalb der nördlichen Länder werden die kleineren Bauern benachteiligt. Die Gesamtproduktion ist in den USA und Europa auf einem so hohen Niveau, dass selbst die *De minimis*-Unterstützung sich auf Milliarden Dollar pro Jahr summiert. Laut Weltbank geben Europa und die USA jedes

Jahr allein für Agrarsubventionen 380 Milliarden Dollar aus. Mehr als die Hälfte der Unterstützung der EU geht an gerade einmal ein Prozent der Produzenten – die riesigen Nahrungsmittelkonzerne. In den USA gehen 70 Prozent der Subventionen an zehn Prozent der Produzenten, ebenfalls die größeren Agrarunternehmen.[28]

Der Effekt dieser Subventionen ist, dass die globalen Märkte mit Waren geflutet werden, die unterhalb ihrer Produktionskosten verkauft werden, die Preise drücken und Produzenten in den ärmeren Ländern unterbieten. Das US-amerikanische Agrargesetz (Farm Bill) beinhaltet Programme für acht Feldfrüchte, die alle für Entwicklungsländer relevant sind: Baumwolle, Weizen, Mais, Sojabohnen, Reis, Gerste, Hafer und Sorghumhirse. Besonders betroffen sind afrikanische Länder – die Produktion ist vielerorts zurückgegangen, und zahlreiche kleine Produzenten von Getreide, Baumwolle, Geflügel oder Milchprodukten sind vom Markt gedrängt worden.

Die Industrieländer haben sich ausgeklügelter politischer Werkzeuge bedient, um ihre Subventionen von der gelben und blauen Box in die grüne Box zu verschieben. Auf diese Weise konnte etwa die EU von 1995 bis 2009 die Zahlungen in ihrer Gelben Box von 50 181 Millionen Euro auf 8 764 Millionen Euro und die Zahlungen in der Blauen Box von 20 846 auf 5 324 Millionen Euro reduzieren. Gleichzeitig stieg die Summe der Subventionen der Grünen Box von 18 779 Millionen auf 63 798 Millionen Euro.[29]

Dieses Phänomen des Verschiebens zwischen den Boxen hat den Geist der Vereinbarungen der Uruguay-Runde untergraben. Afrikanische Länder dagegen werden durch die WTO und durch bilaterale Handelsabkommen mit Europa gezwungen, ihre »angewendeten Zollsätze« (Zollsätze, die zu einem bestimmten Zeitpunkt gelten) deutlich unterhalb ihrer »gebundenen Zollsätze« (zulässige Obergrenzen zum Schutz ihrer Landwirtschaft und Industrie) anzusetzen, was ihre Wirtschaft für Importe und Dumping angreifbar macht.

Inländische Stützungsmaßnahmen in der EU
(nach WTO-Angaben)
Zahlen in Millionen Euro

Handelsjahr	Gelb gesamt	Blau gesamt	De minimis gesamt	Handelsverzer-rende Subven-tionen gesamt	Grün gesamt	Inländische Subventionen gesamt
1995	50.181	20.846	825	71.852	18.779	90.631
1996	51.163	21.521	761	73.445	22.130	95.576
1997	50.346	20.443	733	71.521	18.167	89.688
1998	46.947	20.504	525	67.975	19.168	87.143
1999	48.157	19.792	554	68.502	21.916	90.419
2000	43.909	22.223	745	66.876	21.848	88.724
2001	39.391	23.726	1.012	64.128	20.661	84.790
2002	28.598	24.727	1.942	55.266	20.404	75.670
2003	30.891	24.782	1.954	57.626	22.074	79.700
2004	31.214	27.237	2.042	60.493	24.391	84.884
2005	28.427	13.445	1.251	43.123	40.280	83.404
2006	26.632	5.697	1.975	34.304	56.530	90.833
2007	12.354	5.166	2.389	19.909	62.610	82.519
2008	11.796	5.348	1.083	18.226	62.825	81.051
2009	8.764	5.324	1.402	15.489	63.798	79.288

Baumwollkrieg:
Das Beispiel der »Cotton Four«

Die »Cotton Four«-Länder

Am 10. Juni 2003 brachte Burkina Faso bei einem Treffen des General Councils der WTO im Namen der als »Cotton Four« oder C-4 bezeichneten westafrikanischen Baumwollproduzenten Benin, Burkina Faso, Tschad und Mali die schweren Schäden zur Sprache, die der Wirtschaft ihrer Länder durch die handelsverzerrenden Baumwollsubventionen der USA entstehen.

Die meisten Analysten sind wie die C-4 der Meinung, dass die Baumwollsubventionen der USA handelsverzerrend wirken – sie drücken die weltweiten Baumwollpreise um mindestens zehn Prozent. Schon früher hatten die Weltbank und Oxfam den Standpunkt vertreten, dass die amerikanischen Subventionen auch die Normen für die Sonderbehandlung der Least Developed Countries (LDCs) untergraben.[30] Eine andere Studie berichtete: »Aufgrund der prominenten Rolle, die Baumwolle in der Wirtschaft der C-4 spielt ... kann ein kleiner Rückgang der Baumwollpreise große Auswirkungen auf die Fähigkeit der Bauern haben, für Krankenversicherung, Ausbildung und Nahrung zu bezahlen. Ein guter Baumwollpreis erlaubt den Bauern, den Anbau von Subsistenzprodukten zu steigern, er verlangsamt die Urbanisierung, indem er die Menschen auf dem Land hält, und er schafft örtlichen Wohlstand dort, wo er am meisten gebraucht wird.«[31] In den C-4 ist der Baumwollsektor der zweitgrößte Arbeitgeber nach dem Staat – rund 900 000 Farmbetriebe geben sieben bis acht Millionen Erwachsenen direkt Arbeit, und sie ernähren darüber hinaus die zehn bis 13 Millionen Menschen (einschließlich der Kinder und nicht in der Landwirtschaft arbeitenden Erwachsenen), die indirekt zu diesen Betrieben gehören. Baumwolle sorgt auch für Beschäftigung für Arbeiter in nachgeordneten Branchen, die das Produkt transportieren und weiterverarbeiten.[32]

Die Position der C-4-Länder wird gestärkt durch die Gruppe der zwanzig Entwicklungsländer und ganz Afrika. Uganda erklärte, dass eine Reihe weiterer afrikanischer Staaten sich in der gleichen Lage wie die C-4-Staaten befinden und schlug vor, die Ziffer im Namen der Gruppe solle angepasst werden, um alle baumwollproduzierenden Länder Afrikas mit zu berücksichtigen.

Was hat die WTO unternommen?

Am 19. November 2004 – kurz nachdem die C-4 die Sache vor die WTO gebracht hatten – rief der General Council ein Gremium ins Leben, das sich ausschließlich mit Baumwolle beschäftigen sollte. Das war vor elf Jahren. Am 28. Juli 2009 schickten die C-4 eine hochkarätige Delegation nach Washington, um über das Thema zu diskutieren. Eine Gruppe von niederen Beamten hörte sich höflich ihr Anliegen an, doch letzten Endes musste die Delegation mit leeren Händen die Heimreise antreten.

Aufgrund der hartnäckigen Verweigerungshaltung der USA hat auch das WTO-Gremium keinerlei Fortschritte gemacht. Vor dem WTO-Ministertreffen 2013 in Bali schlugen die C-4 dem Allgemeinen Rat vor, das Problem der handelsverzerrenden Subventionen bis Ende 2014 zu lösen, alle noch verbliebenen Exportsubventionen auf Baumwolle in den Industrieländern sollten sofort entfallen, und die LDCs sollten zoll- und quotenfreien Zugang zu den Märkten der Industrieländer erhalten.

Konfrontiert mit der mittlerweile beinahe schon globalen Forderung nach einer Abschaffung ihrer handelsverzerrenden Baumwollsubventionen schlugen die USA eine alternative Strategie vor. Im IFDC-Bericht »Linking Cotton and Food Security in the Cotton Four (C-4) Countries« stellte das von der USAID finanzierte Gremium fest, dass die zwanzig Millionen von Nahrungsmangel betroffenen Menschen der C-4-Staaten Hilfe brauchen (und impliziert dabei, dass dafür eine Abschaffung der amerikanischen Subventionen nicht erforderlich ist): »Die Verbindungslinien zwischen Baumwolle und Ernährungssicherung sind komplex ... Armut und Ernährungsunsicherheit sind in diesen baumwollproduzierenden Ländern extrem hoch. Die Produktion und der Export von Baumwolle haben die Nahrungsmittelunsicherheit in den C-4-Ländern nicht verhindert.«[33]

Die IFDC-Studie besagt, anders ausgedrückt, dass die C-4-Staaten mit ihrer Forderung nach einem Ende der amerikanischen Baumwollsubventionen auf dem Holzweg sind. Die Studie weist stattdessen in eine andere Richtung: »Diese Ergebnisse legen nahe, dass für eine Verbesserung der Ernährungssicherung in den C-4-Ländern nachhaltige und koordinierte Interventionen im Agrarsektor erforderlich sind (der Nahrung und Einkommen für die große Schicht der armen Landbevölkerung sowie Nahrung für die Stadtbevölkerung bereitstellt). Darüber hinaus muss die Aufmerksamkeit dauerhaft auf die drängenden Probleme in den Bereichen Governance und Sicherheitslage sowie eine ganze Reihe von Maßnahmen im Gesundheits- und Ernährungssektor gerichtet werden.«

Also beschlossen die C-4, es mit Verhandlungen über die WTO zu versuchen. Beim WTO-Ministertreffen in Bali (Dezember 2013) schafften sie es, ein Statement zu bekommen, in dem die Minister ihr »Bedauern« ausdrückten, dass jene Teile

der Erklärung von Hongkong, in denen es um Handel geht,
noch nicht erfüllt seien; dass diese Erklärung aber trotzdem
»eine nützliche Basis für unsere zukünftige Arbeit« liefere; dass
die WTO »spezielle Sitzungen« organisieren werde, um »Transparenz und Kontrolle« des Baumwollhandels zu steigern, und
dass die Generaldirektion der WTO »regelmäßige Berichte über
die Entwicklungshilfe-Aspekte von Baumwolle liefern« werde.
*Es war keine Rede davon, dass die amerikanischen Subventionen
handelsverzerrend und damit in der juristischen Terminologie der
WTO illegal waren.*

Was sollten die C-4 nun tun? Sollten sie die Angelegenheit
dem Streitschlichtungsorgan der WTO, dem Disputes Settlement Body (DSB), vortragen? Theoretisch hat jedes Mitgliedsland der WTO die Möglichkeit, sich an den DSB zu wenden,
wenn es das Gefühl hat, seine Rechte würden durch das Handeln oder auch die Untätigkeit eines anderen Landes verletzt.
Doch das geschieht unter der Annahme der formellen Gleichheit aller Mitglieder. Die tägliche Realität sieht deutlich anders
aus. Im realen Leben zählen Geld und Macht. Angenommen,
der DSB entscheidet zugunsten der C-4. Was dann? Dann ...
nun ja, dann passiert gar nichts. Denn bei der WTO gibt es
keine Regelung für *kollektive* Sanktionen. Der DSB kann zwar
eine juristische Entscheidung fällen, aber er hat nicht die
Macht, Sanktionen zu verhängen – das bleibt den geschädigten Parteien selbst überlassen. Aber selbst wenn man einmal
annimmt, die USA würden die Entscheidung des Gremiums
akzeptieren und dann die C-4 auffordern, Sanktionen zu verhängen – mit welchen Sanktionen könnten die C-4 die USA
bedenken? Sie können ein moralisches Fähnchen hissen, doch
dieses wird in der Sache, um die es geht, keinerlei konkrete
Auswirkungen haben. Das soll nicht heißen, dass kleine und
schwache Staaten sich nicht an den DSB wenden sollten. Das

sollten sie auf jeden Fall tun. Aber sie sollten dabei realistisch
bleiben.

Welchen Schluss ziehen wir daraus? Es kann nur einen
Schluss geben. Die C-4 haben keine Chance, diesen Krieg gegen
die WTO zu gewinnen. Die Erklärung von Bali ist nichts weiter
als eine Beschwichtigung für die C-4-Länder. Sie haben es mit
einem Goliath zu tun. Es ist ein einseitiger Krieg.

Die C-4-Staaten sollten ihre eigene
Textilindustrie entwickeln

Hier ist ein Alternativvorschlag: Die C-4 sollten dem Beispiel
Indiens und Chinas folgen. Diese beiden Länder gehören zu
den größten Baumwollproduzenten der Welt. Doch anstatt sie
zu exportieren, nutzen sie die Baumwolle im eigenen Land für
ihre eigene Textilbranche und die zugehörigen Industrien. Die
C-4 könnten sich mit anderen west- und zentralafrikanischen
Ländern zusammentun, ihr Wissen und ihre Ressourcen bün-
deln und eine Fünf- bis Zehnjahresstrategie erarbeiten, um
ihre Baumwollexporte zu reduzieren und eine Verschiebung
in die heimische und regionale Wertschöpfung zu erreichen,
d. h. ihre eigene Textilindustrie zu entwickeln. Das ist natürlich nicht einfach. Nichts ist einfach. Aber es ist zu schaffen.
Da ich aus Uganda komme, wäre mein Vorschlag, dass Uganda
und die anderen baumwollproduzierenden Länder Afrikas der
Afrikanischen Union und der UN-Wirtschaftskommission für
Afrika vorschlagen, eine Gruppe von Experten einzusetzen, die
diesen Prozess unterstützt – den Prozess einer Entwicklung
weg vom Export der Rohbaumwolle und hin zu einer Nutzung
innerhalb Afrikas, zur Stärkung der Industrialisierung des eigenen Fertigungssektors.

Das Entwicklungsproblem

Dies ist eine der umstrittensten Fragen unserer Zeit. Schon
die Definition des Begriffs »Entwicklung« ist ein Schlachtfeld,
von verwandten Themen wie Politik und ihrer Umsetzung auf
verschiedenen Ebenen – lokal, national, regional oder global –
ganz zu schweigen. In manchen Kreisen ist viel von der Schaffung eines »Entwicklungsstaats« die Rede, wobei allerdings die
Auslegung beider Teile des Wortes umstritten ist.

Die Millennium Development Goals reduzieren
»Entwicklung« auf Zahlen

Wir müssen an dieser Stelle gar nicht in solche komplexen be-
grifflichen und operativen Fragen einsteigen, außer um festzu-
halten, dass im Kontext des UN-Systems das Konzept der »Entwicklung« auf ein Zahlenspiel ohne jegliche Tiefe reduziert
wurde.[34] Die Millennium Development Goals (MDGs) sind
eine Übung in der Kunst, einen »Kompromiss« zu finden und
dabei alle strittigen Fragen zu umgehen, um ein paar gemeinsame Ziele und »Meilensteine« zu finden, wie man es von
der UN kennt. Es ist natürlich nichts Schlechtes daran, sich
auf Ziele und Entwicklungsindikatoren zu verständigen. Die
MDGs haben zweifellos die globalen Medien für das Thema Armut sensibilisiert – doch sie haben gleichzeitig bewirkt, die Aufmerksamkeit von den systemischen und strukturellen Ursachen
von Armut und Unterentwicklung abzulenken. Ich stimme
Manuel Montes zu, der schreibt: »Die große Anziehungskraft
der acht Millenniumziele, oder doch zumindest von sieben von
ihnen, war ihre nahezu universelle Akzeptanz. Sie mobilisier-

ten Ressourcen und Politik, national ebenso wie international, mit dem Ziel, Armut, Hunger, Geschlechterungleichheit, Unterernährung und Krankheiten zu verringern. Seit ihrer Veröffentlichung hat die Begeisterung über die Millenniumsziele alle Überlegungen im Bereich Entwicklung dominiert. Der MDG-Diskurs – in internationalen Organisationen ebenso wie in nationalen Kontexten – scheint die fundamentale Idee verdrängt zu haben, dass Entwicklung mit wirtschaftlichem Wandel zu tun hat ... Die Millenniumsziele müssen dekolonialisiert werden, wenn die vereinbarten Ziele wirklich der Entwicklung dienen sollen.«[35]

Die MDG-Periode endet 2015. Statistische Daten der Vereinten Nationen und der OECD darüber, inwieweit sie erreicht wurden, sind allerdings reines Blendwerk. Bei der »Rio+20«-Konferenz im Jahr 2012 brachten die Vereinten Nationen die sogenannten »Ziele nachhaltiger Entwicklung« – Sustainable Development Goals (SDGs) als ihre Agenda für die Zeit nach 2015 auf den Weg. Dabei gingen sie erneut nicht auf die grundlegenden strukturellen Ursachen der fortdauernden Unterentwicklung der Länder des Südens ein.

Es ist noch zu früh für ein abschließendes Urteil, doch jeder denkende Mensch, der sich die Sustainable Development Goals genauer anschaut, kann sehen, dass die Vereinten Nationen hier mit dem Wechsel von MDGs zu SDGs einfach nur die Ziellinie weiter verschieben.

Die verlorene Entwicklungsagenda der UNCTAD wird wiederbelebt

Die WTO geht davon aus, dass aus dem Handel die Entwicklung folgt. Doch dann stellt sich die Frage, durch welchen Pro-

zess Themen auf die »Handels«-Agenda gelangen und wer im
Verlauf von Handelsgesprächen was bekommt.

Wir haben gesehen, dass sich die UNCTAD in den 60er-
Jahren mit Rohstoffen, Technologietransfer, den Handelsbedingungen (Terms of Trade) und transnationalen Konzernen
beschäftigen wollte – doch nach einiger Zeit, speziell nach
der Etablierung des »Washington Consensus« Mitte der 80er-
Jahre, wurden diese Themen still und leise wieder zur Seite ge-
legt. Bei der Doha-Ministerrunde im Jahr 2001 kam »Entwicklung« auf die WTO-Agenda. Die derzeitige Situation sieht so
aus, dass die westlichen Industriestaaten alles versuchen, um
den Begriff der Entwicklung wieder aus der »Doha (Development) Agenda« (DDA) zu eliminieren, so wie sie es auch schon
mit den »UNCTAD-Themen« geschafft haben – insbesondere
gilt das für die Frage der »differenzierten Sonderbehandlung«
(Special and Differential Treatment; kurz S&D) für die weniger
entwickelten Länder.

Der ungleiche Kampf um das S&D

Erinnern wir uns daran, dass S&D ein anerkanntes Prinzip ist,
das bis in die Vorgeschichte der WTO zurückreicht – bis zur Erklärung von Punta del Este im Jahr 1986. Dort heißt es in Teil
IX, Artikel 15: »In Anerkennung der Tatsache, dass die differenzierte und bevorzugte Behandlung der Entwicklungsländer integraler Bestandteil der Verhandlung ist, wird eine besondere und
differenzierte Behandlung im Hinblick auf die Pflichten dieser
Länder vereinbart, so wie sie in den entsprechenden Regelungen dieser Vereinbarung festgelegt und in den Listen der Rechte
und Pflichten genannt ist.« Und weiter: »Entwicklungsländer
sollen die Möglichkeit erhalten, Reduktionsverpflichtungen

über einen Zeitraum von bis zu zehn Jahren umzusetzen. Von
den am wenigsten entwickelten Mitgliedsstaaten werden keine
Reduktionen verlangt.«

Doch das S&D-Prinzip bekam am Ende der Uruguay-Runde
nur sehr wenig juristisches Gewicht. Die meisten Themen, die
für Industrieländer interessant waren, hatten *obligatorischen*
Charakter, hatten das Gewicht des DSB und ein System von
Sanktionen hinter sich. Für die S&D-Regelungen galt das jedoch nicht. Diese fallen unter jene Regelungen des WTO-Systems, die »*nach besten Kräften*« erfüllt werden sollen – die Mitglieder erklären, dass sie ihr Bestes versuchen wollen, doch es
gibt keine bindende Verpflichtung, dabei erfolgreich zu sein.
Diese Schwäche von S&D ist seit Langem bekannt. In Doha
waren sich die Mitglieder endlich einig: »Alle Regelungen der
differenzierten Sonderbehandlung werden in der Absicht überprüft werden, sie zu stärken und sie präziser, effizienter und
besser umsetzbar zu machen.« Nach Doha gründete die WTO
einen Ausschuss für Handel und Entwicklung (Committee on
Trade and Development; CTD), und ein Jahr später (2002)
setzte das CTD einen Überwachungsmechanismus, den sogenannten Monitoring Mechanism (MM) auf, um die Gespräche
über die Umsetzung des Entwicklungsaspekts der Doha-Runde
weiterzuführen, besonders im Hinblick auf eine »Stärkung« der
S&D-Regelungen.

Das war das Letzte, was irgendjemand zu diesem Thema gehört hat. Auf der neunten WTO-Ministerkonferenz in Bali kam
es zu einer systematischen Demontage der S&D-Regelungen,
von der nicht viel mehr als der Name blieb. Wie es zu dieser Auslöschung von S&D kam, ist unter den gegebenen Umständen vollkommen klar – die Industriestaaten des Nordens
stehen unter massivem Druck, Zugriff auf die Märkte und
Rohstoffe des Südens zu bekommen. In Bali waren die Indus-

trieländer auf »Handelserleichterungen« fokussiert (das letzte
verbliebene der vier Singapur-Themen) und nicht in der Stimmung, den Entwicklungsländern oder LDCs mit einer Stärkung
der S&D-Regelungen irgendwelche Konzessionen zu machen.
Der Wortlaut der Erklärung von Bali ist in dieser Hinsicht absolut eindeutig. Bei der Definition von »Funktionen/Aufgaben-
bereich« des Monitoring Mechanismen (MM) heißt es: »Der
Mechanismus wird alle Aspekte der Umsetzung der S&D-Re-
gelungen daraufhin überprüfen, dass sie die Integration von
Entwicklungsländern und LDCs in das multilaterale Handelssystem fördern.« Das Ziel ist eine Förderung der »Integration«
des Südens in das multilaterale Handelssystem und nicht der
Schutz von besonderen und differenzierten Erwägungen. Die
Erklärung stellt klar: »Der Mechanismus wird andere relevante
Überwachungsmechanismen und/oder Gremien der WTO ergänzen, nicht ersetzen.« Und für den Fall, dass der MM das
noch nicht ganz verstanden hatte, gab es eine erklärende Fußnote: »Mitgliedsländer werden die Auswahl haben, sich des
MM oder auch anderer relevanter Prüfungsmechanismen oder
Prozesse in anderen Gremien der WTO zu bedienen.« Weiter
heißt es: »In der Ausübung seiner Funktionen wird der Mechanismus die Rechte und Pflichten der Mitgliedsländer, so
wie sie sich aus WTO-Vereinbarungen oder Entscheidungen
des Minister- oder Allgemeinen Rats ergeben, weder verändern
noch in irgendeiner Weise einschränken oder ihren juristischen Status infrage stellen.« ... *was bedeutet, dass der MM sich
gefälligst aus allen wichtigen Themen des Handelsdiskurses her-
aushalten soll, weil diese für die Großen und Mächtigen reserviert
sind.* Erst danach zeigt die Erklärung mit einer versöhnlichen
Formulierung ein wenig Nachgiebigkeit: »Es ist dem Mechanismus jedoch nicht verwehrt, Empfehlungen an die relevanten
WTO-Gremien abzugeben sowie Verhandlungen über die S&D-

Regelungen, die unter dem Mechanismus überprüft wurden, anzuregen.« Allerdings gab sie auch umgehend die Richtung vor, damit der MM sich in dieser Sache keinerlei Illusionen hingab: »*Solche Empfehlungen werden in die Arbeit des entsprechenden Gremiums einfließen, aber sein abschließendes Urteil weder vorgeben noch eingrenzen.*« Man muss die Formulierungen des Bali-Textes nicht besonders sorgfältig lesen, um zu erkennen, dass damit der Gedanke der »Entwicklung« aus der WTO praktisch eliminiert worden ist.

Schlussfolgerung

Wie alle multilateralen Organisationen ist auch die WTO von einem gewissen Gleichgewicht ökonomischer, ideologischer und globaler politischer Kräfte bestimmt. Asymmetrische Machtbeziehungen sind Teil der Dynamik bei globalen Verhandlungen und deren Ergebnissen. Der Süden erlitt infolge der Schwächung der UNCTAD, des Vormarschs der neoliberalen Globalisierung und des Zusammenbruchs der Sowjetunion gravierende Verluste.

Der Augenschein zeigt ebenso wie meine eigene Erfahrung, dass die WTO der verlängerte Arm der Handels- und Außenpolitik von USA und EU ist. Japan gehörte ebenfalls dieser Liga an, doch es ist mittlerweile zu einer zweitrangigen Macht geworden.

Brasilien, Russland, Indien und China (BRIC) sind als neuindustrialisierte Mächte zwar wichtige Akteure, doch ist ihr Einfluss in der WTO nach wie vor begrenzt. Die Erklärung für diesen Zustand ist in erster Linie in der Tatsache zu sehen, dass die WTO von den USA und der EU geschaffen wurde und dass es strukturell verankerte Aspekte der WTO gibt, die gegen jegliche Veränderungen resistent sind – außer wenn sie westlichen Interessen entsprechen.

In der WTO ist Europa der aggressivste Akteur. Es unterhält ein energisches und aggressives Sekretariat in Brüssel, das Europas globale Strategie vorantreibt und von BusinessEurope aufmerksam überwacht und geleitet wird.[36] Trotz seines äußerlichen Reichtums steckt Europa in einer ernsten wirtschaftlichen und finanziellen Krise, und es ist für Risiken wie den Verlust von Märkten oder Zugriff auf Öl und Rohstoffe anfälliger als die USA. Europa muss sich Zugang zu diesen sichern, nicht nur in seinem alten Bereich, sondern auch in den Wachstumsländern Brasilien, Russland, Indien, China und Südafrika.

Der Süden ist natürlich nicht so einig wie Europa. Europa spricht in der WTO mit einer Stimme, der Süden dagegen mit mehr als hundert. Was die Länder des Südens vereint, ist ihre gemeinsame Erfahrung des Kolonialismus und ihr Gespür für die Ungerechtigkeit des Systems; was sie spaltet, sind die disparaten nationalen Interessen. Manchmal schafft es der Süden, im Chor zu singen, doch wenn die »Großen« unter ihnen in die »Green Room«-Verhandlungen der WTO gelockt werden, dann hat die Harmonie ein Ende, und Europa und die USA zögern nicht, daraus Kapital zu schlagen. Bei den Ministertreffen 2001 (Doha), 2005 (Hongkong) und 2013 (Bali) zum Beispiel waren die großen Entwicklungsländer so damit beschäftigt, ihre eigenen Interessen zu schützen, dass ihre Einheit trotz aller Solidarität zwischen ihren Genfer Unterhändlern unter dem politischen Druck zerbrach. Dennoch muss man festhalten, dass die Entwicklungsländer heute, anders als noch in den Verhandlungen der Uruguay-Runde, stärker engagiert und besser in der Lage sind, Druck und unfairen Forderungen standzuhalten, wie sich in Seattle (1999), Cancún (2003) und Genf (2009 und 2011) gezeigt hat.

Die afrikanischen Länder gehören zu den schwächsten
Staaten. Ihre Schwäche liegt nicht in ihrem Verhandlungsgeschick – in Genf haben die afrikanischen Unterhändler im
Lauf der Jahre eine bemerkenswerte Geschlossenheit und großes Verhandlungsgeschick unter Beweis gestellt. Der Grund
für die afrikanische Schwäche ist in den Hauptstädten und in
ihrer politischen Führung zu finden. Ihre Beamten und Politiker sind wegen ihrer Abhängigkeit von Hilfsleistungen leichte
Opfer für politischen Druck (besonders aus Europa). Auch
Korruption ist ein Teil des Problems, doch die größere Gefahr
für Afrika liegt in der sogenannten »Entwicklungshilfe«, denn
diese nimmt dem Kontinent die Chance für eine unabhängige
Wirtschaftspolitik. Hilfe zieht unweigerlich »politische Verzerrungen« wie die »Strukturanpassungsprogramme« (SAP) nach
sich. *Bestechungsgelder korrumpieren Bürokraten und Politiker,
aber Hilfsleistungen korrumpieren die gesamte staatliche Politik.*
Andererseits sind die zivilgesellschaftlichen Organisationen
(NGOs), die in den Bereichen Handel, Schulden und Entwicklung arbeiten, durchaus wichtige Akteure – ihnen gelingt es immer wieder, die Bürokratie und politische Führung ihrer Länder
dazu zu bewegen, Afrikas Interessen in den globalen Handelsgesprächen zu schützen und zu fördern (wir werden im folgenden Kapitel mehr darüber lesen).

Die WTO ist ein Forum für Handelsgespräche. Ihre Grund-
annahme, Entwicklung sei ein Nebenprodukt von Handel, ist
das Produkt einer haltlosen neoliberalen Ideologie. Es gibt keinen empirischen Beleg, der diese Annahme stützt. In Wirklichkeit ist es so, dass uneingeschränkter Handel eine Polarisierung
in arme und reiche Nationen zur Folge hat. Ironischerweise
fordern die reichen Länder freie Märkte in den armen Ländern,
während sie selbst ihre Märkte durch Protektionismus schützen, wie wir es im Fall der Landwirtschaft gesehen haben. Es

gibt eine Debatte über fairen Handel oder »Fair Trade«, die gerade bei den NGOs besonders intensiv geführt wird, doch im Kontext der WTO ist diese Diskussion ein Ablenkungsmanöver.

Die WTO ist weder so gütig noch so neutral wie sie oft dargestellt wird. Ihre Regeln werden auf Geheiß der Mächtigen geändert. Während der Uruguay-Runde (1986) hatten sich USA und EU noch bereit erklärt, die Landwirtschaft mit in das GATT-Abkommen aufzunehmen, nachdem sie einander einen gewissen Spielraum garantiert hatten, handelsverzerrende Subventionen zu zahlen. Heute sind die Subventionen von USA und EU einer der wichtigsten Gründe für die zunehmende Mangelernährung im Globalen Süden. Denn USA und EU sind in der Lage, Handelsregeln zu manipulieren und Hilfszahlungen zwischen gelber, blauer, grüner Box und De-minimis-Beihilfen hin und her zu schieben, um ihre Subventionen nicht etwa zu verkleinern, sondern sogar noch zu erhöhen. Die USA weigern sich, die handelsverzerrenden Subventionszahlungen an ihre Baumwollfarmer zu beenden, ungeachtet der Tatsache, dass diese das Leben von Millionen Afrikanern bedrohen. In diesem Licht gesehen ist zum Beispiel der amerikanische African Growth and Opportunity Act (AGOA) verlogen und heuchlerisch.

Die WTO ist ein Schlachtfeld, auf dem die Kriegsparteien um die eigentlichen Entscheidungen kämpfen – und die Auswirkungen sind für Millionen von Menschen im Süden ebenso verheerend wie »echte« Kriege. Handel tötet. Die Großen und Mächtigen setzen hochentwickelte Waffen ein – technische Argumente, juristische Tricks und Täuschungsmanöver, ideologische und politische Waffen –, die nicht weniger tödlich sind als ein Drohnenangriff. Die USA und die Europäische Union verändern ständig die Regeln der WTO. So ist zum Beispiel das Prinzip des »Gesamtpakets« (Single Undertaking) ein Mittel, um sicherzustellen, dass am Ende von Verhandlungen ein »ausgewogenes Ergebnis« steht. Doch USA und EU versuchen mit immer größerem Nachdruck, die Architektur der Doha-Runde als Gesamtpaket zu untergraben, um bei einigen Themen eine »frühe Ernte« einfahren zu können, die ihnen Vorteile bringt. Und wenn ihnen das multilaterale Handelssystem (Multilateral Trading System; MTS) nicht in den Kram passt, dann versuchen sie innerhalb der WTO »plurilaterale« und außerhalb der WTO bilaterale oder regionale Freihandelsabkommen (FTAs) zu installieren. Eines davon – der europäische Versuch, ein Wirtschaftspartnerschaftsabkommen (WPA) abzuschließen – ist Thema des nächsten Kapitels.

3. DIE »WIRTSCHAFTSPARTNER-SCHAFTSABKOMMEN«: EUROPAS HANDELSKRIEG GEGEN AFRIKA

Wer Afrika verstehen will, muss Europa verstehen, genauso wie man die Reichen verstehen muss, wenn man die Armen verstehen will.

Einleitung: Drei Merkmale der euro-afrikanischen Beziehungen

Im Jahr 1884 teilten die Europäer Afrika mithilfe einer Landkarte unter sich auf und machten sich daran, es zu erobern. Die alten Zivilisationen Afrikas wurden zerstört, und die Invasionsmächte etablierten auf allen Ebenen neue »kommoditisierte« Beziehungen, die ihnen diese »Schutzgebiete« in jeder Hinsicht verfügbar machten. Seit die afrikanischen Nationen in den 60er-Jahren in die sogenannte »Unabhängigkeit« entlassen wurden, hat sich die Kommoditisierung ihrer Wirtschafträume sogar noch beschleunigt. Mittlerweile hat die gesamte Bevölkerung des Kontinents kapitalistische Beziehungen verinnerlicht. Nach der Unabhängigkeit änderte Europa einfach die Form seiner Beziehungen zu Afrika, nicht aber ihren Inhalt.

Die Beziehung zwischen Europa und Afrika zeichnet sich durch drei grundlegende Eigenschaften aus:

1. Es ist eine Beziehung, die auf einer Macht-Asymmetrie beruht. Wer Wirtschaft losgelöst von Machtfragen betrachtet
   (wozu Ökonomen bisweilen neigen), wird nie ganz verstehen, was diese Beziehungen antreibt. Ökonomie ist wichtig,
   aber sie liefert nicht die ganze Geschichte.
2. Es ist eine Beziehung, die über ein Jahrhundert lang gewachsen und die tief in die Institutionen, die Kultur und
   das Verhalten beider Seiten eingebettet ist. Es wird einer be-
   wussten und organisierten Anstrengung und eines langen
   Atems bedürfen, um sich von einer Kultur zu lösen, deren
   eine Seite vor allem durch Abhängigkeit und deren andere
   Seite zuallererst von Dominanz und Imperialismus geprägt
   ist. Die letzten fünfzig Jahre (seit Ghanas Unabhängigkeit
   1957) haben gewisse Fortschritte in dieser Richtung gebracht,
   doch es ist noch immer ein weiter Weg zurückzulegen.
3. Die kolonial konstruierten Diskurs- und Verhandlungsme-
   chanismen haben bis zum heutigen Tag Bestand. Die Bedeutung dieses Punktes kann nicht genug betont werden.
   Die entscheidenden Begriffe, die man nur aus einem an-
   gemessenen historischen Kontext heraus verstehen kann,
   sind: »Bevorzugung«, »Reziprozität« (Gegenseitigkeit) und
   »Nicht-Reziprozität«. Diese Begriffe sind in das Vokabular
   der WTO eingegangen.

Wo hat das alles angefangen? Um die Gegenwart zu verstehen,
muss man die Vergangenheit kennen.

Teil Eins: Der historische Kontext

Das imperialistische System der »Präferenz«
als Form des Handelskrieges

IMPERIALISTISCHE »PRÄFERENZEN«:
EINE BEGRIFFLICHE FALLE

Die gegenwärtige Beziehung zwischen Afrika und Europa begann im Juni 2000, als das Cotonou-Abkommen zwischen Afrika und Europa unterzeichnet wurde. Nach dem Jahr 2008 sollten REPAs (Regional Economic Partnership Agreements; später in »EPAs« umgewandelt, ein subtiler Unterschied, dessen Bedeutung ich später noch erläutern werde) ausgehandelt werden, um nicht-reziproke Präferenzen durch reziproke Beziehungen zu ersetzen. Warum? Die Begründung war, dass die europäischen »Präferenzen« für Afrika nicht mit dem WTO-Prinzip der Reziprozität vereinbar und unfair gegenüber dem Rest der Welt seien – insbesondere gegenüber jenen südlichen Ländern, die – wie etwa die Philippinen oder Costa Rica – nicht in den Genuss derartiger Privilegien kamen.

Aus diesem Grund ist es wichtig, die Bedeutung von »Präferenz« und »Nicht-Reziprozität« zu verstehen. Wann und warum wurden diese Begriffe Teil des internationalen Handelsvokabulars? Wie wurde Reziprozität zu einem Aspekt des Präferenzhandels? *Stellte die Präferenz, die Afrika eingeräumt wurde, wirklich eine Bevorzugung dar?* War es eine »Konzession«, die Europa Afrika gewährte? Oder war es vielleicht genau andersherum – eine Präferenz, die die afrikanischen Nationen den imperialistischen Ländern, die ihre Wirtschaft kontrollierten, gewährten (oder gewähren mussten)? Diese Fragen sind natürlich rhetorisch. Aber es ist wichtig, sie zu stellen.

NICHT-REZIPROZITÄT HAT IHRE WURZELN IM
IMPERIALISTISCHEN PRÄFERENZSYSTEM

Was heute mit dem Etikett »Präferenz« versehen wird, hat
seine Wurzeln im kolonialen System, als Afrika auf Kosten der
Kolonien imperialistischen Interessen dienen musste. Welche
Bedürfnisse hatte das imperialistische Europa während der Kolonialzeit?

Es ging in erster Linie um drei Dinge:

1. billige Rohstoffe für europäische Industrien im Wettbewerb
   mit anderen imperialistischen Ländern;
2. ein Markt für industriell hergestellte Produkte;
3. Kontrolle über Geld und Kredit als Basis für Kapitalakkumu-
   lation.

Und auf welche Weise konnten die Kolonien diese Bedürfnisse
erfüllen (oder dazu gezwungen werden)? Es gab vier Methoden:

1. Präkoloniale Gesellschaften wurden mit Waffengewalt
   transformiert, um kolonialen Interessen zu dienen.
2. Es wurde ein imperialistisches Regierungssystem errichtet.
3. Es wurde eine Struktur von Finanz-, Bank-, Verkehrs- und Ver-
   sicherungssystemen errichtet, die den Transport von Waren
   in die Kolonien und hinaus sicherstellten; und schließlich:
4. Auf der Ebene der Wirtschaft wurde ein »Präferenz«-System
   etabliert, unter dem Produkte aus den Kolonien »bevorzugten« Zugang etwa nach England erhielten – im Gegensatz
   etwa zu Japan.

*Die Idee der »Präferenz« ist also schon ihrem Ursprung nach eine
begriffliche Falle. Sie wird als eine »Konzession« an Afrika dargestellt, in Wirklichkeit aber war sie schon immer eine Konzession
Afrikas an Europa – und das wird sie auch immer bleiben. Wäh-*

rend der Kolonialzeit war es Uganda beispielsweise verboten, seinen Kaffee oder seine Baumwolle etwa nach Japan oder nach Deutschland zu exportieren, selbst dann, wenn diese auf dem »freien Markt« höhere Preise boten. Präferenzen anstelle von freiem Handel lagen im imperialistischen Interesse – nicht in dem der Kolonien.

DIE ROLLE DER »PRÄFERENZEN« ALS STÜTZE EUROPAS

Im 18. Jahrhundert beuteten die Briten ihre amerikanischen Kolonien aus, um Rohstoffe wie Baumwolle oder Tabak für ihre Industrie zu gewinnen. Nachdem Amerika 1776 seine Unabhängigkeit errungen hatte, wollten die USA diese Rohstoffe für ihre eigene Industrialisierung nutzen. England verlor eine Rohstoffquelle und gleichzeitig einen Markt. Das war ein Grund für seine Kolonisierungsbemühungen in Afrika. Es musste sich eine alternative Quelle für Industrierohstoffe sichern – zum Beispiel Baumwolle aus Uganda. Und es brauchte einen Markt für britische Industrieprodukte.

In den 30er-Jahren des 20. Jahrhunderts versanken Europa und Amerika in einer tiefen ökonomischen Rezession. Auf innerstaatlicher Ebene befassten sich John Maynard Keynes' Theorien (in England) und Roosevelts New Deal (in den USA) mit der Herausforderung, die sich aus dieser Depression ergab. International jedoch lagen sie miteinander im Krieg – einem Krieg um Währungen und Märkte. Keynes' Biograf Robert Skidelsky erklärt, wie England, *um imperialistische Handelspräferenzen zu schützen*, 25 seiner Kolonien mobilisierte, um gemeinsam eine Abwertung des Pfund Sterling gegenüber dem Dollar herbeizuführen. Skidelskys Rechtfertigung für diese Protektionsmaßnahmen gegen den Dollar ist faszinierend. Er

schreibt: »Die Schuld lag vollständig auf Seiten der Amerikaner.« Amerika hatte es durch das Erheben hoher Zölle für England extrem schwer gemacht, dorthin zu exportieren und seine
Schulden an Amerika zurückzuzahlen.[37]

Die Rivalität um Märkte und Ressourcen zwischen Großbritannien und den USA wuchs sich zu einem »regelrechten Wirt-
schaftskrieg« aus. Die USA weigerten sich, die Abwertung des
Pfundes als Verteidigungsmaßnahme Englands zu akzeptieren.
Die USA hegten den Verdacht, Großbritannien würde seinen
Devisenausgleichsfonds einsetzen, um das Pfund unterbewer-
tet zu halten und so die amerikanischen Exporte zu unterbieten.
Als Vergeltung setzten die USA im April 1933, obwohl sie noch
über reichliche Reserven verfügten, die Goldbindung des Dol-
lars ebenfalls aus.[38]

Eines geht aus Skidelskys Geschichte über das Gerangel
zwischen den USA und England in der Zwischenkriegszeit klar
hervor: Die Währungsmanipulation und das Präferenzsystem
sollten Großbritannien – nicht die Kolonien – gegen die räube-
rischen und protektionistischen Vereinigten Staaten schützen.

WIE AFRIKA WÄHREND DES ZWEITEN
WELTKRIEGS EUROPA RETTETE

Die meisten westlichen Historiker übersehen eine ausgesprochen wichtige Tatsache: Es waren die Kolonien (und nicht die
USA), die Europa nicht nur in den Zwischenkriegsjahren, sondern nicht zuletzt auch während des inter-imperialistischen
Zweiten Weltkriegs stützten. Im Falle Afrikas geschah dies
durch:

• Lieferung lebenswichtiger Nahrungsmittel und Rohstoffe,
  um die Kriegsanstrengung und die Soldaten an der Front
  zu unterstützen;

- Unterstützung mit Devisen und Geld;
- Tausende von Soldaten aus den Kolonien, die an den Fronten in Afrika und Asien starben – wobei das gewaltige Gemetzel in den afrikanischen Ländern, in denen Europa seine Stellvertreterkriege führte, noch gar nicht eingerechnet ist.[39]

Es ist eine faszinierende historische Episode, die von den Kolonialhistorikern entweder schöngefärbt oder allenfalls beiläufig abgehandelt wird. Lassen Sie mich als ein Beispiel die Geschichte Ugandas während des Zweiten Weltkriegs beleuchten. Zwischen 1941 und 1945 setzten die Briten »Großmengenabnahme-Pläne« für die Produktion, die Vermarktung und den Export von Baumwolle und Kaffee fest. Die gesamte Kaffeeernte wurde unter das Monopol des Uganda Coffee Marketing Board gestellt. Britische Exporteure zahlten ugandischen Bauern pro Tonne 150 Pfund und verkauften dann für 800 bis 1 000 Pfund auf dem globalen Markt.[40] Das ist Kriegsgewinnlertum in Reinkultur. Bei der Baumwolle arbeiteten die Entkörnungsbetriebe für den britischen Staat – die Preise wurden festgesetzt, die Ernten wurden komplett aufgekauft, und die Kolonialregierung stellte eine »Exporteursgruppe« zusammen, die den Export der Baumwolle in Zusammenarbeit mit den britischen Baumwoll-Monopolisten zu vom britischen Staat festgesetzten Preisen abwickelten. Zu jener Zeit wäre es für die Menschen in Uganda vielleicht vorteilhafter gewesen, mit den »Feinden« – also Deutschland und Japan – Geschäfte zu machen und bessere Preise zu erzielen, doch dies war verboten – nicht nur, weil Uganda (wenn auch nicht freiwillig) sich ebenfalls »im Krieg« mit Deutschland und Japan befand, sondern auch, weil das imperialistische »Präferenz«-System aus der Vorkriegszeit ein fester Bestandteil der kolonialen Wirtschaftsstruktur war.

AMERIKA UND EUROPA SETZEN IHREN KRIEG UM
AFRIKAS MÄRKTE UND ROHSTOFFE FORT

Während des Zweiten Weltkriegs lieferten die USA als Teil der gemeinsamen Kriegsanstrengung unter einem Finanzplan mit dem Namen »Lend-Lease Aid« (Leih- und Pachtgesetz) Militärgüter im Wert von 50,1 Milliarden Dollar (das entspricht heute etwa 650 Milliarden Dollar) an Großbritannien, Frankreich, die UdSSR, China und andere alliierte Länder.[41] Doch die »Hilfe« der USA hatte einen Preis. Von ihrem moralischen hohen Ross herab (man erinnere sich an Woodrow Wilsons Ruf nach einer »Nationalen Selbstbestimmung« für die Kolonien) forderten die USA, dass Großbritannien und Frankreich als Gegenleistung für ihre Hilfe ihre Kolonien in Asien und Afrika freigeben sollten. Das war Musik in den Ohren der Kolonien – eine Ideologie für ihre Befreiung. Für die USA jedoch war es letztlich nichts anderes als eine imperialistische Ideologie – eine andere Art von Melodie –, eine Strategie, die imperialistischen Länder (in erster Linie Großbritannien und Frankreich) zu zwingen, ihre Kolonien unter dem Etikett der sogenannten »Politik der offenen Tür« für amerikanische Waren und Investitionen zu öffnen. Schaute man hinter das moralische Mäntelchen, war die Lend-Lease Aid für die europäischen Alliierten eine clevere Methode, den Kriegsverbündeten mitzuteilen, dass man ihnen Kriegsmaterial für ein paar Milliarden Dollar geben würde, wenn sie sich dafür von ihren imperialistischen Neigungen verabschiedeten.[42]

Auf die Lend-Lease-Hilfe folgte unmittelbar nach dem Krieg der Marshallplan, der Europa helfen sollte, sich wirtschaftlich zu erholen.[43] Inzwischen ist allgemein bekannt, dass das wahre Ziel dieses Plans geopolitisch war – man wollte einer Ausbreitung des Kommunismus entgegenwirken, indem man Europas Industriebasis aufbaute. In der heutigen ökonomischen Literatur wird der Marshallplan fast immer als ein »Modell« dargestellt, dem die Hilfsgeber im Hinblick auf Afrika folgen sollten.[44] Bei näherer Betrachtung stellt sich heraus, dass das Modell gar nicht so vorbildlich ist, wie es gerne dargestellt wird. Man weiß, dass es keine uneigennützige Initiative war, sondern hauptsächlich darauf abzielte, westliche Länder (einschließlich Deutschland) sowie Japan in die Lage zu versetzen, sich wirtschaftlich zu erholen und sich dem scheinbar unaufhaltsamen sowjetischen Expansionsdrang in Ost- und Zentraleuropa bis vor die Pforten Berlins entgegenzustellen.

Nach dem Krieg machten sich die USA umgehend ans Werk, eine globale wirtschaftliche Infrastruktur zu schaffen, die ihre Hegemonie festschrieb: Dazu gehörten 1944 die zur späteren Weltbank gehörende Internationale Bank für Wiederaufbau und Entwicklung (IBRD), 1945 der Internationale Währungsfonds (IWF), 1947 das GATT-Abkommen (eine reduzierte Version des gescheiterten Versuchs, eine International Trade Organization zu schaffen) und vor allem der US-Dollar als internationale Reservewährung, die »so gut wie Gold« war. Skidelsky liefert eine interessante Darstellung des Konflikts zwischen der im Niedergang begriffenen britischen und der aufsteigenden US-Macht um die Gestaltung der sich neu formierenden Welt, ein Kampf, den zu verlieren die Briten von der Geschichte verdammt waren.[45]

Europa verfolgte eine zweigleisige Strategie, um der Drohung des Multilateralismus und der von den USA verfolgten »Politik der offenen Tür« zu begegnen. Das erste Gleis bestand darin, mit den USA militärisch und in Sicherheitsfragen zu kooperieren. Europäische Länder traten 1949 der NATO bei (obwohl Europa die eigentliche Arbeit beim Kampf gegen die sowjetische Bedrohung zu großen Teilen den USA überließ. Das »Teilen der

Lasten« wurde später zu einem heiklen Thema zwischen den
USA und Europa). Das zweite Gleis dieser Strategie bestand
darin, imperialistische Präferenzen vor drohenden Übergriffen
der USA zu schützen. Dazu etablierte Europa »besondere Beziehungen« zu seinen früheren Kolonien und gab ihnen Namen wie British Commonwealth oder *Francophonie*. Jedes dieser
Gebilde hatte seine Eigenheiten. Dem Commonwealth stand
die englische Königin vor, und in manchen Ländern, etwa in
der Karibik, war die Queen sogar Staatsoberhaupt, repräsentiert vor Ort durch einen »Gouverneur«. Im Falle der *Francophonie* unterstützten die Franzosen die einheimische Elite der
Neo-Kolonien darin, sich als Mitglieder der regierenden Klasse
Frankreichs zu fühlen. Wichtiger noch, Europa verknüpfte die
Währungen der früheren Kolonien mit den imperialistischen
Währungen – Pfund Sterling und Franc. Dadurch waren Großbritannien und Frankreich nicht nur in der Lage, die Geld-
menge in den früheren Kolonien zu kontrollieren, sondern sie
kontrollierten durch ein ausgefeiltes Banken- und Kredit- (und
Hilfs-) System darüber hinaus auch die Produktion und die
Vermarktung der Ressourcen, die Europa brauchte, um weiter-
hin die Bedürfnisse der europäischen Konzerne zu befriedigen.

Während die USA sich mehr und mehr in Militär- und
Sicherheitsfragen der atlantischen Allianz engagierten, konsoli-
dierte Europa seine ökonomische und finanzielle Dominanz
in weiten Teilen seines früheren Kolonialreichs, vor allem in
Afrika, der Karibik und auf den Pazifikinseln. Andere ehema-
lige Kolonien, zumal jene in Asien, schafften es, sich eine rela-
tive wirtschaftliche Unabhängigkeit zu erkämpfen. Indien und
Malaysia zum Beispiel traten dem Commonwealth bei, waren
aber nicht an Handelspräferenzen oder das Währungssystem
Großbritanniens gebunden. Das vietnamesische Volk musste
einen Befreiungskrieg führen, zunächst gegen die Franzosen

und dann gegen die Vereinigten Staaten. Vieles von dieser historischen Sicht wird in aktuellen Analysen ignoriert, wenn asiatische Wachstumzahlen mit der relativen Rückständigkeit Afrikas verglichen werden.[46]

Teil Zwei: Die Handelsbeziehungen zwischen Europa und Afrika heute

Das »Präferenzsystem« und seine
strukturellen Auswirkungen auf Afrika

Das imperialistische »Präferenzsystem« war in Wirklichkeit ein Fall vom »umgekehrter Präferenz« – ein System, das nicht Afrika, sondern Europa bevorzugte. Trotzdem schaffte man es in einer ironischen (oder zynischen) Verdrehung der Tatsachen, die Afrikaner glauben zu lassen, dass sie ihr Überleben den »Präferenzen« verdankten (und immer noch verdanken), die sie auf dem europäischen Markt »genossen« (und »genießen«). Auf bizarre Weise stimmt das auch: Es ist wie bei einem Sklaven, der in der Schuld seines Sklavenhalters steht durch die »Präferenzen«, die dieser ihm gewährt, damit der Sklave überlebt, um seinem Herrn zu dienen.

Die strukturellen Effekte dieses abscheulichen »Präferenz«-Systems liegen auf der Hand. Die koloniale Wirtschaft ist zu einem Anhängsel der imperialistischen Wirtschaft geworden – und das hat bis zum heutigen Tag Bestand, fünfzig Jahre nach der politischen (aber nicht wirtschaftlichen) Befreiung Afrikas. Das Kolonialreich zieht die (landwirtschaftlichen und mineralischen) Ressourcen aus den Kolonien und beutet die billigen Arbeitskräfte dort für seine eigene Industrialisierung aus, während die Kolonien strukturell »unterentwickelt« sind. Die

Neo-Kolonien produzieren Rohstoffe, die sie nicht selbst nutzen oder konsumieren können (wie Baumwolle oder Kakao),
und sie importieren Fertigprodukte (wie verarbeitete Lebensmittel, Textilien und technische Produkte) der ehemaligen
Kolonialmacht. Langfristig gesehen schufen die »Präferenzen«
Strukturen der kolonialen Abhängigkeit – angefangen bei der
Produktion von Waren und Dienstleistungen, über finanzielle Strukturen (Banken und Finanzwesen), Besteuerung und
Fiskalpolitik, Bildungswesen, die Systeme der politischen Ordnung, Sprache, Kultur – und vor allem anderen das Denken
der politischen Elite, die mit der Macht betraut wurde, um den
Bedürfnissen der alten Kolonialmacht zu dienen. Es ist ein ko-
lossales Geflecht von Abhängigkeiten, das sich als »Präferenz«
maskiert.

Dieser Punkt verdient es, festgehalten zu werden; er wird
wichtig, wenn wir beginnen, den gegenwärtigen Stand der Verhandlungen über Wirtschaftspartnerschaftsabkommen (WPAs)
zu analysieren. Schauen wir uns das Beispiel der Bananen an.
Infolge des »Präferenz«-Systems importierte Großbritannien
seine Bananen aus Afrika und der Karibik, Frankreich von der
Elfenbeinküste sowie aus Kamerun und den »Überseedéparte-
ments« Guadeloupe und Martinique, und Italien aus Somalia. Als das »Präferenz«-System gemäß der WTO-Regeln beendet werden musste, standen die ehemaligen Kolonien vor der
Aussicht, ihren zollfreien Zugang nach Europa zu verlieren.
Karibische Kleinbauern klagten, der Wegfall der »Präferenz«
werde sie der Konkurrenz der großen Plantagenbetreiber wie
Del Monte in den Philippinen und Zentralamerika aussetzen,
was für mehrere karibische Länder fatale Folgen haben könne.
Bananen wurden in den 90er-Jahren zu einem großen Streit-
punkt zwischen den AKP-Staaten (afrikanisch, karibisch und
pazifisch) und der Europäischen Union.[47]

Oder nehmen wir Zucker. In der Zeit des »Kalten Krieges« konnte zum Beispiel ein Land wie Mauritius hundert Prozent seines Zuckers nach Europa exportieren – zu höheren als den Weltmarktpreisen. Also war die gesamte Wirtschaft vom Zucker und dadurch wiederum von Europa abhängig. Als für Mauritius die Zeit kam, seine Exportpreise an den Weltmarkt anzupassen, musste es eine Strukturreform seiner gesamten Wirtschaft vornehmen.

Bananen, Zucker, Baumwolle und Rindfleisch gehören zu den wichtigsten Produkten kolonialer Herkunft, und die Länder, aus denen sie stammen, stehen heute vor großen Herausforderungen, weil ihre Wirtschaft infolge des imperialistischen »Präferenz«-Systems so stark von ihnen abhängig ist. Die gesamte Neuordnung des »Präferenz«-Systems ist ein Albtraum – es ist, als wolle man den Verlauf der Geschichte der letzten hundert Jahre umdrehen.

Die Hintergründe des Cotonou-Abkommens

Einer der umstrittensten Aspekte der Beziehungen zwischen Afrika und Europa ist die Landwirtschaft – die Produktion von und der Handel mit Nahrungsmitteln und landwirtschaftlichen Erzeugnissen. Afrika braucht Nahrung für sein Überleben und andere Erzeugnisse für seine Industrialisierung. Die USA bekamen im Zuge ihrer Unabhängigkeit 1776 auch die Kontrolle über Rohstoffe wie Baumwolle und Zucker für ihre Industrialisierung. In der gegenwärtigen geopolitischen und ökologischen Situation kann Europa Afrika jedoch nicht erlauben, den amerikanischen Weg zu gehen, wie der folgende Bericht zeigen wird.

Eines der Probleme, vor denen Europa steht, ist das neue

Handelssystem, das mit den Vereinbarungen der Uruguay-Runde (Uruguay Round Agreements; URA) ins Leben gerufen wurde. Europa hatte es all die Jahre geschafft, die Landwirtschaft aus dem Handelssystem auszuklammern. Sie war nicht Teil des alten Zoll- und Handelsabkommens GATT gewesen. Aber unter dem Druck der USA wurde Landwirtschaft 1995 in die Uruguay-Vereinbarungen aufgenommen und kam damit unter die Kontrolle der WTO. Die USA machten geltend, dass nach den Regeln der WTO die gemeinsame Agrarpolitik (GAP) der EU »marktverzerrend« sei. Europa war gezwungen, die »Präferenz«-Behandlung für die AKP-Länder zu beenden.

Die EU hatte im Rahmen der alten Agrarpolitik den früheren Kolonien imperialistische »Präferenzen« gewährt, damit diese Grundnahrungsmittel (Rindfleisch, Bananen, Zucker usw.) für Europa produzierten – zu Garantiepreisen, die höher lagen als der Weltmarktpreis. Damit sollte vor dem Hintergrund des Kalten Krieges die Ernährungssicherheit Europas geschützt werden. In Europa selbst wurden die Produzenten, die aufgrund ihrer hohen Kosten nicht markteffizient (also marktverzerrend) waren, mit Erzeugermindestpreisen gestützt, die wiederum durch Subventionen garantiert waren. Produktionsüberschüsse wurden mit Exportrabatten auf dem Weltmarkt abgestoßen. Ernährungssicherung für Europa war in der gefahrvollen Zeit des Kalten Krieges ein *strategisches* Ziel. Die Kosten in finanzieller Hinsicht waren hoch, aber das wurde unter den gegebenen Umständen als gerechtfertigt angesehen. Zu den weiteren Kosten dieser Politik gehörte die Abhängigkeit der AKP-Staaten, die sie verursachte. Auch diese waren hoch, doch sie wurden diesen Ländern seinerzeit als eine besondere »Konzession« präsentiert.

1991, nach dem Ende des Kalten Krieges, waren die hohen Kosten für Lagerung und die Exporterstattungen auf heimischer (das heißt EU-) Ebene nicht mehr gerechtfertigt. Ebenso wenig war die »bevorzugte Behandlung« der AKP-Länder zu rechtfertigen. Angesichts dieser Situation lag für Europa die Priorität bei der Unterstützung seiner eigenen Bauern. Im Jahr 1992 kam es zu einer grundlegenden Verschiebung in der gemeinsamen Agrarpolitik der EU – weg von einem System der Preisstützung und hin zu einem der Direktbeihilfe für die Bauern. Das Ziel war, die Inlandspreise landwirtschaftlicher Produkte zu senken, ohne dass das Einkommen der Bauern dabei zurückging. Das hielt man für WTO-kompatibel, da es gemäß der Definitionen der grünen und blauen Box[48] als *weniger handelsverzerrend* galt. Preissenkungen und das Schließen der Lücke zwischen EU- und Weltmarktpreisen lieferten Anreize für die Verarbeiter von Agrarprodukten in der EU, in noch höherem Maße für den Export zu produzieren. Dies ist eines der wichtigsten Ziele der neuen Agrarpolitik. Die lebensmittelverarbeitende Industrie drängt darauf, landwirtschaftliche Primärprodukte für die europäische Lebensmittelindustrie zu produzieren mit dem Ziel, ihren Anteil am Weltmarkt zu vergrößern.

Europa braucht Afrikas Märkte und Ressourcen – mehr als beispielsweise die USA. Bei einem Eindringen Chinas in den afrikanischen Markt hat Europa aufgrund seiner im Vergleich zu China relativen Wettbewerbsschwäche viel zu verlieren. Nur dank seiner sogenannten »Entwicklungshilfe«, seiner Investitionen und seiner Technologie kann Europa mit China, Indien und Brasilien konkurrieren. Es ist vor allem die historisch gewachsene Beziehung zu Afrika, mit deren Hilfe Europa gegenüber seinen globalen Konkurrenten das meiste aus seiner privilegierten Position zu machen sucht.

Vor diesem Hintergrund muss man Europas Bemühungen sehen, sein Spinnennetz für Afrika zu weben.

Das Cotonou-Handelsabkommen
zwischen der EU und den AKP-Staaten:
Ein ungleicher Vertrag

YAOUNDÉ ZEUGTE LOMÉ, UND LOMÉ ZEUGTE COTONOU

Das erste Abkommen zwischen der Europäischen Kommission (EK) und Europas frankophonen ehemaligen Kolonien in Afrika wurde 1963 in Kameruns Hauptstadt Yaoundé unterzeichnet. 1969 schloss die Europäische Kommission das sogenannte Arusha-Abkommen mit den drei afrikanischen Ländern aus der Region der Großen Seen – Kenia, Uganda und Tansania. Ähnliche Abkommen gab es auch mit anderen ehemaligen Kolonien in der Karibik und im pazifischen Raum. In den 70er-Jahren beschloss die Europäische Kommission, all diese afrikanischen, karibischen und pazifischen Länder (AKP) in ein gemeinsames Handelssystem zu integrieren.

1974 trafen sich Unterhändler von AKP und Europäischer Kommission im damaligen Kilimanjaro Hotel in Daressalam und handelten das Abkommen aus, das später Lomé I genannt wurde. Shridath Ramphal (damals Außenminister von Guyana) war der Chefunterhändler für die AKP-Staaten. Zu der Zeit waren Professor Dani Nabudere und ich Dozenten an der Universität von Daressalam.[49] Später hörten wir von Verhandlungsteilnehmern, Ramphal sei ein guter Verhandlungsführer gewesen und habe einen harten Kampf geliefert, doch die EU ließ ihre politischen und finanziellen Muskeln spielen, und Lomé brachte letzten Endes ein schlechtes Ergebnis für Afrika. Nabudere schrieb später einen Aufsatz mit dem Titel *Lomé Convention and the Crisis of Neo-Colonialism: An Evaluation of Lomé I-III*.[50] Dieser stellt noch immer eine der besten Analysen von

Lomé dar; seine Grundaussage hat bis zum heutigen Tag Gültigkeit.

Die Vereinbarung von Lomé wurde im Jahr 2000 durch das Cotonou-Abkommen zwischen 27 AKP-Ländern und der Europäischen Union ersetzt. Mit anderen Worten: Yaoundé zeugte Lomé, und Lomé zeugte Cotonou.[51] Alle diese Länder befanden sich in den neokolonialen Klauen der EU. Das Cotonou-Abkommen (CA) ist bis heute das prinzipielle Rahmenabkommen zwischen Europa und Afrika. Es wurde im Jahr 2000 unterzeichnet und sieht eine Geltungsdauer von zwanzig Jahren vor.

Das Abkommen basiert auf den folgenden sechs Grundprinzipien:

1. Das Prinzip der Gleichheit: EU und AKP-Länder erkennen beim Aushandeln von Handelsvereinbarungen die Souveränität des jeweils anderen an.

2. Das Prinzip der Differenzierung: Die Verhandlungen berücksichtigen den Entwicklungsstand der jeweiligen Länder, insbesondere das von LDCs und Binnen- oder Inselstaaten.

3. Das Prinzip der Regionalisierung: Das Cotonou-Abkommen trägt der Tatsache Rechnung, dass die AKP-Staaten eine langfristige Strategie der Regionalisierung verfolgen.

4. Das Prinzip gegenseitiger Verpflichtungen: Jede Seite muss sich zur Einhaltung der ausgehandelten Vertragsbedingungen verpflichten.

5. Das Prinzip der Partizipation: Es gibt eine Beteiligung von nichtstaatlichen Akteuren wie NGOs, Privatsektor und Lokalregierungen.

6. Das Prinzip des Respektierens der Menschenrechte, das durch kontinuierlichen Dialog und regelmäßige Evaluierungen sichergestellt werden soll.

EIN UNGLEICHER VERTRAG

Ich werde weiter unten auf die Umsetzung des Abkommens von Cotonou eingehen[52] und zeigen, dass es trotz des Bekenntnisses zu Prinzipien wie Gleichheit und gegenseitigem Respekt ein »ungleicher Vertrag« ist. Es ist im Grunde ein Abkommen zwischen zwei asymmetrischen »Machtblöcken«: der (echten) Macht der 15 (mittlerweile 27) Länder der Europäischen Union, die mit einer Stimme sprechen – und der (fiktiven) Macht der siebzig AKP-Länder, die mit vielen Stimmen sprechen. Europa hat einen gemeinsamen Markt; ein standardisiertes System von Gesetzen, die in allen Mitgliedsstaaten gelten; Freizügigkeit in der Bewegung von Menschen, Waren, Dienstleistungen und Kapital; eine gemeinsame Politik für Handel, Landwirtschaft, Fischerei und Regionalentwicklung; die Eurozone mit einer gemeinsamen Währung und schließlich eine gemeinsame Außen- und Sicherheitspolitik.[53] Die AKP-Staaten haben sehr vielfältige geografische, demografische und ökonomische Eigenschaften. Ihr Pro-Kopf-BIP reicht von rund 9000 Dollar in manchen karibischen Ländern bis zu weniger als 100 Dollar in den ärmsten afrikanischen Ländern.

Europa hat ein tatkräftiges und aggressives Sekretariat in Brüssel, das eine »Strategie für ein globales Europa« verfolgt und von BusinessEurope aufmerksam überwacht und gesteuert wird.[54] Man könnte durchaus sagen, dass diese EK-externe Überwachung und Steuerung so etwas wie einen *Konzern-Kriegsrat* darstellt. Die AKP-Länder dagegen haben kein echtes Sekretariat. Die einzige »Koordinierung« der AKP-Länder findet im »AKP-Haus« in Brüssel statt, zusammen mit den Botschaftern mit Sitz in den europäischen Hauptstädten. Die AKP-Staaten versuchen, aus den gegebenen Umständen das Beste zu machen, aber sie sind über weite Strecken abhängig von der

Großzügigkeit der Europäischen Kommission, die das AKP-Haus finanziert, und auf die Tagessätze, die die EK regelmäßig zahlt, damit sie zusammenkommen und Workshops und internationale Konferenzen besuchen können. Den meisten AKP-Ländern geht es finanziell so schlecht, dass sie auf Unterstützung durch die EU und andere Geberländer angewiesen sind, um ihre nationalen Haushalte auszugleichen. Darum haben sie absolut nichts dagegen, wenn ihre Offiziellen im AKP-Haus in Brüssel von dem gleichen Gremium, nämlich der EK, finanziert werden, mit dem sie über die Zukunft ihrer nationalen und regionalen Wirtschaftsräume verhandeln.

DER KERN DES COTONOU-ABKOMMENS

Das Erste, was man sich klarmachen muss, wenn man zum Kern des Cotonou-Abkommens (CA) vordringen will, ist, dass es hier nicht um die Entwicklung oder das Wohlergehen der AKP-Länder geht. Es geht darum, dass die EU versucht, ihre globale Wettbewerbsfähigkeit gegen die USA, Japan und zunehmend auch China und andere neu-industrialisierte Länder zu behaupten. Das ist die Essenz des CA und der Beziehungen Europas zu den AKP-Ländern. Das Ergebnis ist so, wie es sich aus der Analyse der WPAs prognostizieren lässt: Europa hat den größten Nutzen und zementiert gleichzeitig seinen Wettbewerbsvorteil, der bedroht wäre, wenn Afrika sich zuerst zu einer Einheit zusammenfinden würde. Erkenntnisse der UN-Wirtschaftskommission für Afrika (Economic Commission for Africa; ECA) bestätigen diese Analyse.[55]

Vor diesem Hintergrund ist es interessant, einmal zu fragen, wie Europa mit dem Wohlergehen und den Entwicklungsbedürfnissen Afrikas verfahren ist. Natürlich ist der Zugang zum europäischen Markt wichtig, doch Afrikas Hauptinteresse ist

der Schutz seiner Wirtschaft gegen Angriffe von außen. Afrikas
Probleme sind, ihrer Wichtigkeit nach geordnet:

1. Ernährungssicherung auf der Basis von heimischer Produktion und Kontrolle über die grundlegenden Produktionsmittel wie Land, Wasser, Saatgut und Technologie.

2. Landwirtschaft als eine – in erster Linie – Frage des Lebens-
   unterhalts. 70 bis 75 Prozent von Afrikas Bevölkerung sind
   von der Landwirtschaft abhängig. Ein törichter und über-
   eilter Schritt in Richtung Liberalisierung kann den Lebensunterhalt dieser Menschen, von denen die meisten ohnehin schon sehr arm sind, aufs Spiel setzen. Den LDCs etwa
   wird bevorzugter zoll- und quotenfreier Zugang zum europäischen Markt gewährt (tariff-free and quota-free; TFQF),
   doch im Gegenzug fordert man von ihnen eine Liberalisierung ihres Handelsregimes bei Nahrungsmitteln und
   landwirtschaftlichen Produkten. Während nur sehr wenige
   LDCs in der Lage sind, vom TFQF-Zugang zu profitieren
   (aufgrund sogenannter Angebotsengpässe), sind sie andererseits den Importen von Nahrungsmitteln und Agrarprodukten (teilweise zu Dumpingpreisen) aus europäischen
   und anderen Ländern gegenüber wehrlos.

3. Klar ist, dass eine kleinbäuerliche Landwirtschaft, so wie
   sie derzeit existiert, Afrika nicht verändern kann. Es liegt
   an Afrika, seine Landwirtschaft so zu transformieren, dass
   sie »industrialisiert« wird. Afrika muss seine eigenen Kapa-
   zitäten zur Produktion von Düngemitteln, Traktoren, Mähdreschern, Bewässerungsanlagen und anderen industriellen
   Komponenten für die Landwirtschaft aufbauen, damit Industrie und Landwirtschaft sich im Gleichtakt bewegen. Die
   kolonial gewachsene Arbeitsteilung dagegen hat Landwirtschaft in Afrika und Industrie in Europa angesiedelt.

4. Die Ungleichgewichte und Asymmetrien in der WTO hin-

sichtlich der Landwirtschaft müssen verschwinden. So sind die afrikanischen Länder beispielsweise nicht in der Lage, ihre Landwirtschaft durch inländische Finanzhilfen zu unterstützen – nicht nur wegen fehlender Mittel, sondern in vielen Fällen auch aufgrund von Bedingungen, die IWF und Geberländer an sie stellen. Außerdem hat Afrika keine Möglichkeit, sich der Schutzmaßnahmen der sogenannten »Grünen Box« gegen Importe von außen zu bedienen, während Europa gleichzeitig zynisch den freien Handel predigt.

5. Rohstoffpreise und Einfuhrtauschverhältnis[56] haben sich in den letzten dreißig Jahren in einem langfristigen Trend gegen Afrika entwickelt; die Rohstoffpreise (darunter auch Nahrungsmittel) haben in den letzten Jahren wilde Sprünge vollführt, was Einnahmeausfälle, steigende Nahrungsmittel- und Treibstoffpreise, ja sogar Hungerrevolten zur Folge hatte.

6. Indigenes Wissen und die Gefährdung des einheimischen Saatguts durch gentechnisch modifizierte Organismen (GMOs) sind für Afrika ein wichtiges Thema, das jedoch fast völlig von der Agenda der Handelsgespräche verschwunden ist. Afrika hat auch andere Sorgen, beispielsweise seine Opposition gegen das Patentieren von Lebensformen; seine Souveränität in der gesetzlichen Regelung von Lebensmittelsicherheit und Gesundheit; seine Sorgen über den Schutz der biologischen Vielfalt, wie sie in der Biodiversitäts-Konvention (Convention on Biological Diversity; CBD) festgeschrieben ist; und der Schutz der Rechte seiner Bauern.

7. Ein angemessenes Maß an Schutz vor europäischen Agrarimporten zu Dumpingpreisen und eine Reduzierung der Subventionen für europäische Bauern. Die Europäische Kommission hat oft davon geredet, die Subventionen in der Landwirtschaft zu senken, tatsächlich aber hat sie diese im

Lauf der Jahre erhöht, und sie steigen noch immer. Obendrein macht die neue Agrarpolitik der EU (GAP-Reform) die
Preise von EU-Produkten wettbewerbsfähig, weil sie Exportsubventionen durch direkte Zahlungen an die Landwirte ersetzt.

8. Marktzugang für landwirtschaftlich verarbeitete Industrieprodukte, besonders für Länder, die keine LDCs sind, wie
Südafrika, Kenia oder Mauritius.

Die Frage lautet also: Wie sehr ist Europa bereit, auf Afrikas
Prioritäten einzugehen? Die Antwort ist, dass das Cotonou-
Abkommen im Endeffekt die Reihenfolge der Prioritäten um-
gekehrt hat, indem der letzte Punkt (Nummer 8 auf der oben-
stehenden Liste) an die erste Stelle gesetzt und der erste
hintangestellt wird. Um es präziser zu sagen: Das CA befasst
sich nur mit dem achten Punkt auf unserer Liste – die übrigen
sieben wurden sämtlich aus der Agenda geworfen. Landwirtschaft wird behandelt wie eine handelbare Ware, und die Frage des Marktzugangs wird zum zentralen Punkt aller Verhandlungen.

REPA, EPA/WPA, IEPA, FEPA, CEPA:
DER ZERRSPIEGEL DER EK-KÜRZEL

Das ursprüngliche Konzept im Abkommen von Cotonou (CA)
war das von regionalen Wirtschaftspartnerschaften (Regional
Economic Partnership Agreements; REPAs). Nach und nach jedoch wurde das »R« in den REPAs gestrichen. Wie kam es dazu,
und warum sollte man das wissen? Das Prinzip der regionalen
Integration ist für die AKP-Länder sehr wichtig. Artikel 35.2 des
CA hält fest: »In dem Bewusstsein, dass die regionale Integration eines der wichtigsten Instrumente für die Integration der

AKP-Staaten in die Weltwirtschaft ist, baut die wirtschaftliche und handelspolitische Zusammenarbeit auf den Initiativen der AKP-Staaten zur regionalen Integration auf.« Der Zeitplan für Cotonou sah die folgende Abfolge von Verhandlungsphasen vor:

1. Anlaufphase: AKP-weite Konsultationen, regionale Konsultationen;
2. AKP-Aktionsplan;
3. AKP-Verfahrensrichtlinien zur Vorbereitung und Verhandlung neuer Handelsregelungen;
4. Kompetenzentwicklung zur vorbereitenden Unterstützung von Wirtschaftspartnerschaftsabkommen;
5. Phase I – Aktionsplan von Januar 2001 bis September 2002;
6. Phase II – 2004–06; substanzielle Verhandlungen;
7. Phase III – 2007: Abschluss und Unterzeichnung.

Der erste Punkt auf der Agenda waren regionale Konsultationen, und der vierte Punkt war Kompetenzentwicklung. Ersteres wurde äußerst oberflächlich und hastig durchgeführt, das Vierte praktisch überhaupt nicht. Ich war bei vielen der Treffen dabei – teilweise als offizieller Delegierter Ugandas und teilweise als Repräsentant einer NGO. Ich kann mit Bestimmtheit sagen, dass die Europäische Kommission keinerlei Absicht hatte, die AKP-Länder darin zu unterstützen, die regionalen Konsultationen voranzutreiben. Eine Zeitlang hielten die AKP-Länder ihre Einigkeit und Solidarität aufrecht, doch mit fortschreitender Zeit schaffte es die EK, Keile zwischen sie zu treiben. Europa wollte nicht mit den AKP-Ländern als einem Block verhandeln. Später, als getrennte Gespräche mit den afrikanischen, karibischen und pazifischen Staaten begannen, wurde offenkundig, dass die EK darauf hinarbeitete, sie noch weiter auseinanderzudividieren – insbesondere die afrikanischen Länder. Im Falle

Ostafrikas zum Beispiel machte sich die EK den Unterschied
zwischen Kenia und den anderen Ländern in dieser Region zunutze. Kenia gehörte als einziges Land nicht zu den LDCs und
kam daher nicht für das für diese Staaten geltende Präferenzen-
System der WTO in Betracht, also verhandelte die EK mit Kenia
getrennt. So wurde aus dem Konzept der REPAs im ursprünglichen Cotonou-Abkommen einfach EPAs (Economic Partnership Agreements) bzw. WPA (Wirtschaftspartnerschaftsabkommen). Das »R« verschwand gleichsam unbemerkt.

Was den Aufbau von Kompetenzen angeht, will ich ein
kleines Beispiel geben. In einem Meeting am 3. Juni 2001 (bei
dem ich zugegen war) berichtete der Vorsitzende des AKP-
Handelskomitees, dass die Umsetzung regionaler Seminare
und analytischer Studien rückgängig sei, weil sich die Freigabe
von Geldmitteln durch die Europäische Kommission verzöger-
te – Geldmittel, die im Cotonou-Abkommen zugesagt worden
waren. Derartiges geschah häufig. Die EK kontrollierte den
Geldbeutel und verweigerte Geldmittel, zu deren Freigabe sie
sich verpflichtet hatte. Wie schon dargelegt, arbeiten die AKP-
Botschafter in Brüssel in einem Haus, das der Europäischen
Kommission gehört. Sie sind von der Großzügigkeit und den
Tagessätzen der EK abhängig, damit sie Meetings und Konferenzen besuchen können. Angesichts dieser Abhängigkeit von
EK-Geldmitteln war es hoffnungslos naiv anzunehmen, dass
die EK sich besonders anstrengen würde, um regionale Semi-
nare und analytische Studien zu finanzieren.

Alle Vorteile lagen auf Seiten der Europäischen Kommission und nicht bei den AKP-Staaten. Die EK bestimmte das
Tempo der Verhandlungen, die Tagesordnung, die Vorbereitun-
gen vor den Verhandlungen und den Text, über den verhandelt
wurde. Es war jedes Mal die EK, die einen Text vorlegte, und die
AKP-Botschafter mussten entweder auf der gestrichelten Linie

unterschreiben oder verhandeln. Die Europäer waren immer in Eile, die Phasen II und III zu erreichen. Die EK-Bürokratie stand unter wachsendem Druck von Lobby-Organisationen (etwa der Nahrungsmittelindustrie und der Pharmaunternehmen) und hatte nie Zeit, die Dinge zu Ende zu führen. Das Ergebnis war, dass es den AKP-Ländern nie gelang, ihr Ziel einer regionalen Integration zu verwirklichen oder auch nur eine gründliche Analyse der komplexen Probleme vorzunehmen, die die EK präsentierte. In vielen AKP-Botschaften gab es häufige und unberechenbare Personalwechsel. Und so konnte es geschehen, dass die EK flink das »R« des REPA-Konzepts unter den Tisch fallen ließ und es in Afrika niemand so richtig bemerkte. Und bald drehten sich die Verhandlungen nur noch um WPAs. Am Ende war Afrika so sehr gespalten, dass die EK anfangen konnte, mit einzelnen Ländern zu verhandeln, so wie es die Launen der EK-Bürokratie diktierte, anstatt nach den Bedürfnissen der Menschen in Afrika in Bezug auf Entwicklung oder soziale Dinge zu fragen.

So wurde – wie in einem Zerrspiegel – aus dem REPA das EPA, dann wurde das EPA zu IEPA, dann zu FEPA, dann zu CEPA und so weiter (»I« steht für Interims-, »F« für Framework/ Rahmen- und »C« bedeutet Comprehensive/umfassend). Der EPA-Kern blieb bestehen, aber obwohl es niemand bei diesem Namen nannte, war aus dem »EPA« im Grunde genommen ein »NEPA«, ein nationales EPA, geworden. Die Europäische Kommission hatte im Endeffekt nationale Wirtschaftspartnerschaftsabkommen mit einzelnen afrikanischen Ländern abgeschlossen.

Wie die Menschen von Ostafrika der
Europäischen Kommission eine Abfuhr erteilten

DARESSALAM

Als Präsident Jakaya Kikwete die Lounge in seinem Dienstsitz
betrat, wo Präsident Mkapa und ich an diesem warmen und
dunstigen Tag des 3. Juni 2010 bereits auf ihn warteten, begrüß-
te er Mkapa mit dem traditionellen »Shikamu!«. Kikwete war
zwölf Jahre jünger als Benjamin Mkapa; er war Finanzminis-
ter und später Außenminister in Mkapas Kabinett gewesen.
2005 war er Mkapa als Präsident Tansanias nachgefolgt. Dann
wandte Kikwete sich zu mir und erinnerte mich daran, dass
ich vor gut dreißig Jahren an der Universität von Daressalam
sein »Mwalimu« (Lehrer) gewesen war. Erfreut über diese ei-
nigermaßen unerwartete Anerkennung, ging ich schnell zum
eigentlichen Grund unseres Besuchs über. Der Grund war, dass
wir versuchen wollten, Präsident Kikwete – und über ihn die
Führer der ostafrikanischen Gemeinschaft (EAC) – davon zu
überzeugen, das Framework Economic Partnership Agreement
(FEPA) mit der EU *nicht* zu unterzeichnen. Dieses Abkommen
wäre für Tansania, für die EAC und für ganz Afrika eine Kata-
strophe gewesen.

Tansania hatte 2009 bereits das Interims-Abkommen (IEPA)
unterzeichnet, und die Europäische Kommission ging davon
aus, dass die EAC auch das FEPA unterschreiben würde. Die offizielle Unterzeichnung sollte fünf Tage später, am 8. Juni, stattfinden. Der Abschluss des FEPA würde dann, so die allgemeine
Erwartung, letztendlich zur Unterzeichnung eines Comprehensive EPA (CEPA) führen. Benjamin Mkapa, der sich in den Feinheiten der EPA-Verhandlungen auskannte, überließ es mir, den
Zweck unseres Treffens zu erläutern. Anhand der fachlichen

Aufbereitung des Themas, die Aileen Kwa vom South Centre und ihr Team von Handelsexperten (darunter Peter Lunenborg und Wase Musonge) vorbereitet hatten, machte ich mich daran, in der begrenzten Zeit, die der Präsident erübrigen konnte, zu erklären, warum weder Tansania noch die EAC insgesamt das FEPA unterzeichnen sollte.

Das South Centre hatte eine Liste von 21 Themen zusammengestellt. Ich hatte diese am vorangegangenen Abend durchgearbeitet und auf die sechs wichtigsten reduziert. Sie sind weiter unten aufgelistet. In ihnen zeigt sich, wie die Europäische Kommission die Agenda der EAC steuerte und die Region drängte, ein Abkommen zu unterschreiben, das nicht nur einseitig und unfair war, sondern auch weit über den Zuständigkeitsbereich der WTO hinausging. Ich kann vielleicht noch hinzufügen, dass die Sprache zwar teilweise recht »fachlich«, die ökonomische und politische Bedeutung jedoch nicht schwer zu verstehen ist.

Während ich dem Präsidenten die einzelnen Themen erläuterte, machten seine beiden Sekretäre sich Notizen. Der Präsident ließ sich verschiedene Details genauer erklären und fragte nach einer möglichen Strategie für die East African Community (EAC). Es war nicht schwer, den Präsidenten davon zu überzeugen, dass die EAC einig bleiben musste und nicht zulassen durfte, dass die EK die Region spaltete, indem sie Kenia gegen die Least Developed Countries (LDCs) ausspielte. Nach dem Reglement der WTO waren die LDCs, nicht aber Kenia, von der Verpflichtung zum Abbau von Zöllen ausgenommen. Wir beendeten unsere Unterredung mit der Versicherung von Präsident Kikwete, dass er dieser Teile-und-herrsche-Taktik der EK nicht in die Hände spielen werde. Er hatte einen Fototermin, und Ben Mkapa und ich mussten uns verabschieden.

Die sechs umstrittensten Punkte in dem FEPA-Entwurfstext, den die Europäische Kommission der Ostafrikanischen Gemeinschaft vorlegte:

1. Der FEPA-Entwurf verlangte, dass die Zölle für über 80 Prozent aller Güter »liberalisiert« werden sollten. Damit würde der EAC-Markt geöffnet für eine Flut ausländischer Importe, die für alle einheimischen Industrien der EAC das Ende bedeuten und eine massive Arbeitslosigkeit nach sich ziehen konnten.
2. Das FEPA gestattete der EAC, nur 17,4 Prozent des Importwerts aus Europa als sensible Produkte anzugeben. Das reichte bei Weitem nicht aus. Für eine dynamische Handelspolitik, die die Industrialisierung vorantreibt, muss die EAC die Flexibilität haben, ihr Produktionspotenzial langfristig zu schützen.
3. Die EU hatte ihre Lebensmittelsubventionen nicht wirklich reduziert, und es war aus innenpolitischen Gründen auch wenig wahrscheinlich, dass sie das in der Zukunft tun würde. Aber gemäß dem FEPA-Entwurf hätte sie subventionierte Nahrungsmittel in die ostafrikanische Region importieren können und damit die Lebensmittelindustrie der Region und die langfristige Ernährungssicherheit bedroht.
4. Die Stillhalteklausel des FEPA-Entwurfs (Artikel 13) verbot der EAC, während einer 25-jährigen Liberalisierungsphase die Zölle zu erhöhen. Damit wäre der Einsatz von Zöllen zum Schutz der ostafrikanischen Industrien in Zukunft ausgeschlossen. Obendrein war diese Regelung nicht mit dem GATT-Artikel 24 vereinbar.

5. Artikel 15 des FEPA erlaubte keine neuen Exportsteuern oder erschwerte ihre Anwendung. Diese Politik-Einschränkung war nicht vereinbar mit den WTO-Regeln. Wichtiger noch, die EAC braucht Exportsteuern, um ihre natürlichen Ressourcen für ihre eigene zukünftige Industrialisierung zu bewahren.

6. Die Meistbegünstigungs-Klausel des FEPA (Artikel 16) verlangte, dass jegliche Konzession, die die EAC beispielsweise an China, Indien oder Brasilien machte, auch auf Europa ausgedehnt werden musste. Das sollte die ostafrikanischen Bemühungen um den Aufbau von Süd-Süd-Beziehungen effektiv untergraben.

Als ich das Flugzeug nach Kampala bestieg, ging ich in Gedanken meine Unterhaltung mit Präsident Kikwete noch einmal durch und fragte mich, ob ein kleiner Vortrag von mir die Auswirkungen der europäischen Entwicklungshilfe an Tansania und Ostafrika tatsächlich aushebeln konnte – wie sollte man die politischen Entscheidungsträger Afrikas dazu bewegen, aus dieser Abhängigkeit von Entwicklungshilfe auszubrechen, die eine souveräne Politik ständig unterminiert? Wie sollte Ostafrika die Unterzeichnung eines WPA mit der Europäischen Union verweigern, wenn das bedeutete, die Entwicklungshilfe womöglich ganz zu verlieren?[57] Würde die Zwickmühle aus einer strukturellen Abhängigkeit von Entwicklungshilfe und das psychologische Abhängigkeitssyndrom bedeuten, dass mein Besuch letztendlich vergeblich gewesen war? Selbst wenn ein einzelner staatlicher Machthaber in Afrika sein (oder ihr) psychologisches Abhängigkeitssyndrom überwinden konnte – wäre er (oder sie) dann in der Lage, auch die strukturelle Abhängigkeit zu überwinden? Haben Individuen in staatlichen Machtpositionen irgendeine Hebelwirkung, die die strukturelle Fesselung überwinden kann? Oder sind sie verdammt, auf immer unterwürfig in ihrer strukturellen Fesselung zu verharren? Um es etwas persönlicher auszudrücken: Würde das Vertrauen, das ich in Kikwetes Willenskraft setzte (nachdem sie zeitweilig Feuer gefangen hatte), den Pessimismus meines zweifelnden Geistes überwinden?

KAMPALA, NAIROBI UND MOMBASA

Kampala war bekannt für seine sieben malerischen Hügel (inzwischen sind es weitaus mehr), und die Makerere-Universität befindet sich auf einem von ihnen. Ich hatte von 1964 bis 1969 an der Makerere gelehrt, bis Idi Amins Militärputsch mich ins Exil trieb. Nach einer angenehmen Fahrt vom direkt am Victoriasee gelegenen Flughafen Entebbe, stieg ich in einem bescheidenen Hotel in Kampala ab. Ich war von Ben Mkapa und Martin Khor (dem Exekutivdirektor des South Centre) beauftragt, mich mit Präsident Yoweri Museveni zu treffen. Wir kannten uns gut seit der Zeit des gemeinsamen Kampfes gegen Idi Amins Diktatur. (Nach dem Sturz Amins im Jahr 1979 waren wir Mitglieder im gleichen Kabinett unter Präsident Binaisa.) Museveni wurde weithin als »starker Mann« respektiert, ausgezeichnet durch einen scharfen Verstand, der hinter die Details blickte, um zu den wichtigen Fragen zu kommen – ein Mann des entschlossenen Handelns. Es war wichtig, Museveni auf unsere Seite zu ziehen. Wie sich herausstellte, konnten wir uns nicht treffen, also schrieb ich ihm einen Brief des gleichen Inhalts wie meine Besprechung mit Präsident Kikwete. Ich hoffte, er würde sich (um der alten Zeiten willen) die Zeit nehmen, ihn zu lesen. Aber ich konnte kein Risiko eingehen: Es musste gelingen, die ugandische Zivilgesellschaft mit einzubinden in diese Herausforderung der Europäischen Kommission.

1988 war ich nach Kampala gekommen, um eine Niederlassung des South African Trade Information and Negotiations Institute (SEATINI) zu eröffnen, das ich ein Jahr zuvor in Simbabwe gegründet hatte. Das Ziel war (und ist), die Fähigkeiten der Amtsträger in Süd- und Ostafrika zu entwickeln, damit sie in den Verhandlungen in der WTO und mit der EU einen besseren Deal für die Region aushandeln können. Jane Nalunga hatte damals an der Makerere im Auditorium gesessen. Sie hatte zu der Zeit eine komfortable Festanstellung bei der Bank von Uganda. Nach einigen Monaten kündigte sie ihren Posten, um mir zu helfen, das SEATINI-Büro in Kampala aufzubauen und als Direktorin zu leiten. Sie hat sich als bemerkenswert geschickt darin erwiesen, mit ihrer wohlklingenden, energischen Stimme das fachliche Kauderwelsch zu umgehen und auf den Punkt zu kommen, wenn sie die formaljuristischen und politischen Argumente präsentiert. Im Jahr 2004 trat ihr Nathan Irumba zur Seite, früherer ugandischer Botschafter in Genf und ein brillanter Experte für Handelsfragen. Er wurde zum Regionaldirektor von SEATINI. In Nairobi wurde SEATINI von Oduor Ong'wen geleitet, einem NGO-Veteranen und politischen Aktivisten.

Ich erwähne SEATINI, weil NGOs und die Menschen, die für sie arbeiten, wichtig sind. Es ist ein weit verbreitetes Missverständnis, dass NGOs lediglich »Diskussionsrunden« seien. Diese Wahrnehmung ist einseitig und voreingenommen. SEATINI ist eine von vielen NGOs in der Region (und in ganz Afrika), die sich für die Interessen der normalen Menschen einsetzen, wenn deren Regierungen zu schwach sind, um sich gegen das Diktat des Kolonialreichs zu behaupten. Eine weitere Organisation ist die Kenya Human Rights Commission

(KHRC), die Artikel über die juristischen Konsequenzen des EAC-FEPA publizierte und die politischen Führer Ostafrikas aufforderte, nicht das Leben unserer Menschen an Europa zu verschachern.[58] Es gab mehrere weitere NGOs, die gegen die europäischen Bestrebungen arbeiteten, den Menschen Ostafrikas ein FEPA aufzudrängen. Ich kann vielleicht hinzufügen, dass es auch in Europa einige starke NGOs mit solidarischen Aktivisten gibt, die den Kampf gegen die WPAs sehr unterstützt haben, unter ihnen, um nur ein paar zu nennen, die in Brüssel sitzende Coalition of the Flemish North South Movement 11.11.11; Aktivisten wie Marc Maes; Aktivisten des europäischen APRODEV-Netzwerks wie Karin Ulmer sowie das Afrikaprogramm der Rosa-Luxemburg-Stiftung in Berlin.

SEATINI hatte in Vorbereitung des erwarteten europäischen »Angriffs« an der FEPA-Front mehrere Meetings mit verschiedenen Betroffenen organisiert – darunter Regierungsvertreter, Vertreter der Privatwirtschaft, Mitglieder der Parlamente Ostafrikas und der EAC, Vertreter anderer NGOs und der Medien –, die alle ihrer Besorgnis über das FEPA Ausdruck verliehen. Es wurde uns klar, dass die East African Legislative Assembly (EALA) eine entscheidende Rolle spielen würde. Die NGOs beschlossen, die EALA-Parlamentsmitglieder gezielt anzusprechen. Diese standen nicht nur einer mächtigen und finanziell bestens ausgestatteten Europäischen Kommission gegenüber, sondern auch dem EAC-Sekretariat in Arusha – einem Organ der Gemeinschaft, das eigentlich die Interessen der East African Community (EAC) schützen sollte, sich aber offenbar auf die Seite der Europäischen Kommission geschlagen hatte. Die EK hatte bereits die Bürokratie in Arusha infiltriert und versucht, den Boden zu bereiten für eine Unterzeichnung des FEPA. Am 9. Juni 2010 hatten das EAC-Sekretariat und die Europäische Kommission nach einer Konferenz in Daressalam

ein gemeinsames Communiqué herausgegeben, in dem es hieß,
das Rahmenabkommen (FEPA) sei jetzt unterschriftsreif und
man plane den endgültigen Abschluss des Vertrages (CEPA) für
Ende November 2010.

Die beiden Organe der Ostafrikanischen Gemeinschaft, Sekretariat und gesetzgebende Versammlung, hatten also unter-
schiedliche Ansichten – nicht nur über das WPA, sondern auch
über die entscheidende Frage der Sicherung von Finanzmitteln
von der Europäischen Kommission zur Finanzierung ihrer Aktivitäten. Das Sekretariat meinte, dass die Gespräche sich nun
seit Jahren hingezogen hätten und langsam zu einem Ende
kommen müssten; die EALA war der Ansicht, dass die EAC sich
nicht unter Druck setzen lassen dürfe, ein Dokument zu unterzeichnen, das die Europäische Kommission ihr aufdrängte.
Außerdem lehnte es die EALA ab, sich durch die Großzügigkeit
der Europäischen Kommission ködern zu lassen. Bei ihrer Zu-
sammenkunft in Kigali im April 2011 beispielsweise hatte sich
die EALA dagegen ausgesprochen, die 3,48 Millionen Dollar an
Zuschüssen zu nutzen, die das EAC-Sekretariat bei der Swedish
International Developing Agency (SIDA) mobilisiert hatte, um
den Verhandlungsprozess für das WPA voranzutreiben. Sie war
der Auffassung, das Annehmen von Zuschüssen aus der Hand
der SIDA zur Finanzierung der Gespräche würde nicht nur die
Verhandlungen zum Schaden der Partnerstaaten kompromit-
tieren, sondern auch jeden Versuch der Partnerstaaten, in den
Verhandlungen eine entschiedene Haltung einzunehmen, be-
fangen machen und schwächen.[59]

Um diesem doppelten Ansturm – extern durch die Europäische Kommission und intern durch das EAC-Sekretariat – zu
begegnen, hatte SEATINI ein Positionspapier vorbereitet, das
später von einer Reihe von NGOs aus ganz Ostafrika unterzeichnet wurde. Es sollte in den folgenden Tagen in Mombasa

und Daressalam eine entscheidende Rolle spielen. Die erste
Station war Mombasa.

DAS MEETING DER EAST AFRICAN LEGISLATIVE
ASSEMBLY IN MOMBASA

Eine der wichtigsten Stimmen der Menschen in Ostafrika ist
die East African Legislative Assembly (EALA). Die EALA wurde
mit dem Vertrag ins Leben gerufen, der am 20. November 1999
von Uganda, Kenia und Tansania zur Gründung der EAC unterzeichnet wurde. Burundi und Ruanda traten dem Vertrag am
18. Juni 2007 bei. Nach dem Vertrag besteht die Versammlung
aus neun gewählten Mitgliedern aus jedem Partnerstaat, dazu
kommen sieben Mitglieder von Amts wegen: der für die EAC
zuständige Minister oder Staatssekretär (Assistant Minister)
aus jedem Partnerstaat, der Generalsekretär und der Anwalt der
Gemeinschaft (Counsel to the Community). Zwanzig der 52
Mitglieder im Jahr 2010 waren Frauen – darunter die aktivsten
Menschenrechtlerinnen in der Region. Die Mission der EALA
ist es, Gesetze zu verabschieden, zu überwachen und die Menschen Ostafrikas zu repräsentieren; sie soll die wirtschaftliche,
soziale, kulturelle und politische Integration fördern. Die von
der EALA verabschiedeten Gesetze sind, nachdem die Staatsoberhäupter der fünf Mitgliedsstaaten ihnen zugestimmt haben, für die fünf Regierungen bindend. Sie ist, zumindest in der
Theorie, ein »supranationales« Gesetzgebungsorgan der EAC.

Die EAC trat in der ersten Woche im Juni 2010 in Mombasa zusammen. Vor diesem Termin waren die Mitglieder mit
einer Reihe von Stellungnahmen zum Thema FEPA bombar-
diert worden. Darunter war ein Brief, den die Botschafter der
EAC in Genf an ihre jeweiligen Handelsminister gerichtet hatten, außerdem eine Menge von Informationsschriften und

Broschüren von NGOs, darunter auch das von SEATINI ent-
worfene und von mehreren NGOs unterzeichnete Statement.
Sie alle versuchten, die EAC zu überzeugen, den Entwurf der
Europäischen Kommission zum FEPA nicht zu unterschreiben.
Die Vertreter der NGOs – darunter Jane Nalunga, Oduor und
andere – bezogen Position in der Lobby des Hotels, in dem die
EALA-Mitglieder untergebracht waren.[60]

Das Ergebnis dieser gemeinsamen Bemühungen war eine
sorgfältig formulierte Resolution, die die EALA am 3. Juni
verabschiedete. Sie begann mit einer starken politischen Präambel, die die Bereitschaft der EAC unterstrich, das FEPA zu
unterschreiben – vorausgesetzt, dass eine Anzahl von offenen
Fragen im Hinblick auf die regionale Ausrichtung geklärt würden. Unter diesen offenen Fragen waren einige, die in der Liste
auf Seite 120/121 zu finden sind. Ohne eine zufriedenstellende
Lösung dieser Probleme, so stellte die EALA-Resolution fest,
würde das Rahmenabkommen die ostafrikanischen Staaten an
ein schlechtes Einfuhrtauschverhältnis fesseln. Die EAC sei gegenüber der EU einfach nicht wettbewerbsfähig. Importe aus
der EU könnten folglich die Industrialisierung der EAC untergraben. Außerdem seien die Agrarsubventionen der EU eine Bedrohung für die EAC-Bauern, besonders in der Milchwirtschaft,
und gefährdeten die Ernährungssicherheit in der Region. Die
Resolution warnte die EAC-Unterhändler, dass die protektionistische Politik der EU, wenn sie nicht richtig verhandelten,
die EAC unfairem Handel aussetzen würde, in dem sämtliche
Entwicklungsziele nicht mehr erreicht werden könnten. Die
Resolution schloss mit einem Appell an den EAC-Ministerrat,
die Unterzeichnung des FEPA zu verzögern, eine Überarbeitung
zu erwirken und es den Parlamenten zur Zustimmung vorzu-
legen – sowohl in den einzelnen Partnerstaaten als auch auf
regionaler Ebene.

Plötzlich bekam die EALA-Resolution mit ihrer Aufforde-
rung an den Ministerrat, die FEPA-Unterschrift zu verweigern,
bis alle umstrittenen Punkte geklärt waren, ein neues politisches Gewicht. Die EU-Delegation steckte in einer Zwickmühle:
Was sollten sie nun tun? Wie konnte man die unbequeme und
unerwartete Stimme aus der demokratischen Struktur der EAC
umgehen? Demokratie ist schön und gut – aber nicht, wenn
sie sich dem Konzern-Kriegsrat von *BusinessEurope* in den Weg
stellt. Profite gehen vor Demokratie. Ich weiß aus Erfahrung,
dass die Europäer in der Vergangenheit jedes Mal, wenn sie
sich am Widerstand von NGOs, nationalistischen Politikern
oder Staatsbeamten die Zähne ausbissen, an die Minister oder
Staatsoberhäupter herantraten, um derlei »demokratischen«
Widerstand von unten zu überwinden.[61] So war es auch dieses
Mal. De Gucht war der Meinung, die EALA sei ohne Belang,
schließlich konnte er sich einfach mit Präsident Kikwete in Verbindung setzen, der in diesem Jahr der Vorsitzende des EAC-
Gipfels war. Doch als De Gucht im State House in Daressalam,
dem Amtssitz des Präsidenten, anrief, wurde ihm höflich mit-
geteilt, dass Präsident Kikwete »leider nicht in der Stadt« sei.

Als ich davon hörte, kamen mir meine Überlegungen nach
dem Gespräch mit Präsident Kikwete und dem früheren Präsidenten Mkapa in den Sinn: Haben Individuen in staatlichen
Machtpositionen eine Möglichkeit, die strukturelle Fesselung
auszuhebeln? Oder sind sie verdammt, auf immer unterwürfig
in ihrer strukturellen Fesselung zu verharren? ... Würde das
Vertrauen, das ich in Kikwetes Willenskraft setzte, den Pessimismus meines zweifelnden Geistes überwinden? Ich war elek-
trisiert, dass der Präsident sein Versprechen gehalten hatte. Die
Menschen – und an vorderster Stelle die ostafrikanischen Par-
lamentarier der EALA – hatten, zumindest an jenem Tag im
Juni 2010, den Sieg davongetragen.

KENIANISCHE KLEINBAUERN FORDERN DEN STAAT HERAUS

Die EALA setzte ein Zeichen gegen die Wirtschaftspartnerschaftsabkommen, trotz aller Bemühungen der Europäischen
Kommission, sie zu unterminieren, und dieses Zeichen erfolgte
an höchster Stelle, d. h. auf der Ebene der Legislative, die die
Minister nicht ignorieren konnten. Doch ich sollte auch etwas
über den Kampf der Menschen an der Basis sagen.

Während die afrikanischen Staaten und Regierungen immer
noch in der Duldungs- und Anpassungsphase steckten, rückten
die Menschen an der Basis bereits in die Widerstandsphase vor.
Im Jahr 2007 strengte das »Kenya Small Scale Farmers Forum«
(KSSFF) einen Prozess gegen die Regierung Kenias an. In seiner Klage argumentierte das Forum, eine Unterzeichnung der
WPAs in ihrer gegenwärtigen Form würde den Lebensunterhalt
von Millionen von Bauern in ganz Kenia und dem Rest Ostafrikas gefährden. Sie hätte hinzufügen können, dass die WPAs
auch die Industrialisierung Kenias und der ganzen Region zu
behindern drohten.

Es dauerte sechs Jahre, bis der Oberste Gerichtshof Kenias
zu einer Entscheidung kam. Am 30. Oktober 2013 erging das
Urteil zugunsten der Bauern. Das Gericht verpflichtete die Regierung außerdem, einen Mechanismus einzurichten, der die
Betroffenen (darunter auch die Kleinbauern) in die laufenden
WPA-Verhandlungen einband, sowie innerhalb von dreißig
Tagen detaillierte Informationen über die Verhandlungen zu
veröffentlichen, um sie stärker ins Bewusstsein der Bürger zu
rücken und eine öffentliche Debatte über dieses Thema anzustoßen, das für das kenianische Volk von größter Bedeutung ist.

DIE SITUATION IM SEPTEMBER 2014

Am 20. September 2014 wurde gemeldet, die fünf Mitglieder der EAC hätten das Wirtschaftspartnerschaftsabkommen mit der EU unterzeichnet. Was konnte die EAC-Regierungen nach fast vier Jahren erfolgreichem Widerstand gegen den Druck der EU dazu bewegen, das Abkommen zu unterschreiben? Was haben sie davon?

Schauen wir uns die Sache ein wenig näher an. In einem internen Schriftsatz, der am 23. Mai 2013 für Präsident Mkapa, den Vorsitzenden des South Centre, vorbereitet worden war, belegte sein Sekretariat, dass die geschätzten Kosten einer Unterzeichnung den Nutzen bei Weitem überwiegen würden. Hier sind einige der wichtigsten Punkte aus diesem Dokument:

1. Vier Mitglieder der EAC – Burundi, Ruanda, Tansania und Uganda – gehörten zu den LDCs (Least Developed Countries). Selbst wenn sie das WPA nicht unterzeichneten, wäre ihr Handel mit der EU nicht betroffen, da sie nach der »Alles außer Waffen«-Regelung der EU (Everything but Arms; EBA) unverändert zoll- und quotenfreien Zugang zum EU-Markt hätten.

2. Einziges betroffenes Land wäre Kenia, das nicht zu den LDC gehört. Gemäß der Meistbegünstigungsregelung (Most Favoured Nation; MFN) müsste Kenia höhere Zölle entrichten als nach dem »Allgemeinen Präferenzsystem« (APS) der EU. Doch selbst in diesem Fall wäre hauptsächlich die Blumenindustrie betroffen; beim Import in die EU würden Blumen aus Kenia mit Zollsätzen von 8,5 bis 12 Prozent belegt. Insgesamt hätte Kenia für seine Exporte ohne das WPA mit Zöllen von bis zu 97 Millionen Dollar pro Jahr zu rechnen. Der »Nutzen« des WPA lag daher bei 97 Millionen Dollar im Jahr. Auf der anderen Seite stand Kenia vor der Aussicht,

durch das Unterzeichnen des Abkommens ab dem Ende der Implementierungsperiode von 24 Jahren Einnahmen in der Größenordnung von jährlich 742 Millionen Dollar zu verlieren, wenn man Importzuwächse mit einrechnete.

3. Die entsprechenden Einnahmeverluste (Importzuwächse eingerechnet) für die anderen vier LDCs der EAC durch das Unterzeichnen des Abkommens wurden wie folgt berechnet:

- 940 Millionen Dollar pro Jahr für Tansania
- 597 Millionen Dollar pro Jahr für Uganda
- 241 Millionen Dollar pro Jahr für Ruanda
- 24 Millionen Dollar pro Jahr für Burundi

4. Und das war noch nicht der gesamte Verlust. Das Unterzeichnen des WPA gefährdete den Lebensunterhalt von mehreren Millionen Kleinbauern, Geflügelzüchtern und Fischern in Ostafrika. Hinzu kamen die Auswirkungen auf die Perspektiven der künftigen Industrialisierung in Ostafrika. Das South Centre vertrat die Auffassung, die EAC sei nur bei insgesamt zehn Prozent der Zolltarifpositionen wettbewerbsfähiger als die EU. Anders ausgedrückt: Die EU konnte die ostafrikanischen Industrien in ihrem eigenen Hinterhof bei neunzig Prozent ihrer Zolltariflinien aus dem Feld schlagen. Bei der in dem WPA vorgesehenen Liberalisierung von über 82 Prozent der Zölle würden insgesamt 2 366 Zolltarifpositionen liberalisiert, was die Chancen, auch in Zukunft über eine heimische Produktion dieser Güter zu verfügen, fraglich erscheinen ließ. Zu den Sektoren, die von Importen aus Europa betroffen sein würden, gehören etwa die folgenden Branchen:

- verarbeitete Ölprodukte;
- chemische Produkte für die Landwirtschaft;
- chemische Grundstoffe;

- Medikamente, Impfstoffe, Antibiotika;
- industrielle Zwischenprodukte;
- industrielle Endprodukte;
- Fahrzeuge;
- Agrarprodukte;
- Bücher, Broschüren und andere Druckerzeugnisse.

Das Dokument des South Centre schloss mit den Worten: »Die Kosten des WPA liegen daher für Tansania und die EAC als Ganzes weitaus höher als der Nutzen.«

Dieser Einschätzung des South Centre und anderen Analysen von in Ostafrika ansässigen NGOs – wie SEATINI und der Kenya Human Rights Commission (KHRC) –, die zu ähnlichen Ergebnissen gekommen waren, standen keine vergleichbaren umfassenden Studien etwa der zuständigen Ministerien ostafrikanischer Regierungen oder des East African Secretariat in Arusha gegenüber.

Trotzdem stimmten die ostafrikanischen Regierungen – gerade als dieses Buch in Druck ging – dem Wirtschaftspartnerschaftsabkommen zu, das jetzt nur noch unterschrieben werden muss. Angesichts der oben beschriebenen negativen Analyse des South Centre und anderer NGOs, die Experten in Fragen von Afrikas internationalem Handel sind, muss man sich unweigerlich fragen: Warum wollten die Regierungen ein Abkommen schließen, das den Interessen ihrer Wirtschaft und ihres Volkes zuwiderläuft?

Die Antwort auf diese Frage muss warten, bis bekannt wird, was genau in den Monaten vor der Zustimmung hinter den Kulissen ablief – eine Aufgabe, die man den Historikern überlassen muss. Aktuell kann ich – auf der Basis meiner Erfahrung und meiner Kenntnis der Hauptakteure in diesem »Krieg« – lediglich einige Bereiche aufzeigen, in denen diese Historiker mit ihren tiefergehenden Recherchen möglicherweise fündig werden könnten.

1. Wachsender Druck der Europäischen Union, seitdem es ihr nicht gelang, die EAC im November 2010 zum Unterzeichnen des CEPA zu bewegen. Die EU verkündete quasi ein Ultimatum: Wenn das Wirtschaftspartnerschaftsabkommen nicht bis 1. Oktober 2014 unterzeichnet sei, könne sich Ostafrika auf ernste Gegenmaßnahmen der EU gefasst machen, die der ostafrikanischen Wirtschaft schaden würden.[62]

2. Wachsender Druck der kenianischen Blumenexporteure – einer Industrie, die von großen globalen Konzernen und einigen wohlhabenden und einflussreichen Kenianern kontrolliert wird.

3. Die Schwächung der politischen Führung der Ostafrikanischen Gemeinschaft in der WPA-Frage. Das könnte eine direkte Folge ihrer Abhängigkeit von »Entwicklungshilfe«-Zahlungen sein, die Europa in Aussicht gestellt hatte. In meinen früheren Schriften habe ich den Nutzen von »Entwicklungshilfe« als illusorisch beschrieben.[63]

4. Die Auswirkungen der Abhängigkeit des EAC-Sekretariats von finanzieller Unterstützung durch die Europäische Union. Etwas über 60 Prozent des EAC-Budgets für 2014/15 (78,17 Millionen Dollar) wurden von den Spendern finanziert und 32 Prozent (41,9 Millionen Dollar) von den fünf EAC-Ländern. Es gab auch bescheidene fünf Millionen Dollar von »anderen Stellen«. Insofern war es nicht überraschend, dass die EU das EAC-Sekretariat als seinen Verbündeten im Kampf um die Unterzeichnung des WPA betrachtete.

5. Die Schwächung des Einflusses der East African Legislative Assembly (EALA) und der NGOs auf den Verlauf der WPA-Verhandlungen zwischen 2010 und 2014.

6. Ein weiterer Faktor war die neue geopolitische Dynamik.
Ostafrika scheint sich im Kampf gegen die wachsende Bedrohung durch den »islamischen Terrorismus« an die Seite
der westlichen Länder (angeführt von USA und Europa) gestellt zu haben. Es hat eine merkliche Zunahme der Militär-
präsenz der NATO-Staaten (besonders USA, Großbritannien
und Frankreich) in Afrika gegeben, seit Libyens Gaddafi gewaltsam gestürzt wurde und das Chaos im Nahen Osten
und der Sahara-Region sich nach Somalia ausbreitete. Ostafrikanische Länder – besonders Kenia und Uganda – bekamen zwischen 2012 und 2014 militärisches Gerät im Wert
von Millionen von Dollar aus dem Westen.

Allerdings ist es eine Sache, ein Abkommen zu schließen, und
eine andere Sache, es von den zuständigen nationalen Parlamenten ratifiziert zu bekommen, damit man es wirklich um-
setzen kann. Es gibt nach wie vor eine Reihe von ungelösten
kritischen Fragen – so etwa das Problem der Exportsteuern (das
Recht der EAC-Länder, Abgaben auf den Export von Rohstoffen
zu erheben, die sie für ihre eigene Industrialisierung benötigen);
das Problem der »Nichterfüllungsklausel« (die es der Europäischen Kommission erlaubt, Sanktionen gegen EAC-Mitglieder
zu verhängen, die gegen die Prinzipien von Menschenrechten,
Demokratie und »Good Governance« verstoßen); und das Problem der sogenannten »Rendezvous-Klausel«, die sich mit Dingen wie Investitionen, öffentlichem Beschaffungswesen, Wettbewerbspolitik und Dienstleistungen befasst.

Und schließlich gibt es noch die Frage der Umsetzung des
Wirtschaftspartnerschaftsabkommens, denn es ist eine Sache,
ein Abkommen zu unterzeichnen, und eine andere Sache, es
auch in die Tat umzusetzen.

Schlussfolgerung

Erstens: Die Erfahrungen Afrikas mit Europa zeigen, dass Handel lediglich ein weiches Wort für Krieg ist. Europas Drohung, als Ultima Ratio der »Überzeugungsarbeit« in den WPA-Verhandlungen Sanktionen zu verhängen, war ein kriegerischer Akt. Ich werde diesen Gedanken in Kapitel fünf »Handelssanktionen als kriegerischer Akt« noch einmal aufnehmen.

Zweitens: Wir haben es hier mit tief eingebetteten Strukturen zu tun, die im Verlauf von hundert Jahren Kolonialherrschaft in Afrika zurückgelassen wurden. Man könnte denken, dass fünfzig Jahre ausreichen sollten, um sich von diesen Strukturen zu befreien. Asiatische Länder haben in dieser Hinsicht eine bessere Bilanz vorzuweisen als die afrikanischen. Das mag etwas mit der Qualität ihrer Politiker zu tun haben, doch ich glaube, dass der Unterschied in erster Linie auf den jeweiligen geopolitischen Gegebenheiten dieser beiden Regionen beruht.

Drittens: Wir müssen uns davor hüten, immer als gegeben vorauszusetzen (wie es in der politischen Linken oft geschieht), dass alle Bemühungen, mit den korrupten politischen Eliten der Neo-Kolonien zu kooperieren, von vornherein zum Scheitern verurteilt sind. Das ist Dogmatismus. Wenn man diesen Gedanken logisch weiterdenkt, führt er in eine deterministische Sackgasse: Es kann nichts unternommen werden, solange nicht das Ende des Kapitalismus gekommen ist oder ein »Regimewechsel« stattgefunden hat, der eine »revolutionäre Führung« an die Macht bringt. Unabhängig davon, ob das stimmt, kann man, bevor diese Dinge Realität werden, daran arbeiten, Abhängigkeitsstrukturen zu durchbrechen – vielleicht nicht auf einen Schlag, doch Stück für Stück, Schritt für Schritt. Ich komme in Kapitel sechs »Vom Krieg zum Frieden: Theorie und

Praxis von revolutionären Veränderungen« auf diese Frage zurück.

Viertens: Ein solches »Stück«, das durchbrochen werden kann, ist die sogenannte »Entwicklungshilfe«. Institutionalisierte Hilfe verfestigt sich in Strukturen und Gewohnheiten, die die Tendenz haben, sich selbst zu reproduzieren. Das ist es, was mit dem gesamten Gebäude der WPA-Verhandlungen geschah. Das AKP-Haus in Brüssel ist mehr als ein architektonischer Ausdruck dieses Gebäudes. Es ist der Ausdruck einer bettelnden Hand, die ihrem Herrn sagt: »Gib mir etwas Geld, damit ich die Situation analysieren kann, um mich auf die Verhandlungen mit dir vorzubereiten«. Es ist der Gipfel der Naivität. Wenn du mit deinem Gegner verhandeln willst, dann solltest du deine »Kompetenzbildung« (wie es im offiziellen Jargon heißt) selbst finanzieren.

Fünftens: Die Sprache der Handelsgespräche muss so dekonstruiert werden, dass sie für den Normalbürger verständlich ist. Die Fachausdrücke fallen nicht einfach so vom Himmel. Sie haben eine Geschichte und einen Zweck. Losgelöst von seiner Geschichte bekommt dieser Jargon ein Eigenleben. Wörter werden zur Realität. Wir haben gesehen, wie die Worte »Präferenz« und »Vorzugszölle« zu Kolonialzeiten als »Imperial Preference« (also Besserstellung des Handels innerhalb des Britischen Empire) in den Wortschatz der Handelsgespräche gelangten und sich dann zu etwas entwickelten, das scheinbar das genaue Gegenteil war. Was in der Realität eine »Präferenz« zugunsten der Kolonialmacht war, wurde präsentiert, als sei es eine »Präferenz« zugunsten der Kolonien. Diese linguistische Verdrehung und das Benutzen von kolonialen Metaphern maskiert ein System der Unterdrückung und Ausbeutung. Aus nachvollziehbaren Gründen lässt sich Fachjargon im Rahmen von Handelsgesprächen nicht ganz vermeiden. Doch es ist die

Aufgabe der Unterhändler aus den Ländern des Südens, die Konsequenzen für die Politik des Staates sowie das Leben und die Arbeitsplätze der gewöhnlichen Menschen deutlich zu machen.

Noch wichtiger ist es, über bloße Worte hinauszugehen und sich des Narrativs zu bemächtigen. Koloniale Narrative haben nach wie vor Bestand. Wenn du nicht deine eigene Geschichte schreibst, werden andere sie für dich schreiben. Dieses Buch handelt von der anderen Seite der Geschichte, so wie wir sie erzählen.

4. TECHNOLOGIE
UND DER KRIEG UM DAS
GEISTIGE EIGENTUM

Eine tödliche Waffe im Arsenal des westlichen Handelskrieges gegen den Rest der Welt ist das geistige Eigentum. Das gemeinsame Erbe der Menschheit – einschließlich des medizinischen Wissens und des Saatguts für Nahrungspflanzen – wird im Kapitalismus zu Eigentum, das als »Intellectual Property« (IP) gekauft und verkauft werden kann.

Dieses Kapitel handelt vom Konflikt um dieses Gut in verschiedenen Organen der politischen Weltordnung – darunter der WTO, der Weltorganisation für geistiges Eigentum (World Intellectual Property Organization; WIPO) und der Weltzollorganisation (WZO). Dabei geht es nicht zuletzt auch um Technologie und um die Bemühungen Afrikas und der Dritten Welt, sich zu industrialisieren.

Einleitung

Seit es geschichtliche Aufzeichnungen gibt, ist die Tatsache allgemein anerkannt, dass geteiltes Wissen doppeltes Wissen ist. Ein physischer Rohstoff, der verbraucht wird, verschwindet. Ich konsumiere einen Apfel, und er hört auf zu existieren. Doch Wissen ist metaphysisch. Es wird bereichert, wenn es von einem immer weiter anwachsenden Kreis von Verbrauchern

»konsumiert« wird. Andererseits wird Wissen zu einer »Ware«
gemacht, die Profit bringt.[64]

Während der 80er- und 90er-Jahre arbeitete ich in vielen
Ländern in Ost- und Südafrika, und danach vier Jahre lang,
von 2005 bis 2009, für das South Centre. Ich kann aus eigener
Erfahrung sagen, dass die Industriestaaten des Nordens systematisch versucht haben, alle Bemühungen des Südens um eine
Industrialisierung abzublocken. Ihre Mega-Konzerne haben
versucht – leider erfolgreich, wie ich sagen muss –, Wissen zu
privatisieren, und sie haben es eingesetzt, um Unternehmens-
profite über das Leben von Menschen zu stellen. Ich kann das
mit Beispielen aus dem Agrar- und dem Pharmasektor belegen.

Nachdem ich 2009 aus dem South Centre ausgeschieden
war, arbeitete ich drei Monate lang als Gastprofessor an der
Universität Uppsala in Schweden. Eines Tages fiel mein Blick
dort auf einen Zeitungsartikel. Es handelte sich um einen Bericht über die Konferenz der Pirate Parties International (PPI),
die in Uppsala stattfand. Die PPI, so stand dort zu lesen, erklärte in ihrem Manifest unter anderem, dass keine Patente auf
Leben (darunter auch Samen und Gene) erteilt werden sollten.
Das ist genau das, was ich in den 80er- und 90er-Jahren – beinahe zwei Jahrzehnte früher – gefordert habe, als ich in den
ländlichen Regionen Südafrikas arbeitete. Niemand hat sich
seinerzeit im Geringsten darum gekümmert, was ich sagte. Daher war ich erfreut, dass die jugendlichen »Piraten«-Parteien
Europas Gehör fanden – auch wenn ihre Ziele und Absichten
ein wenig anders lagen als meine.[65] Seit 2009 haben sie in
verschiedenen nationalen Parlamenten Europas Sitze erobert.
Doch wenn wir im Süden Wissen nutzen, das von »Intellectual
Property«-Regeln geschützt wird, ohne enorme Lizenzgebühren
an die »Besitzer« zu zahlen, stellt dies nach wie vor einen Akt
der »Piraterie« dar. Der Krieg geht weiter.

Tatsächlich sind es die Saatgut- und Pharmaproduzenten des Westens, die das Wissen um Samen und medizinische Produkte aus dem Süden durch Piraterie erworben haben. Doch während im Süden dieses Wissen als öffentliches Gut geteilt wurde, haben die westlichen Unternehmen, nachdem sie vom Süden gelernt hatten, dieses Wissen als ihr Privateigentum geschützt. Sie sind schuldig – moralisch schuldig – am vermeidbaren Tod von Millionen von Menschen im Süden, die sich ihre »patentierten« Medikamente gegen Aids, Malaria, Tuberkulose und andere Killerkrankheiten nicht leisten können. Es ist eine schäbige Geschichte. Aber es ist nicht alles Unheil und Elend. Diejenigen, die das System kontrollieren (die globalen Konzerne und die internationalen Organisationen, die vom Westen kontrolliert werden), können sich nicht in allem durchsetzen. Nicht alle Kriege enden mit dem Sieg des militärisch oder »intellektuell« Mächtigen.

Innovation, Entwicklung und geistiges Eigentum

Die Kommodifizierung des Wissens
ist ein relativ neues Phänomen

Die Kommodifizierung von »Wissen« – oder das Verwandeln von Wissen in das Privateigentum globaler Konzerne – ist eine Erfindung des europäischen Kapitalismus. Das war vor etwa 500 Jahren. Doch selbst von diesem Zeitpunkt an dauerte es noch ziemlich lange, bis es zur Privatisierung kam – genauer gesagt, passierte es de facto erst, als 1967 die World Intellectual Property Organization (WIPO) gegründet wurde, also vor weniger als fünfzig Jahren. Warum dauerte es so lange? Der Grund

ist, dass die Industriestaaten der Welt jahrhundertelang untereinander die Innovationen der jeweils anderen entlehnten,
stahlen und kopierten, weil sie in erster Linie mit ihrer eigenen Industrialisierung beschäftigt waren. Erst in den letzten
hundert Jahren fingen sie an, ihre Innovationen als Eigentum
zu betrachten. Untereinander teilen sie über ihre globalisierten
Konzerne nach wie vor ihr Wissen. Doch angesichts der Herausforderung durch die Entwicklungsländer haben sie angefangen, protektionistische Schutzwälle um dieses »Eigentum«
herum zu errichten. Europäer (und inzwischen auch Amerikaner und Japaner) behaupten, dass sie das ausschließliche Nut-
zungsrecht für Innovationen und Technologie besitzen, denen
sie ihren »intellektuellen« Stempel aufgedrückt haben. Die
Schweizer beispielsweise haben ihre Pharmaindustrie auf eine
Weise entwickelt, die in den Augen der heutigen WIPO (eine
Organisation, die ironischerweise in der Schweizer Hauptstadt
ihren Sitz hat) als »Piraterie« gelten würde.

Den wenigsten Menschen im Westen ist bewusst, dass
die »europäische« Wissenschaft auf der antiken ägyptischen,
mesoamerikanischen, chinesischen, indischen, griechischen,
romanisch-byzantinischen und mittelalterlichen islamischen
Wissenschaft aufbaut. Das europäische Mittelalter (von ungefähr 500 bis 1100 n. Chr.) wird oft als »Dunkles Zeitalter« bezeichnet – ein Rückschritt, verglichen mit der vorangegangenen
progressiveren Ära der römischen und griechischen Weltreiche.
Das Aufkommen der Aufklärung in Europa war das Resultat komplexer Prozesse, darunter auch der Emanzipation der
Wissenschaften von der Religion. Die islamische Wissenschaft
spielte eine Rolle dabei, Europa im Zeitalter der Aufklärung
wieder mit den klassischen Schriften Griechenlands und den
Naturwissenschaften in Kontakt zu bringen.[66] Doch in unserer
heutigen Zeit ist dieser Abschnitt der Geschichte durch ins-

titutionalisierten Rassismus und die Islamophobie der jüngeren Generation weitgehend unbekannt. Die Jugend in Europa glaubt, dass alle moderne Wissenschaft eine westliche Schöpfung ist, dass der Norden Wissen produziert und der Süden lediglich konsumiert. Das ist der Hintergrund für den Narzissmus und die Hybris Europas.

Die Berner Übereinkunft aus dem Jahr 1886 wird oft als der Ausgangspunkt für den systematischen Urheberrechtsschutz angeführt. Doch das stimmt nur teilweise, genauer gesagt nur zu einem recht kleinen Teil. Die Berner Übereinkunft zielte in erster Linie darauf, literarische Werke zu schützen, und war auf Drängen von Victor Hugo und nach dem Vorbild des französischen »Rechts des Autors« *(droit d'auteur)* zustande gekommen. Es gab eine Menge Widerstand dagegen. Die Holländer etwa argumentierten, dies würde der holländischen Druckindustrie die Luft nehmen. Großbritannien unterzeichnete das Abkommen im Jahr 1887, weigerte sich jedoch, große Teile davon umzusetzen, bis (hundert Jahre später) der Copyright, Designs and Patents Act 1988 in Kraft trat. Die Vereinigten Staaten unterzeichneten die Berner Übereinkunft erst 1989.

Der Mythos, dass geistiges Eigentum (IP) für Innovation und Entwicklung unverzichtbar ist

Ich glaube nicht an den von westlichen hegemonialen Ideologien geschaffenen Mythos, dass »geistiges Eigentum« unverzichtbar für Innovation und Entwicklung ist. Es gibt dafür keinerlei Belege. Im Gegenteil, die IP-Gesetzgebung ist ein großes Hindernis für die Entwicklung von Wissenschaft und Industrie – besonders im Süden. Der Bericht des Weltagrarrats (International Assessment of Agricultural Science and Technology for Development; IAASTD) – das Werk von nicht weniger als 400 Wissenschaftsexperten – kritisiert die gegenwärtigen Handels- und IP-Systeme, weil sie die reichen Länder auf Kosten der armen bevorzugen. Der Bericht vertrat die Auffassung, dass die Anwendung von IP auf den Schutz von genmodifizierten Organismen (GMOs) die öffentliche Forschung und das Recht der Bauern auf Saatgut beeinträchtigt hat.[67] Auch die konsultative Expertengruppe (Consultative Expert Working Group; CEWG) der Weltgesundheitsorganisation kommt in einem Bericht zu Forschung und Entwicklung (F&E) im Bereich Gesundheit und Medikamente zu ähnlichen Ergebnissen.[68] Die CEWG empfiehlt für Forschung, Entwicklung und Innovation einen offenen Ansatz sowie das Verabschieden einer verbindlichen Konvention, die garantiert, dass die Resultate von Forschung und Entwicklung ein öffentliches Gut sind, d. h. nicht der Inbesitznahme ausgesetzt, sondern frei nutzbar für die Herstellung von Medikamenten, die besonders in Entwicklungsländern gebraucht werden.

Sollten die Entwicklungsländer das IP-System unterstützen?

Heutzutage hören wir ein neues Argument aus den Schwellenländern (Newly Industrialized Countries; NIC) des Südens. Sie sagen, dass sie dem IP-System nicht unbedingt ablehnend gegenüberstehen, sondern lediglich ablehnen, dass es vom Westen monopolisiert wird. Sie wollen den Raum haben, ihre eigenen Innovationen und IP-Systeme zu entwickeln.

Lassen wir diese Aussage einen Moment auf uns wirken. Auch an dieser Position ist etwas falsch. Ich gebe zu, dass diese Debatte zwei Seiten hat, doch ich bin trotzdem der Meinung,

dass das ganze System der Privatisierung von etwas, das Teil des
öffentlichen Wissens (Teil der »Allmende«) sein sollte, falsch
und ungerechtfertigt ist.

Aus der Perspektive der Schwellenländer und angesichts der
breiten Kluft zwischen ihnen und den westlichen Industriestaaten ist dieser Ansatz vielleicht verständlich. Das gegenwärtige System der monopolisierten Kontrolle über Industriewissen (nach den meisten Schätzungen halten die Industriestaaten
rund 95 Prozent aller Patente weltweit) behindert ihre Fähigkeit,
sich zu industrialisieren. Dies ist einer der Hauptgründe für die
verspätete und verlangsamte Industrialisierung des Südens. Es
ist mit sehr hohen Kosten verbunden, geistiges Eigentum vom
Norden in den Süden zu transferieren. China etwa entwickelt
sich zum Fertigungszentrum der Welt in unserer Epoche. Vielen ist nicht bewusst, dass China einen hohen Preis für den
Technologietransfer zahlt. Es zahlt mehr als vier Milliarden
Dollar im Jahr allein für Patente. In einigen Fällen, zum Beispiel bei DVD-Maschinen, zahlen chinesische Unternehmen
mehr als 30 Dollar an Lizenzgebühren pro Maschine, während
die chinesischen Hersteller lediglich 2,61 Dollar bekommen.[69]

Angesichts dieser Situation betreiben nicht nur China, sondern auch andere Länder in Asien, Afrika und Lateinamerika
den »Diebstahl« geistigen Eigentums. Diese Länder sind zum
Ziel der Industriestaaten geworden. Die westlichen Länder haben ein ausgefeiltes Überwachungssystem installiert, um sich
gegen das zu wehren, was sie die »Industriespionage« des Südens nennen, obwohl sie paradoxerweise gleichzeitig auch
selbst voneinander stehlen.[70] Die westliche Agenda zur Be-
kämpfung von Produktpiraterie und Durchsetzung der IP-Regelungen umfasst hunderte von globalen Unternehmen aus dem
OECD-Raum und ihre Ableger im Ausland, so wie die »Coalition against Counterfeiting and Piracy Intellectual Property

Enforcement Initiative: Campaign to Protect America« der US-
Handelskammer oder das Security and Prosperity Partnership
of North America. Nachdem es dem Norden nicht gelungen ist,
mithilfe der örtlichen Gerichte zivilrechtliche Genugtuung zu
bekommen, versucht er, mithilfe von Organisationen wie der
Weltgesundheitsorganisation (besonders deren International
Medical Products Anti-Counterfeit Taskforce; IMPACT), dem
Advisory Committee on Enforcement der WIPO (ACE), dem
Anti-Counterfeiting Trade Agreement (ACTA), den Standards
to be Employed by Customs for Uniform Rights Enforcement
(SECURE) und Interpol, Urheberrechtsverletzungen zu krimi-
nalisieren und zu internationalisieren sowie die Reichweite der
Strafverfolgung zu vergrößern.

Die westlichen Länder nutzen IP-Vereinbarungen, bilaterale
und regionale Freihandelsabkommen, Investitionsverträge und
Wirtschaftspartnerschaftsabkommen (WPAs), um ihre wirtschaftlichen Interessen voranzutreiben. So schränkte etwa
Artikel 11D der IP-Vereinbarung zwischen den USA und Kam-
bodscha von 1996 die Flexibilität Kambodschas in Bezug auf
sein einzigartiges System zum Pflanzenschutz ein. Das Cotonou-Abkommen zwischen der Europäischen Union und Afrika
beinhaltet Regelungen für das Patentieren biotechnologischer
Erfindungen und Pflanzensorten sowie juristischen Schutz für
Datenbanken.

Also ja: Es gibt gute Argumente, jene Entwicklungsländer
in Schutz zu nehmen, die die IP-Regelungen missachten, wie
sie der Westen und die westlich dominierten internationalen
Organisationen durchzusetzen versuchen. Solange der Kapitalismus das dominante System für globale Produktion und globalen Warenaustausch bleibt, wäre es falsch, den Ländern des
Südens die Möglichkeit zu verweigern, Schutzmaßnahmen gegen den Norden zu ergreifen. Das Wissensmonopol des Nor-

dens ist inakzeptabel. Die Kriminalisierung der Verbreitung industriellen Wissens und das riesige System weltweiter Spionage, die es geschaffen hat, sind nicht nur eine Verschwendung von Ressourcen, sie haben auch einen »globalen Polizeistaat«, eine Orwellsche Welt heraufbeschworen.[71]

Ungeachtet meiner Unterstützung für die defensiven Maßnahmen, derer sich die Entwicklungsländer unter den gegebenen Umständen bedienen, bleibe ich dennoch bei meinem Standpunkt, dass das gesamte System der Privatisierung von Industriewissen falsch ist. Es gab eine Zeit, in der der Transfer von Technologie auf der Basis von Solidarität und nicht von Lizenzgebühren stattfand. Im Gefolge des Zweiten Imperialistischen Krieges von 1939 bis 1945 transferierte die Sowjetunion riesige Mengen von Industriewissen nicht nur innerhalb des sowjetischen Blocks, sondern auch in Länder wie China und Indien. Einige Entwicklungen der letzten Zeit machen aber Hoffnung für die Zukunft. Wissenstransfer findet heutzutage auch im Rahmen sogenannter »Open Source«-Technologien statt, die keine Copyright-Lizenzen haben.[72] Außerdem beziehen immer mehr NGO-Aktivisten Stellung gegen die Monopolisierung von Wissen. Im Jahr 2012 musste der US-Kongress zwei geplante gesetzliche Maßnahmen zurücknehmen, die der Regierung die Macht gegeben hätten, aufgrund von Copyrightverletzungen den Zugang zu ausländischen Webseiten zu blockieren. An einem einzigen Tag, am 18. Januar 2012, wurden zehn Millionen Petitionen gegen diese Gesetze – den Stop Online Piracy Act (SOPA) und den Protect Intellectual Property Act (PIPA) – unterzeichnet.

Wähle deine Technologie, aber widersetze dich
dem System des geistigen Eigentums

Ideologen des geistigen Eigentums behaupten manchmal, alle
IP-Gegner seien gegen Technologie und eine Art moderner Ludditen.[73] Das ist ein Ablenkungsmanöver. Ich bin gegen das IP-
Regime – das heißt, gegen eine Umwandlung von Technologie in Privateigentum, damit diejenigen, die behaupten, sie zu
»besitzen«, damit ein »Renteneinkommen« erzielen können.
Ich bin nicht gegen Innovation oder Technologie an sich. Die
Gesellschaft kann sich nicht »entwickeln« ohne Innovation.
Auf der anderen Seite sind nicht alle Technologien der Entwicklung zuträglich; einige hemmen sie auch. Wenn eine bestimmte Technologie der menschlichen Gesundheit oder der
Umwelt schadet, dann ist sie in diesem Sinne entwicklungshemmend. In manchen Fällen würde ich sogar eine Rückkehr
zur »alten Technologie« befürworten. Zum Beispiel war Gandhis Nutzung der Charkha zum Produzieren einheimischer
Stoffe (Khadi) weder maschinenstürmerisch noch atavistisch,
sondern eine kluge politische Aktion gegen die britische Herrschaft.[74] Genauso würde ich auch sagen, dass die Verwendung
von »autochthonem«, also einheimischem statt genmodifiziertem Saatgut, nicht atavistisch ist; es ist eine korrekte Aktion
gegen die Dominanz von Saatmonopolen.

   Bei diesem wie bei vielen anderen Themen glaube ich, dass
uns das *Vorsorgeprinzip* einen vernünftigen Handlungsleitfaden
gibt. Dieses Prinzip sagt, wenn das Risiko besteht, dass eine
Handlungsweise oder Politik Menschen oder Umwelt Schaden
zufügt, sollte man, solange wissenschaftliche Erkenntnisse fehlen, Vorsicht walten lassen. Im Fall von Hybridsamen ist es allerdings nicht länger eine Frage des Fehlens von wissenschaft-

lichen Erkenntnissen. Es gibt reichlich Daten, die zeigen, dass das Leben von Millionen von Menschen riskiert wird, um die Profite für globale Saatgut-Megamonopole zu vermehren.

Es ist wichtig, zwischen Technologie und Innovation auf der einen Seite und dem IP-System auf der anderen Seite klar zu unterscheiden. Die beiden sind durchaus nicht dasselbe, obgleich die Ideologen des IP-Systems uns weismachen wollen, dass Innovationen ohne geistiges Eigentum weder möglich noch durchführbar seien.

Technologiekriege:
Der Fall des landwirtschaftlichen Saatguts

Ein Hybridsamen ist Technologie

Es gibt eine Sache im Zusammenhang mit Saatgut, die nicht ganz leicht zu verstehen ist: Ein Hybridsamen ist Technologie.

Ich hatte das nie wirklich begriffen, bis ich während meiner Lehrtätigkeit an der Universität Daressalam in den 70er-Jahren anfing, in der Region Moshi-Arusha Recherchen über Mais anzustellen. 1975 herrschte in Tansania eine gravierende Nahrungsmittelknappheit. Einige Beobachter sahen die Schuld dafür in Nyereres Politik der zwangsweisen »Verdörflichung«. Doch die Experten, mit denen ich während meiner Recherchen sprach, erklärten mir, es gebe zwei Hauptgründe: einer war die große Dürre in den Jahren 1973 bis 1975, und der zweite war, dass Tansania ertragsarme heimische Saaten benutzte. Bis dahin hatten die meisten Bauern ihr Saatgut aus der Ernte des Vorjahres genommen, doch einige mittelgroße Farmen nutzten auch die verbesserten offen bestäubten Arten (Open-Pollinated Varieties; OPV), die lokal gezüchtet wurden. Die Experten

sagten, Tansania müsse von lokalem Mais auf Hybride um-
steigen.

Rund 15 Jahre später, im Jahr 1990, kam ich wieder in die Region. Die meisten Kleinbauern benutzten immer noch ihre lokalen Sorten. Sie konnten sich die Hybride nicht leisten. Einige
benutzten auch das hybride CG4141-Saatgut. Nach der Markt-
liberalisierung waren ausländische Unternehmen ins Land gekommen, um ihre Saaten zu vermarkten. CG4141 wurde vom
globalen Konzern Cargill angeboten und trat in einen aggressi-
ven Wettbewerb gegen die regionalen Sorten, die von der Tanseed (Tansania Seed Company) gezüchtet und verkauft wurden. CG4141-Saatgut ist eine »verbesserte« Technologie. Man
erklärte mir, dass die Bauern CD4141 wegen seines höheren
Ertrags bevorzugten – allerdings war diese Sorte teuer, brauchte
mehr Wasser und Dünger und ließ sich nicht so gut lagern wie
die alten Saaten. Außerdem war der daraus zubereitete *Ugali*
(Maisbrei) nicht so süß wie der frühere Mais. Am Ende hatte
Tanseed keine Chance gegen die Finanzkraft von Cargill. Cargill
gewann, doch die Bauern verschuldeten sich. CG4141 war an
IP-Rechte gebunden, deren Eigentümer Cargill war. Cargill verlangte hohe Lizenzgebühren für die Nutzung seiner Samen.

Ist traditionelles Wissen dem modernen
Wissen überlegen?

Ich besuchte auch zwei Dörfer in Südwesttansania – Ukwile
und Msia. In beiden Dörfern betrieben die Menschen Low
External Input Agriculture (LEIA) – Landwirtschaft mit einem
geringen Einsatz externer Produktionsmittel, die die Nutzung
von lokalem Wissen und Ressourcen maximieren und den Einsatz externer Inputs minimieren will. Die Dorfbewohner ex-

perimentierten mit dem Einsatz von *Utupa* (*Trifosea Vogelli*), einer lokalen Baumart, deren schädlingsbekämpfende Wirkung im Anbau und der Lagerung von Mais schon lange bekannt ist. Traditionell wurden Blätter dieses Baumes zu einer flüssigen Lösung verarbeitet, die auf die Pflanzen aufgebracht wurde. Inzwischen versucht man, die Blätter zu einem Pulver zu verarbeiten, weil sich Pestizide in dieser Form besser lagern lassen. Die Bauern pflanzten auch Anabäume (*Acacia Albida*; eine lokale Baumart) und Indischen Hanf (*Crotalaria juncea*), um Stickstoff im Boden zu binden, sowie verschiedene einheimische Baum- und Buschsorten (z. B. *Nzigati*). Das traditionelle Wissen um diese Arten drohte, in Vergessenheit zu geraten.

Lokale *Nganga*[75] und alte Menschen wurden befragt, um diese Bäume zu identifizieren, und das nötige Wissen für die Züchtung, den Anbau und die Pflege dieser einheimischen Arten wurde wiederbelebt. Ich nahm an einem dieser Workshops teil und hörte, wie die Nganga den armen Bauern einschärften, ihr traditionelles Wissen zu achten. Der folgende Bericht ist den Notizen entnommen, die ich bei diesem Workshop gemacht habe. »Bei der Landwirtschaft«, erklärte der Nganga, »geht es nicht nur darum, hohe Erträge zu erzielen. Es geht auch darum, den Ackerboden zu bewahren. Der Ackerboden besteht aus zwei unterschiedlichen Schichten: der oberen Schicht aus Humus, in dem Mikroben und höhere Pflanzen- und Tierarten ihre Nährstoffe finden, und darunter einer Schicht von fast leblosem Fels.« Die Bauern nickten zustimmend, das alles wussten sie schon. »Aber was ist falsch daran, dem Ackerboden Dünger zuzusetzen?«, fragten sie. »Dünger«, erklärte der Nganga, »lässt die Mikroben wachsen. Diese Mikroben ernähren sich von Humus, sie bauen ihn schneller ab als gewöhnlich und sorgen so dafür, dass auch die Nutzpflanzen schneller wachsen.« Ein Dorfbewohner stand auf und fragte: »Was ist daran schlecht?« Der Nganga erklärte: »Ohne den Humus, der den Ackerboden festhält, wird dieser weggespült, und ihr müsst immer mehr Dünger benutzen, um dem Boden künstliche Nährstoffe zuzusetzen, und der Kreislauf geht weiter. So steigen die Energiekosten für eine Einheit Nahrungsmittel an. Ja, ihr bekommt mehr Erträge auf den Morgen Land, doch davon geht auch immer mehr an die Unternehmen als Bezahlung für den Dünger. Also kann es passieren, dass ihr mehr bezahlt und weniger verdient. Dann arbeitet ihr für die Konzerne. Das ist der unmittelbare Effekt. Aber noch wichtiger ist der langfristige Effekt, dass ihr die Kontrolle über euren Boden verloren habt. Das Land mag euch gehören, doch dieser Ackerboden gehört euch nicht mehr.« Ich lauschte voller Staunen über die Weisheit des Nganga.

Doch die *Nganga* hatten es nicht leicht. Drei Kräfte arbeiteten gegen sie. Eine waren von der Europäischen Union finanzierte NGOs wie Global 2000, die kostenlosen Dünger an die Bauern verteilten. Zweitens gab es Druck von den besser gestellten, den »progressiven« Bauern. Diese brüsteten sich mit den »hohen Erträgen«, die sie mit Hybriden erzielten. Und drittens gab es Druck von den Agrarexperten der Regierung, die die Vorzüge der High External Input Agriculture (HEIA), die Landwirtschaft mit hohem Düngemitteleinsatz, priesen. Die Nganga brauchten Zeit, um die Resultate von LEIA zu demonstrieren, doch man erzählte den Menschen, dass es diese Zeit nicht gebe: »Entwicklung« bedeute hohe Erträge und schnelle Resultate. Es wirkte auf mich, als wären wir in Eile, als wollten wir den Zug zu einem dringenden Termin erreichen. Tatsächlich aber waren hier »negative« Kräfte am Werk, die das alternative Modell der Entwicklung als eine Bedrohung ihrer Interessen empfanden.

Es ist ein Kampf. Die Konzerne veranstalten ihren makab-

ren Kriegstanz auf afrikanischem Boden. Sie werden unterstützt
von staatlichen Behörden und westlichen Spender-Organisati-
onen, die den Menschen Dünger und Pestizide aufdrängen und
sie anhalten, »schnell, schnell, schnell« auf ein zweifelhaftes
Ziel zuzueilen, das »Wachstum« genannt wird. Die gewöhnlichen Menschen unterdessen (zumindest die aufgeklärteren
unter ihnen) fordern den Rest der Menschheit auf, innezu-
halten und nachzudenken, was sie da tun und wohin der Weg
führen wird.

Monsanto

Das Attraktive an Hybrid-Saatgut ist der hohe Ertrag. Ihr des-
truktivster Aspekt ist, dass es arme Bauern vernichtet, die sich
die hohen Kosten des Anbaus nicht leisten können. Saatgut ist
nur ein Teil des Gesamtbilds. Es geht um Kontrolle – nicht nur
der Nahrungsmittelproduktion, sondern auch der Produktion
von Dünger, Pestiziden, Herbiziden, Rohrbrunnen und landwirtschaftlichen Geräten wie Traktoren und Mähdreschern. Es
existiert also ein veritabler Kriegszustand zwischen dem Groß-
kapital auf der einen und den armen Bauern auf der anderen
Seite.[76] Auf der einen Seite stehen Millionen von armen Bauern und auf der anderen eine kleine Gruppe globaler Konzerne,
die den Handel mit genmanipuliertem Saatgut und Chemika-
lien kontrollieren. Der größte von ihnen ist Monsanto. Dieses
Unternehmen wurde nicht als Saatgut-Produzent gegründet,
es begann als Chemieunternehmen – und wie das folgende
Diagramm zeigt, hat es »Kreuzlizenzierungsverträge« mit einer
Reihe anderer Chemieunternehmen, die verschiedene Arten
von Toxinen (Giften) produzieren.

»Kreuzlizenzierungsver-
träge für genmanipulierte
Saatgutmerkmale«

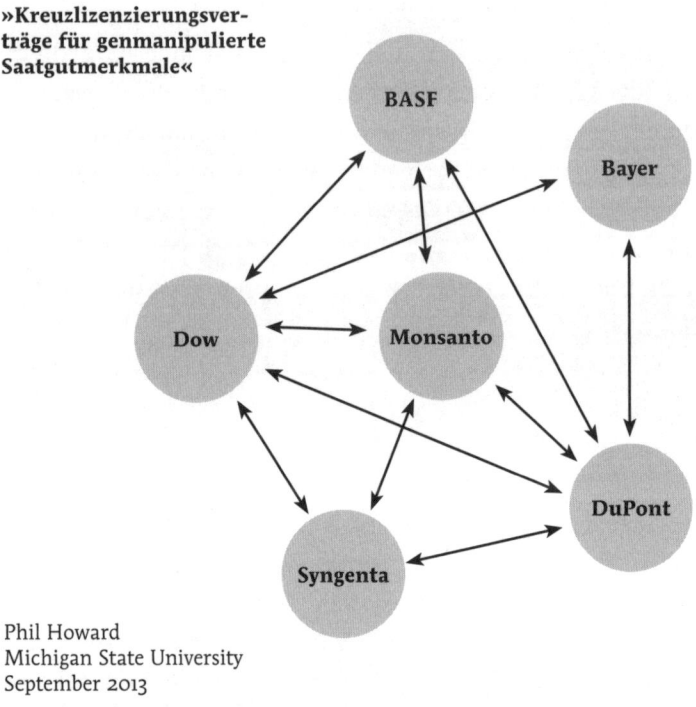

Phil Howard
Michigan State University
September 2013

Im Jahr 2005 reichte Monsanto einen Patentantrag für Zucht-
verfahren bei Schweinen ein. Dagegen protestierte Greenpeace
mit dem Argument, Monsanto versuche, sich zum Eigentümer
ganz gewöhnlicher Zuchttechniken erklären zu lassen. Im Februar 2012 reichten die beiden Nichtregierungsorganisationen
Navdanya und No Patents on Seeds eine Beschwerde gegen
Monsanto mit der Begründung ein, Monsantos virenresistente
Melonen stammten ursprünglich aus Indien. Mir ist klar, dass
jede Geschichte zwei Seiten hat, und Monsanto und seine gut
bezahlten Anwälte haben ihre eigene Version. Auf jeden Fall
sollte das bisher Geschilderte ausreichen, eine Vorstellung von
dem ständigen Konflikt zu vermitteln, der sich abspielt zwischen dem, was den Menschen gehört (Schweinezuchtmetho-

den in Europa und Melonen in Indien) und der Vereinnahmung
dieses bereits bestehenden Wissens durch Unternehmen wie
Monsanto. Doch damit ist die Geschichte noch nicht zu Ende.
Am 25. Mai 2013 gab es weltweit in 436 Städten und 52 Ländern
Proteste gegen Monsanto. Die Presseagentur Associated Press
schätzte die Zahl der Protestierenden auf zwei Millionen.[77] In
dem Kapitel über die WTO haben wir gesehen, dass EU und
USA jedes Jahr Milliarden für Agrarsubventionen ausgeben, um
ihre Bauern zu unterstützen. Denkt man einmal darüber nach,
dann wird einem klar, dass diese Subventionen letztendlich nur
bewirken, dass die Monsantos dieser Welt, die Saatgut, Dünger
und landwirtschaftliche Geräte herstellen, immer reicher werden. Ich habe auch die Geschichte der Millionen von Baum-
wollfarmern in den vier afrikanischen Staaten Benin, Burkina
Faso, Tschad und Mali erzählt, die als direkte Konsequenz aus
den Subventionen der USA für ihre eigenen Baumwollproduzenten buchstäblich ruiniert wurden. Auch diese Subventionen
landen letztendlich auf den Konten von Monsanto und anderen Großkonzernen. Und das ist nicht alles. Nachdem Monsanto die Patentrechte für sein Saatgut erworben hat, zerrt es
gewöhnliche Bauern wegen Patentverletzungen vor Gericht. In
einem Bericht des Center for Food Safety ist zu lesen, dass eine
Zählung im Dezember 2012 die erstaunliche Zahl von 142 Klagen wegen Patentverletzungen gegen 410 Bauern und 56 Klein-
unternehmen in mehr als 27 Staaten ergab. Die Summe, die
Monsanto sich bis dahin zusammengeklagt hatte, belief sich
auf sage und schreibe 23 Millionen Dollar. Mit-Autor der Studie war die Save Our Seeds (SOS)-Kampagne.[78] Monsanto hatte
sogenannte »Terminator-Samen« entwickelt. Sobald diese im
Boden sind, begehen sie Selbstmord (sie zerstören sich selbst),
damit der Bauer Jahr für Jahr neues Saatgut kaufen muss.

Wenn das nicht Krieg ist, was ist es dann?

Meine Erlebnisse im Sambesi-Tal
in Simbabwe

Ich will eine weitere Episode meiner Erlebnisse in Simbabwe in
den 80er- und 90er-Jahren schildern. Zu dieser Zeit arbeitete
ich als »Experte« für ländliche Entwicklung in Nordsimbabwe,
in der Nähe der Grenze zu Sambia – ein Gebiet, das Lower
Guruve genannt wird, weil es am unteren Ende eines Tausend-
Meter-Steilhangs liegt, der das Sambesital vom Rest Simbabwes
trennt. Es gibt schon lange eine menschliche Besiedlung in den
relativ fruchtbaren Gebieten am Fuß des Steilhangs und ent-
lang der Täler und der Flüsse, die das Gebiet durchschneiden
bis hin zum mächtigen Sambesi, der durch Mosambik, Sambia
und Simbabwe fließt. Die Kolonialregierung hatte den Sambesi aufgestaut und einen der größten künstlichen Seen der
Welt, den Kariba-Stausee, geschaffen. Traditionellerweise lebten die Menschen dort von den Ressourcen des Flusses und des
Waldes. Es gab reichlich Nahrung. Die Menschen lebten von
Früchten, Fisch, Kudus, Büffeln und anderem Wild. Doch nach
dem Dammbau wurden sie zwangsumgesiedelt, weg vom See in
Richtung Süden, näher an den Steilhang. Auf diese Weise wurde
ihnen de facto der Zugang zu Fisch und Wild abgeschnitten –
physisch und per Gesetz. Diese waren nun reserviert für die
Touristen aus dem Westen, die zum Fischen und Jagen an den
Sambesi kamen. Das brachte schöne Einnahmen für den Kolo-
nialstaat und die Reiseveranstalter, doch die Menschen ließ es
verarmen. In den 80er-Jahren begannen infolge der Migration
aus Upper Guruve die Ressourcen des Tals gefährlich knapp zu
werden. Als ich Mitte der 80er in das Gebiet kam, kämpften
die Menschen ums nackte Überleben. Ich beobachtete massive Abholzung und »illegales« Jagen und Fischen. Es gab auch

Spannungen zwischen den eingesessenen Stämmen und den Migranten von oberhalb des Steilhangs.

Die klimatischen Gegebenheiten (hohe Temperaturen – über 25 Grad Celsius – und weniger als 600 Millimeter Niederschläge im Jahr) und die Bodenqualität waren geeignet für die heimischen Getreidesorten (echte Hirse und Sorghumhirse), Wild, Fisch und subtropische Früchte. Doch die aufeinanderfolgenden Regierungen (koloniale ebenso wie postkoloniale) hatten Mais, Baumwolle und Rinder einführen wollen. Zu diesem Zweck setzten sie »Anreize«, die ausländisches Kapital in dieses Gebiet locken und den Anbau von Hybridmais und Baumwolle möglich machen sollten. Außerdem setzten sie große Mengen Pestizide ein, um für eine mögliche Rinderzucht die Tsetsefliegen auszurotten. Man muss nicht Einstein sein, um zu verstehen, dass dies genau die falschen Maßnahmen für das Tal waren.

Das Schweizer Unternehmen Ciba Geigy (das mittlerweile in Novartis aufgegangen ist) brachte seinen Hybridmais und Baumwolle ins Tal. Ich besuchte regelmäßig die Farmen, auf denen sie »gewaltsam« angebaut wurden – gewaltsam, weil die Produktion durch riesige Mengen Dünger, Pestizide und Herbizide »befördert« wurde. Bei der Ankunft auf diesen Farmen wurden wir von Ciba Geigy und sogenannten »Ausbau-Experten« begrüßt, die vom Landwirtschaftsministerium geschickt worden waren, um den »ignoranten« Bauern »beizubringen«, wie man Baumwolle und Mais anbaut. Jeder von uns bekam eine Mütze mit dem Aufdruck »Kohwa Pakuru«, was so viel bedeutet wie – wörtlich – »ernte viel« oder »größerer Ertrag«. Wieder einmal zählten nur höhere Erträge, nicht die Kosten der Produktion oder das Leben von Menschen.

Was sollte ich als »Experte« für ländliche Entwicklung in einer solchen Situation tun? Ich war von der Lutheran World

Federation als Berater engagiert. Ich nahm mir die Zeit, die Ver-
hältnisse zu studieren. Es dauerte nicht lange, bis ich Verbündete fand, wo ich sie in meiner Ignoranz am wenigsten erwartet
hätte. Als die Briten dieses Gebiet in den 1890er-Jahren kolonisierten, hatten sie (wie auch anderswo in Afrika) die Strukturen politischer Autorität unter den Eingeborenen systematisch
zerschlagen. Die Häuptlinge, die diese Autorität aufgrund ihrer
königlichen Abstammung hatten, wurden gezwungen, bezahlte
Staatsdiener zu werden. Wer sich widersetzte (wie Häuptling
Mzarabani im Tal), wurde entmachtet oder hinausgeworfen,
und jemand anders wurde an seine Stelle gesetzt. Diese Häuptlinge von kolonialen Gnaden wurden dann damit betraut, für
die Briten Steuern einzutreiben und Teams von Zwangsarbei-
tern zu rekrutieren. Sie hatten nicht einmal mehr die Macht,
Land zuzuteilen. Damit hatten diese »Zwangs-Kollaborateure«
in den Augen der Menschen ihre Legitimität verloren.

Ich entdeckte jedoch etwas sehr Interessantes. Die alten
Häuptlinge »starben« niemals wirklich – nach ihrem physischen Tod wurden sie zu »königlichen Vorfahren« (*Mhondoro*)
und kommunizierten durch »Geistermedien« mit den Lebenden. Das berühmteste dieser Medien war Mbuya Nehanda,
die zu den Anführern des ersten *Chimurenga*-Krieges gegen
die Briten in den 1890ern gehörte, bis sie gefangengenommen
und exekutiert wurde. Während der gesamten britischen Herrschaft und anschließend unter der Herrschaft der Siedler (unter Ian Smith) hielten hunderte von Geistermedien auf diese
Weise den Widerstand gegen die britische Eroberung am Leben.
Mbuya Nehandas Geist war die Inspiration hinter dem zweiten
Chimurenga-Krieg in den 1970er-Jahren. In den 70er-Jahren
führten Geistermedien die Guerillakämpfer der Befreiungsbe-
wegung durch die Wälder und über die Berge des Sambesitals.
Die Häuptlinge (eingesetzt von Ian Smiths Regierung) waren

diskreditiert, nicht aber die Geistermedien. Diese lebten streng enthaltsam – in ihrer Kleidung, ihren Beziehungen zum anderen Geschlecht und vor allem in ihrem Verzicht auf den Gebrauch westlicher Artefakte, darunter auch westlicher Medizin. Dieser letzte Punkt war es, der meine Aufmerksamkeit weckte.

Die Geistermedien wurden meine Verbündeten im Kampf gegen Ciba Geigy und die »Ausbau-Experten« des Landwirtschaftsministeriums. Sie warnten die Menschen vor dem Einsatz von Dünger, weil dies »euren Boden vergiftet und ihr keine Hirse mehr anbauen könnt«. Sie warnten auch vor dem Gebrauch von Pestiziden, weil diese »die Tsetse töten werden«. Die Logik hinter diesem Tsetse-Argument war für mich zuerst nur schwer verständlich. Die Tsetsefliege, so wandte ich ein, töte doch Menschen. Doch die Geistermedien erklärten mir, dass die Menschen seit tausend Jahren mit der Tsetsefliege und den wilden Tieren lebten. Wichtiger noch, die Tsetsefliege infizierte nur Rinder, keine wildlebenden Tiere. Die Bedingungen waren geeignet für die Wildtiere, nicht aber für Rinder. Die Menschen wussten, wie man Antilopen und Kudus jagt und von wilden Tieren lebt. Die Rinder jedoch, die von oberhalb des Steilhangs ins Tal gebracht worden waren, brauchten Weideland, was die ohnehin schon problematische Entwaldung noch weiter verstärkte. Der Schutz der Rinder vor der Tsetsefliege erforderte den massiven Einsatz von Pestiziden, die auch die Wälder und die Früchte des Tals vergifteten. Vor diesem Hintergrund war es vollkommen schlüssig für mich, dass die Tsetsefliegen »Freunde der Menschen« waren. Bald bildeten wir eine Gruppe, um die Kampagne »Rettet unsere Tsetsefliege« zu starten. In diesen Jahren (den 80ern) arbeitete ich auch mit einer Grassroots-Organisation im südlichen Matabeland mit dem Namen Organisation of Rural Associations for Progress zusammen. Durch sie erfuhr ich von dem Projekt CAMPFIRE –

Communal Areas Management Programme for Indigenous Resources. Dieses Projekt war die Inspiration für die Gründung
der Lower Guruve Development Association. Die Menschen
von Lower Guruve, allen voran die Frauen, hatten bereits erste
Schritte unternommen, um andere Wege zu finden, mit den
Ressourcen der Region umzugehen, als das Ciba-Geigy-Modell.
Leider kam die »Rettet unsere Tsetsefliege«-Kampagne wegen
logistischer und politischer Schwierigkeiten nie richtig in Gang.

Anfang der 90er-Jahre startete die Regierung Simbabwes
auf Druck von IWF und Weltbank ein Strukturanpassungspro-
gramm. Es war die endgültige Kapitulation des Staates vor dem
Diktat des globalen Konzernkapitals. Die Geistermedien im Tal,
die so viel zum Befreiungskampf beigetragen hatten, waren enttäuscht. Ich musste frustriert feststellen – auch für mein eigenes Land Uganda –, dass politische Freiheit nicht automatisch
gleichbedeutend war mit wirtschaftlicher Freiheit und sozialer Gerechtigkeit. Es überraschte mich allerdings, wie schnell
die neue Regierung Simbabwes die Wirtschaft an die globalen
Konzernriesen übergab. 1994 beschloss ich, meine Arbeit als
»Experte für ländliche Entwicklung« zu kündigen und meine
Energie für den Kampf gegen IWF, Weltbank und die neu ge-
schaffene WTO einzusetzen.

IP-Kriege:
Das Beispiel Pharmaindustrie

Das System des geistigen Eigentums (IP) privilegiert die reichen
Konzerne auf Kosten der Armen. Die Armen können sich ihre
teuren Medikamente nicht leisten. Die Pharmaunternehmen
behaupten, dass die hohen Preise ihre Kosten für Forschung
und Entwicklung (F&E) decken müssen. Doch schaut man

sich dieses Argument genauer an, dann wird klar, dass die Unternehmen ein sehr komplexes Phänomen zu ihrem eigenen Nutzen vereinfachen.

Aus afrikanischen Erfahrungen lernen

Als ich in den 8oer-Jahren in den ländlichen Gebieten Südafrikas arbeitete, traf ich mich oft mit Mitgliedern der Zimbabwe National Traditional Healers Association (ZINATHA). Professor Gordon Chavanduka, der zu dieser Zeit ihr Vorsitzender war, sagte mir, die Organisation habe rund 80 000 Mitglieder, die in Regionen arbeiteten, in die im Westen ausgebildete Ärzte niemals einen Fuß setzten. Die traditionellen Heiler hatten ein riesiges Wissen über Heilkräuter und Medizin. Er selbst wurde häufig von Arzneimittelherstellern angesprochen. Während meiner Besuche in den Dörfern traf ich oft zufällig auf Vertreter von westlichen Pharmaunternehmen in weißen Overalls mit Spritzen und anderen Geräten. Sie sammelten Kräuterproben und auch Blutproben von den Dorfbewohnern. Sie sprachen auch viel mit ZINATHA-Mitgliedern. Auf Nachfrage fand ich heraus, dass sie an antiretroviralen Medikamenten für HIV/ Aids arbeiteten. Ich nehme an, dass Mitarbeiter von Novartis, GlaxoSmithKline oder Pfizer, wenn sie nach Afrika kommen, ihre Reisekosten, Tagessätze und noch vieles andere mehr unter »F&E-Kosten« verbuchen müssen. Sie nahmen kostenlose Kräuterproben mit, bekamen unentgeltliche Ratschläge von den ZINATHA-Mitgliedern und nahmen unbezahlte Blutproben – alles »im Interesse der Wissenschaft«.

Meine unstete Forschungs- und Entwicklungsarbeit führte mich neben Simbabwe auch noch in andere Gegenden Ost- und Südafrikas. Mein Job bestand darin, die Erfahrung dörf-

licher Gemeinschaften, die mit alternativem traditionellem
Wissen experimentierten, in der Region bekannt zu machen.
Dieses traditionelle Wissen war in vielen Fällen dem »modernen wissenschaftlichen« Wissen überlegen (siehe Seite 151/152
für die Nganga in den beiden Dörfern in Südwest-Tansania, deren wissenschaftliche Erkenntnisse über Saatgut und Landwirtschaft dem Wissen der globalen Agrarkonzerne weit überlegen
war). Mitte der 8oer-Jahre führte meine Arbeit mich nach Botswana. Ich arbeitete mit einer Organisation namens Thusano
Lefatsheng zusammen, die 1984 von einer Gruppe von Frauen
gegründet worden war. Angesichts des ewigen Problems der Ernährungssicherung waren sie entschlossen, ihr traditionelles
Wissen über Produkte der Savanne, speziell über einheimische
Nahrungs- und Arzneipflanzen wie Marulafrucht und -kerne,
Morama-Wurzelknollen und -bohnen, die Kalahari-Teufels-
kralle (eine bekannte Arzneipflanze) und andere, zu sammeln.
Um diese einheimischen Nutzpflanzen herum organisierten die
Frauen eine Reihe von Aktivitäten, darunter Produktion, Ernte,
Kaufen, Verarbeiten, Vermarkten, Heilen und andere Gemein-
schaftsaktivitäten. Ich fragte die Frauen, ob sie auch Besucher
von außerhalb hätten. Sie antworteten, dass sie oft von NGOs
und Spenderorganisationen besucht würden, und ja, manchmal kämen »weiße« Menschen, um Proben ihrer Kräuter und
Medizinpflanzen mitzunehmen.

TRIPS und die Produktion lokaler Generika

Ich habe das obige Beispiel nicht angeführt, um der Forschungs-
und Entwicklungsarbeit der Pharmaunternehmen den Wert
abzusprechen, sondern um zu zeigen, dass sie ihre Bedeutung
gewaltig übertreiben und, wichtiger noch, nicht anerkennen,

wie sehr sie beispielsweise in der Schuld der ZINATHA in Simbabwe, der Nganga in Tansania, der Frauen von Thusano Lefatsheng in Botswana und anderer Gruppen in Afrika und den Entwicklungsländern stehen. *Sie betreiben Piraterie von Kräutern und Blutproben aus Afrika.* Das wirft gravierende moralische Fragen auf. Sind diese Unternehmen den Menschen in Afrika und im Süden nicht etwas schuldig für deren Wissen und biologische Vielfalt? Und wer gibt ihnen das Recht, diesen Menschen anschließend immense Summen für ihre Medikamente abzuverlangen – oder alternativ diese Menschen lieber sterben zu lassen, als ihnen lebensrettende Medikamente zu überlassen?

Doch es stellen sich hier moralische Fragen, die noch gravierender sind als die Frage nach dem Preis. Piraterie ist eine Sache, doch das Ausnutzen der Unwissenheit und Wehrlosigkeit von Menschen ist eine ganz andere und potenziell weitaus schwerwiegendere Sache. Den Kleinbauern in den Dörfern Simbabwes, Tansanias und Botswanas war überhaupt nicht bewusst, dass sie etwas Wertvolles besaßen, das sie gratis hergaben. Sie wussten nichts über »geistiges Eigentum«. Man fühlt sich erinnert an die Landnahme der Briten in Simbabwe in den 1890ern, als die Menschen dort überhaupt keine Vorstellung davon hatten, dass man Land »privatisieren« kann. König Lobengula beschwerte sich später bei Königin Victoria, doch er wurde nur hochmütig abgewiesen. Wenn der König ignorant war, so war er eben selbst schuld. In gleicher Weise war es, wenn die Frauen von Thusano Lefatsheng in Botswana keine Ahnung hatten, was geistiges Eigentum ist, einfach deren »Pech«.

Dieses Problem ist durchaus nicht ausschließlich afrikanisch. Bei meinem Interview mit dem chinesischen Botschafter und seinen Experten in Genf erfuhr ich aus sicherer Quelle, dass selbst die Chinesen eine Weile brauchten, um die ganze

Tragweite von IP zu erkennen. Erst mit der Öffnung der chinesischen Wirtschaft im Jahr 1984 gab sich China ein Patentrecht,
das einen gewissen Schutz für »geistiges Eigentum« bot. Doch
es dauerte noch bis zum Jahr 1992 (als China Handelsgespräche
mit den USA führte), dass ein Patentschutz für Pharmaproduk-
te aufgenommen wurde. Aber selbst dann waren die Konsequenzen noch nicht völlig klar. 2002 trat China der WTO bei.
Eine Bedingung für den Beitritt war, dass China zusicherte,
auch die Anforderungen des TRIPS-Abkommens (Trade-Related Intellectual Property Rights) zu erfüllen. China hatte keinen Anteil daran, dass die WTO sich TRIPS zu eigen machte.
Ebenso wenig übrigens wie der Rest des Südens. Wie im Kapitel
über die WTO erwähnt, wurde TRIPS auf Betreiben der amerikanischen Pharmaindustrie »handelsbezogen« und fiel damit
in die Zuständigkeit der WTO.

Während der 70er- und 80er-Jahre hatten viele Länder des
Südens – wie Indien, Brasilien oder Kuba – die Herstellung lokaler Generika unterstützt. Das war es, was die Pharmakon-
zerne eindämmen oder besser noch gleich ganz unterbinden
wollten. Das war der Ursprung von TRIPS und der Grund, warum der Durchsetzungsmechanismus der WTO auf ein Thema
ausgeweitet wurde, das nie Teil der WTO hätte werden dürfen.
Gesundheitsthemen hätten bei der Weltgesundheitsorganisation WHO bleiben sollen und alles, was mit Biodiversität zu
tun hat, bei der Biodiversitätskonvention.

*TRIPS und das Gesundheitswesen
in der Erklärung von Doha*

Der Kampf um TRIPS zog sich bei der WTO viele Jahre lang
hin. Innerhalb der WTO muss dieser Kampf in der ganz be-

sonderen Juristensprache der WTO ausgetragen werden. Zu
einem entscheidenden Zeitpunkt, kurz vor dem Ministertreffen der WTO in Doha (2001), fiel die Verantwortung für das
Thema Gesundheitswesen an Simbabwe. Ich gehörte damals
zum Team von SEATINI – meiner NGO-Basis in Harare –, und
bald stand ich mit Botschafter Chidyausiku und seinem Stell-
vertreter Tadeous Chifamba in Genf in Verbindung. Ich hatte
Boniface G. Chidyausiku, einen pensionierten Oberstleutnant,
in China kennengelernt, wo er in den 80er-Jahren Simbabwes
Botschafter war. Er ist ein kompromissloser »Kämpfer«; er und
Chifamba arbeiteten Tag und Nacht (zusammen mit mehreren
anderen Botschaftern aus Ländern des Südens), um eine Nach-
besserung des TRIPS-Abkommens auszuhandeln. Diese war die
Basis der ministeriellen Erklärung von Doha zu TRIPS und dem
Gesundheitswesen. Ich selbst war als Mitglied der ugandischen
Delegation in Doha.

Die Annahme dieser Erklärung war ein wichtiges Ereignis,
deshalb liefere ich hier einige Auszüge.[79]

Nach einer Präambel, die das »Ausmaß der Gesundheitspro-
blematik« in den Entwicklungsländern anerkennt, umreißt die
Erklärung die neuen Regeln und »Flexibilitäten« gemäß TRIPS:

- Das TRIPS-Abkommen »[kann und sollte] so interpretiert
  und angewandt werden ..., dass es das Recht der WTO-Mit-
  glieder, die öffentliche Gesundheit zu schützen, fördert, und
  insbesondere das Recht, den Zugang zu Medikamenten für
  alle zu sichern«.

- Die Mitglieder erkennen die »Flexibilitäten« an, darunter
  »das Recht ..., Zwangslizenzen zu erteilen und die Gründe
  zu bestimmen, nach denen derartige Lizenzen erteilt werden«.

- Jedes Mitglied hat das Recht »zu bestimmen, was ein nationaler Notstand ist ... wobei alle Krisen im Bereich der

öffentlichen Gesundheit, einschließlich diejenigen in Verbindung mit HIV/Aids, Tuberkulose, Malaria und anderen Epidemien, eine nationale oder extreme Notlage darstellen können«.

- Zum Thema der TRIPS-Regelung über das »Ablaufen der Rechte an geistigem Eigentum« steht es jedem Mitgliedsland »frei, seine eigenen zeitlichen Beschränkungen ohne Einrede festzusetzen, vorbehaltlich des Meistbegünstigungsprinzips und der Regelungen zur Inländerbehandlung in Artikel 3 und 4«.

Obwohl das TRIPS-Abkommen nun nachgebessert war, dauerte es lange, bis die Entwicklungsländer von den »Flexibilitäten«, die in der Doha-Erklärung vorgesehen waren, Gebrauch machten. Im Zuge der Globalisierung waren die Länder des Südens gezwungen, ihre Türen für ausländische Direktinvestitionen zu öffnen, und der Pharmasektor gehörte zu den ersten Bereichen, die die Mega-Arzneimittelkonzerne aus dem Westen an sich rissen. Und wo sie die existierenden lokalen Unternehmen im Süden nicht vernichten konnten, zerrten die westlichen Pharmariesen sie und ihre Regierungen wegen angeblicher Verletzungen ihrer Patente vor Gericht – wie das folgende Beispiel zeigt.

Novartis gegen Indien und Südafrika

Vor der Unterzeichnung von TRIPS erlaubte das indische Recht Patente auf den *Produktionsprozess* eines Medikaments, aber nicht auf das Produkt selbst. Der Unterschied war in diesem speziellen Fall, dass *Imatinib*, ein von Novartis hergestelltes Produkt, das in Medikamenten zur Behandlung bestimmter

Krebsarten Verwendung findet, in Indien nicht patentiert werden konnte – das war nur für den Herstellungsprozess möglich. Novartis verlangte 2666 Dollar pro Patient und Monat für *Imatinib*; indische Hersteller von Generika – wie CIPLA – konnten es dagegen für 177 bis 266 Dollar pro Patient und Monat herstellen und verkaufen. Weil das Gesetz Produktpatente nicht vorsah, konnte Novartis *Imatinib* nicht patentieren lassen. Im Jahr 2005 musste Indien sein Gesetz ändern und Produktpatente ermöglichen, um mit TRIPS konform zu sein. Sofort zerrte Novartis Indien wegen der TRIPS-Verletzungen im Zusammenhang mit *Imatinib* vor Gericht. Das Unternehmen hatte nur auf diesen Moment gewartet. Die indischen Hersteller von Generika und einige NGOs meldeten umgehend Widerspruch gegen die Klage an. Es wurde ein langer Prozess. Am 1. April 2013 schließlich entschied der Oberste Gerichtshof Indiens zugunsten der Generika-Produzenten. Novartis verlor. Es ist extrem wichtig, dass das Intellectual Property Appellate Board – das Gremium, welches sich mit Beschwerden gegen die Entscheidungen des indischen Patentamts befasst – ausdrücklich prüfte, welche Auswirkungen die hohen Preise, die Novartis in Indien für das Produkt verlangte, auf die öffentliche Gesundheit hatten. Sein Urteil lautete: »Das Medikament ... ist nach unserer Einschätzung nahezu unerschwinglich für arme Krebspatienten in Indien. Das Gewähren eines Produktpatents für diese Anwendung hätte verheerende Auswirkungen auf das Leben armer Menschen, die an dem Krebs erkranken, gegen den das Medikament wirksam ist, sowie auch auf das Leben ihrer Familien und auf die ganze Gesellschaft.«[80]

Es war ein wegweisendes Urteil, denn es gibt Antworten auf einige der oben gestellten ethischen Fragen hinsichtlich der Skrupellosigkeit von Pharmaherstellern, die Profite über Menschenleben stellen. Die transnationalen Konzerne nutzen die

Tatsache aus, dass die südlichen Länder, wenn es um die Konsequenzen internationaler Vereinbarungen wie TRIPS geht, im Grunde genommen wehrlos sind: Diese Länder gehören nie zu denjenigen, die diese Vereinbarungen aushandeln, trotzdem sind sie gezwungen, sie zu akzeptieren, wenn sie der WTO beitreten wollen. Anknüpfend an meine oben geschilderten Erfahrungen in Afrika würde ich hinzufügen, dass TRIPS und ähnliche internationale Abkommen darüber hinaus auch weiter reichende Fragen nach der Produktion von Wissen und seiner Vereinnahmung durch globale kapitalistische Konzerne aufwirft. *Diese Unternehmen stehlen nicht nur dieses Wissen von armen Gemeinden in Afrika (und anderswo im Süden). Anschließend verklagen sie auch noch die Regierungen südlicher Länder wegen »Verletzung« des »entwickelten und patentierten Wissens«, das sie den Menschen des Südens gestohlen haben.*

Der Novartis-Fall zeigt aber auch, dass die Regierungen des Südens sich offenbar langsam der Verantwortung für ihre Bevölkerungen bewusst werden. Oftmals kommt der Anstoß dazu, wie im Falle Indiens, aus der Zivilgesellschaft. Südafrika hatte ein ähnliches Erlebnis. 2012 machte sich Novartis die Tatsache zunutze, dass Südafrika die TRIPS-Vereinbarung akzeptiert hatte und verklagte die südafrikanische Regierung, weil sie den billigen Krebsmedikamenten des indischen Generika-Herstellers CIPLA die Marktzulassung erteilt hatte. Die Verfügbarkeit von CIPLAs anti-retroviralen Medikamenten war entscheidend für die lebensverlängernde Behandlung von mehr als 1,2 Millionen Patienten. Doch die großen Medikamentenmonopole benutzen TRIPS, um den Zugang zu Generika in Südafrika zu blockieren, insbesondere seit dem Ende der Apartheid im Jahr 1994. Diese Monopole bekommen Unterstützung von westlichen Regierungen, die bilaterale Investitionsschutzabkommen und Freihandelsabkommen benutzen, um einen verstärkten »TRIPS-Plus«-Urheberrechtsschutz durchzusetzen, besonders im Hinblick auf »Zwangslizenzierung« (mehr dazu weiter unten) und Datenschutz. Im Falle Südafrikas kam hinzu, dass das Land, anders als Indien, Novartis mehrere Patente für *Imatinib* erteilt hatte. Und anders als Indien, wo es Gesetze gegen das »Evergreening« gibt (bei dem Pharmaunternehmen wie Novartis ihre Preise künstlich hochhalten, indem sie den Patentschutz durch immer neue winzige Modifikationen existierender Medikamente verlängern), kannte Südafrika keine derartigen Regelungen.

Die Wetten standen also schlecht für die südafrikanische Regierung, als Novartis 2012 seine Klage einreichte. Als bekannt wurde, dass das Gericht für Novartis entscheiden könnte, fanden sich am 11. Juli 2012 hundert NGO-Aktivisten vor dem südafrikanischen Parlament in Pretoria ein und appellierten an das Gericht, die Novartis-Klage abzuweisen. Ähnliche Demonstrationen mit hunderten von Aktivisten, darunter auch Vertreter von »Ärzte ohne Grenzen«, gab es in Johannesburg und Kapstadt. Ich will an dieser Stelle die ganzen juristischen Details überspringen und zum Ende kommen. Es soll reichen, wenn ich feststelle, dass in diesem Krieg zwischen Novartis und dem Volk das Volk gewonnen hat.

Der Kampf um die Aufnahme des Themas »Entwicklung« in die Agenda der Weltorganisation für geistiges Eigentum (WIPO)

Das Beispiel der öffentlichen Gesundheit hat uns gezeigt, wie der Süden, wenn er geschlossen auftritt, bestimmte, auch fest verankerte Elemente der vom Norden geschaffenen internationalen politischen Ordnung verändern kann. Schon lange stellt der Süden das Monopol des Nordens auf Wissen und Innovation infrage, aber das ist ein langer und schwieriger Feldzug.

Während meiner vier Jahre am South Centre (2005–2009) hatte der Norden stets verhindert, dass die WIPO das Thema »Entwicklung« auf ihre Agenda setzt. Das mag manch einen überraschen, denn schließlich wird der Norden nie müde, Lippenbekenntnisse für die Idee der Entwicklung abzugeben. Entwicklung war bereits 1994 in die Agenda der WTO aufgenommen worden, später (2001) wurde sie gewissermaßen als zweiter Vorname der Doha-Runde hinzugefügt (Doha Development Agenda). Wie also konnte man sie im Falle der WIPO blockieren?

Das South Centre ist keine NGO, sondern eine zwischenstaatliche Organisation (Intergovernmental Organisation; IGO) mit Sitz in Genf. Dieser Status erlaubte es meinen Kollegen und mir, jederzeit ins WIPO-Hauptquartier zu gehen und dort direkt mit den Unterhändlern zu sprechen. In den ersten Monaten stellten wir konsterniert fest, dass der Süden nicht einig war. Der Norden bedient sich oft einer Teile-und-herrsche-Taktik, etwa um Afrika vom Rest des Südens zu trennen oder die LDCs von den Entwicklungsländern abzuspalten. Außer einigen wenigen Ausnahmen wie Indien, Brasilien oder Kuba hatten nur sehr wenige Länder des Südens das IP-System des geistigen Eigentums wirklich verstanden. Aufgrund dieses fehlenden Wissens ließen sie sich oft in die Erörterung nebensächlicher Themen verwickeln, anstatt über die Kernthemen zu streiten – besonders dann, wenn die Karotte der Entwicklungshilfe vor ihrer Nase geschwenkt wurde.

Die IP-Abteilung im South Centre wurde von Frau Xuan Li geleitet, Professor Carlos Correa (ein bekannter Experte und Autor mehrerer Bücher über IP) fungierte als Mentor, unterstützt unter anderen von Viviana Munoz. Xuan organisierte

spätabendliche oder frühmorgendliche Meetings mit Delegationen aus dem Süden, um mit ihnen die technischen Feinheiten der TRIPS- und WIPO-Abkommen zu diskutieren. Dabei
konnten die Teilnehmer von der zuvor geleisteten Arbeit solcher NGOs wie Third World Network, Center for International
Environmental Law, Generic Resources Action International,
Health Action International und Quaker United Nations Office profitieren. Allmählich bildete sich innerhalb der transparenten und doch undurchsichtigen vier Wände der pracht-
vollen WIPO-Zentrale in Genf eine solide »Dritte-Welt-Front«
heraus. Brasilien verfügte über eine sehr aktive und gut informierte WIPO-Delegation. Sie initiierte die Gründung einer
Gruppe namens »Group of the Friends of Development«, die
sich oft traf, um die Strategie der Entwicklungsländer zu pla-
nen und ihre Arbeit zu koordinieren. Endlich, am 28. September 2007, verabschiedete die Generalversammlung der WIPO
eine Resolution, in der »Entwicklung« als Teil des WIPO-Man-
dates enthalten war.

Der Feldzug gegen die Bemühungen des Westens,
eine Industrialisierung des Südens durch die Hintertür
zu verhindern

Nachdem die »Entwicklungs«-Schlacht bei der WIPO verloren
war, verlegte der Westen den Kriegsschauplatz schnell weg von
der WIPO in andere, weniger bekannte Behörden der »globalen
Governance« – so etwa die Weltzollorganisation, den Global
Congress on Counterfeiting and Piracy und die Standards Employed by Customs for Uniform Rights Enforcement (SECURE).
    Im Januar 2008 entdeckte Xuan Li, dass der vierte Global
Congress on Counterfeiting and Piracy im Februar in Dubai

stattfinden sollte. Das South Centre war nicht eingeladen worden. Xuan fragte mich als Leiter des Sekretariats, was wir tun sollten. Nach einigen Diskussionen beschlossen wir, dass das Centre in Dubai dabeisein musste – Einladung hin oder her. Xuan und unser Presse- und Internetexperte Vikas Nath kauften Flugtickets, packten einen riesigen Koffer mit Broschüren und Plakaten des South Centre und flogen nach Dubai. Da sie nicht ins Konferenzzentrum hinein durften, veranstalteten sie in einem Hotel in der Nähe der Tagungsstätte ihren eigenen kleinen *Ad-hoc-Gegenworkshop*. Das Ziel war es, den Grenz- und Zoll-Verantwortlichen aus dem Süden bewusst zu machen, dass sie von den reichen Ländern und ihren Konzernen benutzt wurden, um die IP-Schutzmaßnahmen für sie umzusetzen.

Mit SECURE (eine wirklich reizende Abkürzung) hatten die OECD-Länder erreichen wollen, dass der jeweils betroffene Zoll Waren, die in Länder des Südens importiert wurden, inspizieren, konfiszieren *und zerstören würde*, wenn sie von den Konzernen der reichen Länder als Verletzungen der geistigen Eigentumsrechte bezeichnet wurden. Anders ausgedrückt: Die westlichen Mega-Konzerne erwarteten, dass die Zollbeamten im Süden als ihre Erfüllungsgehilfen agierten, dass sie als »Grenzposten« oder Wachhunde des Westens die IP-Regelungen durchsetzten – und dafür wollten sie ihnen ein Mandat geben, das ihre tatsächlichen Befugnisse bei Weitem überstieg. Die im vorläufigen SECURE-Dokument aufgelisteten Standards zur »Entwicklung von Rechtsvorschriften und Durchsetzungsstrukturen für geistige Eigentumsrechte« stellten eine erhebliche Abweichung von den existierenden Normen des TRIPS-Abkommens dar. Zum Beispiel bezogen sich laut TRIPS Grenzmaßnahmen nur auf den Import von nachgeahmten Markenartikeln oder unerlaubt hergestellten urheberrechtlich geschützten Waren. Es gibt einen klaren Unterschied zwischen IPR-Verletzungen und Pro-

duktfälschungen (z. B. im Pharma-Bereich). SECURE ging weit
über die Regelungen von TRIPS hinaus. Daneben gab es wirtschaftliche und juristische Aspekte hinsichtlich der Kosten für
die Durchsetzungsmaßnahmen, die nicht vollständig geklärt,
geschweige denn in den Budgets der Zollbehörden südlicher
Länder einkalkuliert waren. Anders ausgedrückt, die Industriestaaten versuchten, eine TRIPS-Plus-Agenda für internationale Grenzkontrollen durch die Hintertür einzuführen. Zwar
wurden die SECURE-Standards von der Weltzollorganisation
als »freiwillig« bezeichnet, doch besteht in solchen Fällen immer die Gefahr, dass aus freiwilligen in Zukunft plötzlich *vor-
geschriebene* Standards werden – das ist in der Vergangenheit
schon oft bei derartigen »freiwilligen« Initiativen geschehen.

Der kleine »Gegenworkshop« des South Centre arbeitete
mit Plakaten und Broschüren daran, die falschen Informationen zu korrigieren, die von den OECD-»Experten« verbreitet
wurden. Xuan Li und Vikas Nath erfuhren auch, dass die westlichen Geldgeber die Zollverantwortlichen aus dem Süden zum
Besuch von »Kompetenzbildungs«-Seminaren in die glitzern-
den Metropolen des Westens einluden – alle Flugkosten wurden übernommen, und Tagesspesen gab es obendrein. Innerhalb weniger Tage wurde die »Parallelveranstaltung« des South
Centre zu einer echten Attraktion für die Zollverantwortlichen
aus dem Süden. Sie nahmen sich unsere Broschüren und dis-
kutierten mit Xuan und Vikas. Zum ersten Mal wurden sie mit
einer anderen Perspektive konfrontiert als der vom Westen dominierten WTO/WIPO-Sicht, besonders hinsichtlich der sehr
komplexen und technischen Fragen der IP-Durchsetzung.

Das South Centre unterstützt die Harmonisierung der IP-
Durchsetzungsregeln (wobei ich noch einmal unterstreichen
muss, dass ich die ganze Idee der Privatisierung von Wissen
ablehne) –, doch wenn Durchsetzungsmaßnahmen eingesetzt

werden sollen, dann sollten diese mit der Entwicklungs-Agenda zusammenpassen, die sich die WIPO jetzt gegeben hat, und sie sollten mit den Flexibilitäten konform sein, die in der Doha-Erklärung zu TRIPS und öffentlicher Gesundheit vereinbart wurden.

Schlussfolgerung

Eigentumsrechte sind mit der Kontrolle über Ressourcen verbunden, die von ihrem Besitzer mehr oder weniger nach Gutdünken genutzt und ausgebeutet werden können. Im gegenwärtigen kapitalistischen System haben die Regelungen zum geistigen Eigentum dazu geführt, das Wissen der Menschen um Saatgut und die biologische Vielfalt der Welt (um nur zwei Beispiele zu nennen), das Teil der »globalen Allmende« ist, dem Willen der Mega-Konzerne zu unterwerfen. Das IP-System ist selbst im Kapitalismus eine relativ neue Entwicklung. Es verletzt alle Prinzipien der natürlichen Gerechtigkeit, und es stellt für Millionen von armen Menschen eine Gefahr dar. Man muss es auslaufen lassen.

Die Vorstellung, dass ohne Schutz der geistigen Eigentumsrechte alle Innovation erstickt würde, ist ein ideologisches Postulat, das von jenen geschaffen und propagiert wurde, die von der Privatisierung des Wissens profitieren. Ich bin in zwei Jahrzehnten der Arbeit mit bäuerlichen Gemeinschaften in Tansania, Simbabwe, Botswana und weiten Teilen Ost- und Südafrikas zu einer diametral entgegengesetzten Schlussfolgerung gelangt. Gewöhnliche Bauern und Arbeiter sind bemerkenswert innovativ und produktiv – bis ihre Ressourcen und ihr Wissen vereinnahmt und privatisiert und die Menschen versklavt werden, um für die Konzerne Profite zu erwirtschaften.

Die Institutionen der globalen Ordnung, einschließlich WTO und WIPO, sind Schöpfungen einer asymmetrischen Welt, die dominiert wird von den Pionieren der Industrialisierung im imperialistischen Norden. Diese Staaten haben kein Interesse daran, die Industrialisierung des Südens zu unterstützen; sie konkurrieren mit ihm um die Ausbeutung der schwindenden natürlichen Ressourcen der Erde. *Alle Versuche des Südens, dieses System zu ändern, hatten aggressive Reaktionen des industrialisierten Westens zur Folge, die man mit Recht als kriegerische Akte bezeichnen kann.* Der Westen benutzt die bestehende Rechtsordnung, die er selbst geschaffen hat, um jene zu kriminalisieren, die gegen das ungerechte System kämpfen. Die Beispiele aus den Saatgut- und Pharmaindustrien liefern reichlich Belege dafür. Der Norden versucht, den Süden zu spalten und zu beherrschen. Wenn der Süden es wider Erwarten einmal schafft, einig zusammenzustehen und zurückzuschlagen (wie in WTO und WIPO), geht der Westen zum Gegenangriff über und macht von seinem Geld und seiner Marktmacht Gebrauch – entweder direkt oder über Institutionen wie die Weltzollorganisation, den Global Congress on Counterfeiting and Piracy, SECURE sowie verschiedene andere vom Westen dominierte Organisationen.

Internationale Regelungssysteme wie das Kyoto-Protokoll und die Biodiversitäts-Konvention sind zu schwach gegen die großen und mächtigen Akteure wie USA und EU und ihre Mega-Konzerne. Das ist kein Argument gegen den Versuch, die Handelsordnung auf dem Weg über die WTO zu verändern – denn auch wenn die WTO nicht reformierbar ist, ist es politisch dennoch unabdingbar, sie ständig herauszufordern. Gleiches gilt für das IP-System auf dem Weg über die WIPO oder die Klimaschutzregelung über die Klimarahmenkonvention (United Nations Framework Convention on Climate Change; UNFCCC) der Vereinten Nationen. Dies ist eine Warnung, nicht zu viel Vertrauen in diese Institutionen zu setzen. Die Entwicklungsländer müssen an sich selbst glauben. Sie müssen ihre eigene Innovationsfähigkeit in die Waagschale werfen und alternative Entwicklungsmodelle erproben, während sie gleichzeitig versuchen, ihren internationalen Verpflichtungen nachzukommen, solange diese auf faire Weise ausgelegt werden, und auf eine gerechte und humane Weltgemeinschaft hinarbeiten.

5. HANDELSSANKTIONEN ALS KRIEGERISCHE AKTE

Handel und Sanktionen gehören zusammen. Sanktionen sind kriegerische Akte. Sie liegen gerade unterhalb der Schwelle eines tatsächlichen Militäreinsatzes – und sind nicht selten dessen Vorstufe.

Einleitung

Ich habe vier Länder als Beispiele ausgewählt. Eines ist mein Heimatland Uganda. Das zweite ist Simbabwe. Dort habe ich 23 Jahre lang gelebt. Das dritte und vierte sind Kuba und der Iran. Zwar ist meine Vertrautheit mit diesen nicht ganz so groß, doch habe ich beide in meiner Zeit als Leiter des South Centre mehrfach bereist, während sie mit Sanktionen belegt waren. Kuba steht seit Juli 1960 unter Sanktionen der USA, der Iran seit 1979 und Simbabwe seit 2002. Uganda war eines der ersten Länder, die einen »Regimewechsel« erlebten, der von seiner früheren Kolonialmacht Großbritannien eingefädelt worden war. Das ergibt eine ausreichend lange Zeitspanne – mehr als fünf Jahrzehnte –, um diese Ereignisse rückblickend zu bewerten, und es wird uns hoffentlich einige Einsichten in die Wirkungsweise von Sanktionen als Teil des Handelskrieges bescheren.

Ich habe schon mehrfach unterstrichen, dass die Industriestaaten an der Entwicklung der restlichen Welt kein Interesse
haben. In Kapitel zwei habe ich gezeigt, dass die WTO der verlängerte Arm der Handelspolitik der USA und der EU ist, die
viel über den »freien Markt« reden, in der Praxis jedoch ebenso
protektionistisch agieren wie der Rest der Welt – wenn nicht
noch mehr. Ich habe das Beispiel der vier als »Cotton Four«
zusammengefassten westafrikanischen Länder angeführt, in
denen Protektionismus und Subventionen der USA das Leben
und den Lebensunterhalt von Millionen Menschen bedrohen.
Profite, nicht Menschenrechte, sind es, die die entwickelte Welt
des Kapitalismus letztendlich antreiben. In Kapitel drei habe
ich dieses Phänomen – Profite vor Menschen – im Bezug auf
das europäisch-afrikanische Wirtschaftspartnerschaftsabkommen (WPA) analysiert, das im Grunde genommen nichts anderes ist als ein Werkzeug, um die Interessen der europäischen
Konzerne durchzusetzen. Diese asymmetrische Beziehung ist
im Laufe eines Jahrhunderts gewachsen. Sie hat Institutionen
und Strukturen geschaffen, die in der Kultur und im Verhalten
beider Seiten fest verankert sind. In Kapitel vier habe ich der
Dominanz der technischen Überlegenheit des Westens über
den Rest der Welt nachgespürt. Dabei handelt es sich um eine
relativ neue Entwicklung (kaum dreihundert Jahre alt) – die
Vereinnahmung und Ausbeutung (zum Beispiel durch Bio-
Piraterie) des traditionellen Wissens südlicher Länder. All dieses »gestohlene« Wissen – Wissen, das niemals hätte privatisiert werden dürfen – ist gefangen in einem fehlerhaften und
ungerechten System mit dem Namen »geistiges Eigentum«.

Status quo gegen Revisionismus

Jede Zivilisation, unsere eigene eingeschlossen, besitzt eine
Reihe von Institutionen, die ein gewisses Maß an moralischer
und physischer Ordnung garantieren, und eine Reihe von Vorstellungen, die diese Ordnung definieren, erklären und rechtfertigen. Dazu gehört auch die Frage, wie Veränderungen innerhalb der Ordnung auf »legitime« Weise stattfinden können.
»Legitimität« wird von denen definiert, die im internationalen
System die Macht haben. Wir nennen sie die dominanten oder
»Mainstream«-Ideen. In unserer Zeit entstammen diese Ideen
dem institutionellen Denken von Weltbank, IWF, WTO und
OECD-»Thinktanks« sowie Universitäten und Forschungsins-
tituten, die über diese Dinge brüten und eine gewisse Art von
Wissen produzieren. Egal, ob es um Wirtschaft, Menschenrechte, politische Ordnung, Entwicklung, Handel und Investitionen oder um Konfliktursachen und Ansätze für den Frieden geht – die Mainstream-Ideen in allen wichtigen Bereichen
sind heute Hervorbringungen dieser Institutionen.[81] Sie sind
die Kräfte und Institutionen der »bestehenden Ordnung« oder,
wenn Sie so wollen, des »Status quo«. Das bedeutet nicht, dass
sie jegliche Veränderung ablehnen, zweifellos aber lehnen sie
grundsätzliche Veränderungen des Systems ab – des Systems
von kapitalistischer Produktion und Warenaustausch.

Dagegen stehen jene, die das gegenwärtige System fundamental verändern wollen. Sie wünschen sich ein anderes System von Produktion und Warenaustausch – zum Beispiel eine
»sozialistische« oder eine »islamische« Ordnung. Sie sind die
»Revolutionäre«. Doch nicht alle, die die gegenwärtige Ordnung ablehnen, sind Revolutionäre. Viele stellen vielleicht bestimmte Aspekte der gegenwärtigen Ordnung infrage, während

sie die grundlegenden Prinzipien durchaus akzeptieren. Bestimmte islamische Tendenzen widersprechen nicht unbedingt der kapitalistischen Ordnung, doch die Muslime haben auch ihre eigenen Vorstellungen von Produktion, Verteilung, sozialer Gerechtigkeit und Governance. Ich nenne sie kollektiv »Revisionisten« – sie wollen das System in fundamentalen oder signifikanten Aspekten neu ordnen.

Mag sein, dass das alles reichlich abstrakt klingt – oder wie die unzulässig vereinfachte Darstellung von etwas, das eigentlich sehr komplex ist. Wie immer man es betrachtet, es ist wichtig, diese Begriffe zu verstehen. »Kapitalistisch«, »sozialistisch«, »islamisch«, »Ordnung«, »Status quo«, »Revolutionäre«, »Revisionisten« und andere Termini sind ziemlich gebräuchlich – nicht nur in der akademischen Literatur, sondern auch in den Medien und sogar in Alltagsgesprächen. So ist etwa Amerika »kapitalistisch« und für den »Status quo«, Kuba dagegen ist »sozialistisch« und »revolutionär«. Wir brauchen diese Konzepte, wenn wir Fragen stellen wie: Warum haben die Vereinigten Staaten Sanktionen gegen den Iran oder Kuba verhängt? Warum haben die westlichen Länder sich gegen Simbabwe zusammengeschlossen? Welche »Ordnung« ist es, die Kuba, der Iran und Simbabwe zu bedrohen scheinen? Wir kommen um diese Konzepte und diese Fragen nicht herum. Allein die Vorstellung von Sanktionen in den internationalen Beziehungen wirft gravierende politische, juristische und moralische Fragen auf, die oft starke Emotionen oder sogar Gewalt hervorrufen. Immerhin sind Sanktionen, nach meiner Auffassung, kriegerische Akte.

Es gibt mithin konkurrierende Vorstellungen über die gegenwärtige Ordnung und ihre moralische Basis, die von »radikalen Intellektuellen« aus Lateinamerika, Asien und Afrika kommen. Diese Ideen unterscheiden sich auf vielfältige Weise fundamental von den Vorstellungen des »Mainstreams«. Und selbst bei Werten, die der Westen und der Rest der Welt gemeinsam haben – Menschenrechte und Demokratie zum Beispiel – kann die Umsetzung in konkreten Situationen oft ernsthafte Probleme mit sich bringen. Das ist der Grund, warum Länder, die sich wie Kuba, der Iran oder Simbabwe »alternativen« Ordnungskonzepten verschrieben haben (zum Beispiel in der Frage von Grundbesitz und Eigentum) als »außerhalb der Ordnung« stehend betrachtet werden. Das macht sie scheinbar zu »legitimen« Zielen für Sanktionen durch die herrschenden Mächte – mit dem Ziel, sie wieder »zur Ordnung zu rufen«.

Handelssanktionen: einige Fallstudien

Die politische Ökonomie von Sanktionen

Es ist eines der beständigsten Merkmale unserer Zeit, dass sich die imperialistischen Länder – durch Kolonisierung und durch ihre Konzerne – die Kontrolle über die Ressourcen der kolonisierten Völker gesichert haben. Wenn die kolonisierten Menschen irgendwelche Versuche unternehmen, die Kontrolle über diese Ressourcen zu erlangen, dann ziehen die imperialistischen Länder alle Register, um ihre imperialistische Kontrolle wiederherzustellen. Dazu gehören unweigerlich Sanktionen, doch es kann auch zu einem »Regimewechsel« kommen.[82]

Uganda

Die oben beschriebene Lektion habe ich aus erster Hand gelernt. Ich bin in Uganda geboren und aufgewachsen. Als ich erwachsen wurde, erkannte ich, dass asiatische Immigranten – einschließlich Industrieller wie Madhvani und Mehta und meiner eigenen Familie – im Grunde genommen britischen Kolonial- und Geschäftsinteressen dienten. Direkt oder indirekt kontrollierte Großbritannien praktisch alle Ressourcen des Landes.

Im Oktober 1962 wurde Uganda »unabhängig«. Im Oktober 1969 billigte das Parlament Präsident Obotes *Common Man's Charter* als eine Reihe »Erster Schritte für Ugandas *Move to the Left*«. In seiner Rede verpflichtete sich Obote zur Demokratie und betonte, die Ressourcen des Landes seien nötig für die Entwicklung der Menschen in Uganda. Er versprach, die Früchte der Entwicklung fair und gleich unter den Menschen aufzuteilen. Dann unternahm er einen kühnen und riskanten Schritt. Im Mai 1970 verstaatlichte er 85 Privatunternehmen, darunter drei britische Banken – Barclays, National and Grindlays sowie Standard Bank –, die direkt oder indirekt rund 80 Prozent der kommerziellen Vermögenswerte in Uganda kontrollierten. Er versprach, die Banken zu entschädigen. Der gesamte Linksruck des *Move to the Left* war ein rotes Tuch für die frühere Kolonialmacht. Die Maßnahme setzte im Inland und international eine Kettenreaktion in Gang, die am 25. Januar 1971 in einem Militärputsch und der Entmachtung Obotes gipfelte: Dass dieser Putsch von Großbritannien und Israel eingefädelt worden war, ist inzwischen durch öffentlich verfügbare Dokumente nachgewiesen.

Das war meine erste Erfahrung mit neokolonialem Imperialismus. Ich war damals noch ein junger radikaler Nationalist … und naiv. Ich hatte Obote geholfen, die *Common Man's Charter* zu formulieren und war überzeugt gewesen, die politische Unabhängigkeit werde die Türen öffnen für eine wirtschaftliche Unabhängigkeit. Es ist nicht auszuschließen, dass Obote, obwohl er ein sehr scharfsinniger und reifer Nationalist war, die

gleiche Überzeugung hegte. Wir hatten beide unrecht. Groß-
britannien und Israel nutzten die ethnischen und historischen
Spaltungen innerhalb des ugandischen Volkes und seiner Füh-
rung aus, führten mithilfe der ugandischen Armee einen »Re-
gimewechsel« herbei und stellten die britische Kontrolle über
Ugandas Ressourcen und Wirtschaft wieder her. Unter Idi
Amins Militärregime war ich gezwungen, mit meiner Familie
Uganda zu verlassen. Ich schloss mich dem demokratischen
Kampf gegen Amins brutale Herrschaft an. 1979, acht Jahre
nach Amins Machtergreifung, wurde er durch die vereinten
Bemühungen tansanischer und ugandischer Guerillakämpfer
entmachtet. Ich ging nach Uganda zurück, nun als Mitglied der
Uganda National Liberation Front (UNLF). Im Mai 1980 gab
es einen weiteren Militärputsch, der die UNLF-Regierung ent-
machtete. Ich wurde in mein zweites politisches Exil gezwungen.

Ich will diese Geschichte nicht weiter ausführen. Das Wichtige ist gesagt. Uganda ist ein kleines Land – mit einer Fläche,
die etwa der von Großbritannien und Nordirland entspricht.
Doch England kontrollierte Ugandas Schicksal – was natürlich
nicht ohne Widerstand des ugandischen Volks abging. Aber es
war ein Kampf. Nach dem Zweiten Weltkrieg wurde der britische Imperialismus durch den kollektiven Imperialismus Europas über Afrika ersetzt. In einem früheren Kapitel habe ich
geschildert, wie Europa die Drohung mit Handelssanktionen
eingesetzt hat, um der Ostafrikanischen Gemeinschaft ein un-
gleiches »Wirtschaftspartnerschaftsabkommen« aufzuzwingen,
das Ostafrikas Aussichten auf eine Industrialisierung ernsthaft
beschädigen würde. Doch nun – Zeitsprung in die Gegenwart –
eröffnet der Aufstieg der BRICS-Staaten Afrika die Möglichkeit,
sich von den USA und Europa abzukoppeln.[83]

Simbabwe

1980 erhielt Simbabwe nach mehr als einem Jahrzehnt Guerillakrieg seine »Unabhängigkeit«. Ich war damals in meinem
zweiten politischen Exil in Kenia. Nach 1980 verlegte ich mein
Exil nach Simbabwe, das zu meiner zweiten Heimat wurde.
Was mir sofort auffiel, war der Unterschied zwischen Uganda
und Simbabwe. Dieser Unterschied schlug sich vor allem in
der Frage der Landreform nieder. Bei den »Unabhängigkeits«-
Verhandlungen im Lancaster House in London hatte Mugabe
zwei entscheidende Konzessionen gemacht: Erstens, er würde
der weißen Minderheit eine Anzahl von Sitzen im neuen Parlament garantieren, und zweitens, er würde zehn Jahre lang die
Grundbesitzverhältnisse nicht antasten; Austausch werde lediglich auf der Basis »williger Verkäufer, williger Käufer« stattfinden.

Shridath Ramphal, damals Generalsekretär des Commonwealth, hatte den Kompromiss in diesem strittigen Punkt vermittelt. In einem kritischen Moment der Gespräche hatte er
den amerikanischen Botschafter in London angerufen und
über ihn die Zusage von Präsident Carter erhalten, dass die
USA »erhebliche Geldmittel« beisteuern würden, um sicherzustellen, dass eine Umverteilung von Grundbesitz an die Menschen von Simbabwe stattfinden konnte. Zusätzlich würde er
eine ähnliche Garantie von den Briten erwirken.[84]

Nach Simbabwes Unabhängigkeit schossen die Bodenpreise
nach oben. Das »Williger Verkäufer, williger Käufer«-Prinzip
wurde für Afrikaner, die Land erwerben wollten, praktisch
nutzlos. Kaum ein weißer Landbesitzer war zum Verkauf bereit,
solange die Preise stiegen. Exakt die Leute, die Simbabwes Unabhängigkeit zu verhindern versucht hatten, wurden so nach

ihrer Verwirklichung ironischerweise zu Nutznießern der Unabhängigkeit.

Während dieser Jahre arbeitete ich eng mit der General
Agricultural and Plantation Workers Union und dem Zimbabwe Congress of Trade Unions zusammen. Für diese Gewerk-
schaftsverbände war ich viel in ländlichen Gebieten unterwegs.
Ich konnte mit eigenen Augen sehen, welche schlimmen Folgen es hatte, dass es der Regierung nicht gelungen war, die
dringend benötigte Bodenreform durchzusetzen. Präsident Mugabe hielt die Vereinbarungen des Lancaster House Agreements
peinlich genau ein. Es gab mehrere Versuche, die finanziellen
und juristischen Probleme mit der britischen Regierung aus-
zuräumen. An einem Punkt wurde ich vom Entwicklungsprogramm der Vereinten Nationen (United Nations Development
Programme; UNDP) in Harare als Berater hinzugezogen, um
die Landfrage zu prüfen. Als Ergebnis meiner Recherchen emp-
fahl ich dem UNDP, zunächst eine ordnungsgemäße Bestands-
aufnahme der Besitzverhältnisse durchzuführen; wenn beide
Seiten die Bereitschaft mitbrachten, würde sich das Problem
innerhalb von fünf Jahren friedlich lösen lassen.

Ich bin nach wie vor überzeugt, dass man die Landfrage
mit geduldiger Diplomatie hätte klären können. Der britische
Premierminister John Major stand in Konsultationen mit der
Regierung Simbabwes kurz davor. Doch dann verlor Major die
Wahlen, Tony Blair kam an die Macht und machte Clare Short
zur Ministerin für Internationale Entwicklung (1997–2003).
Blair brach einfach alle Abmachungen des Lancaster House
Agreements – Zusagen, die selbst Margaret Thatcher anerkannt
hatte. Bis zum heutigen Tag kennen nur wenige Menschen im
Westen diese Seite der Geschichte.

Unter dem Druck des Verbands der Kriegsveteranen führte
Mugabe im Jahr 2000 eine beschleunigte Landreform durch.

Paradoxerweise verlangte Blair, der entscheidend für die Schaffung der Landkrise in Simbabwe mitverantwortlich war, daraufhin Sanktionen gegen Simbabwe. Er überzeugte die NATO-Staaten und die Europäische Union, eine Reihe von »gezielten Sanktionen« gegen Simbabwe zu verhängen. Im Jahr 2013 erklärte Südafrikas früherer Präsident Mbeki in einem Interview mit Al Jazeera, er sei von Blair unter Druck gesetzt worden, Großbritannien dabei zu unterstützen, Mugabe mit militärischen Mitteln zu stürzen.[85]

Bis zum heutigen Tag steht Simbabwe unter westlichen Sanktionen. Die Landfrage, ein Überbleibsel aus Kolonialzeiten, hätte gelöst werden können. Doch sie ist zu einer schwärenden Wunde am Leib des Staates Simbabwe und seinen Beziehungen zum Westen geworden. Versuche des Westens, durch eine Verteufelung Mugabes und durch die Finanzierung von Oppositionsparteien einen »Regimewechsel« herbeizuführen, blieben ohne Erfolg. Ich war engagiert in der Demokratiebewegung der 1990er-Jahre, die versuchte, ein Multiparteiensystem in Simbabwe zu etablieren. Doch in dem Augenblick, als Geldmittel aus Europa und Amerika zur Unterstützung der Opposition zu fließen begannen, verließ ich die Bewegung. Die Finanzierung von außerhalb entzog dem demokratischen Prozess die Legitimation – es ist genauso, als würden Afrika oder China anfangen, Oppositionsparteien in Europa oder Amerika zu finanzieren. Die Behauptung des Westens, dass Simbabwe an einem »demokratischen Defizit« litte, sind heuchlerisch. Sie sollen den Westen von seiner Mitverantwortung an der dauerhaft gestörten Beziehung zwischen Simbabwe und dem Westen freisprechen.

Wie schon im Falle Ugandas, ist auch dies eine lange Geschichte. Doch das Wichtige ist gesagt: Simbabwe ist, wie Uganda, ein neokolonialer Staat. Die Menschen wollen Land, und sie wollen die Kontrolle über ihre Ressourcen, damit sie die wirtschaftlichen Früchte der politischen Unabhängigkeit genießen können. Das aber wird ihnen von einer imperialistischen Ordnung der Dinge versagt.

Kuba

Kuba war jahrhundertelang Teil des spanischen Weltreichs. Ende des 19. Jahrhunderts rebellierten kubanische Revolutionäre gegen Spanien. Im Gefolge des Spanisch-Amerikanischen Krieges (1898) marschierten die USA in Kuba ein, und 1902 installierten sie eine Regierung, die die neue Republik Kuba regieren sollte. Kuba wurde im Endeffekt eine Neo-Kolonie der Vereinigten Staaten.

Am 1. Januar 1959, nach fast sechs Jahren Guerillakrieg unter der Führung von Fidel Castro und Che Guevara, stürzten die kubanischen Revolutionäre das von den USA gestützte Batista-Regime und erklärten Kuba zu einem sozialistischen Staat. Es folgte ein Programm von Verstaatlichungen und großen Sozialreformen, unter anderem in den Bereichen Verfügbarkeit von medizinischen Einrichtungen, Gesundheitsversorgung, Wohnraum, Kommunikation, Bildung und Gleichberechtigung für Frauen. Außerhalb Kubas startete Fidel Castro ein energisches Programm der Solidarität und Unterstützung für die Befreiungskämpfe in anderen Regionen des Globalen Südens, so etwa in Algerien, Angola, Nicaragua und im Jemen.

Die USA befürchteten die Ausbreitung kommunistischer Aufstände überall in den Ländern des Südens, deshalb unternahmen sie eine Reihe von erfolglosen Versuchen, die kubanische Regierung zu stürzen – einschließlich der abgebrochenen Invasion in der Schweinebucht von 1961. Kurz danach kam es

zur Kubakrise von 1962.[86] Als Gegenleistung für den Rückzug
der sowjetischen Raketen aus Kuba versprachen die Vereinigten
Staaten, in Zukunft in Kuba nicht einzumarschieren.

Auch vor der Schweinebuchtinvasion und der Kubakrise
hatten die USA das Land bereits mit Sanktionen belegt. Sie begannen am 19. Oktober 1960 und betrafen ein breites Spektrum
von Produkten, Prozessen und Prozeduren. Sie haben bis zum
heutigen Tag Bestand und gehören von ihrem Umfang her
zu den weitreichendsten derartigen Maßnahmenpaketen. Die
»Cuban Assets Control Regulations« (Kontrollen kubanischer
Anlagen) beispielsweise, durchgesetzt vom US-Finanzministe-
rium, gelten für alle amerikanischen Bürger und dauerhaft
im Land lebenden Personen, wo immer sie sich befinden, alle
Menschen und Organisationen, die sich physisch in den Vereinigten Staaten befinden, sowie alle Niederlassungen und Toch-
terunternehmen von US-Organisationen überall auf der Welt.[87]
Eine weitere Regelung – der »Cuban Democracy Act« von 1992 –
ist besonders interessant. Er legt fest, dass alle diplomatischen
und kommerziellen Sanktionen so lange aufrechterhalten
werden, wie sich Kuba weigert, eine Entwicklung in Richtung
»Demokratisierung und größerer Respekt für die Menschenrechte« einzuleiten. Man muss aus einer der Neo-Kolonien des
Westens kommen, um die Heuchelei dieses Gesetzes erfassen
zu können. Menschenrechtsorganisationen wie die Inter-Ame-
rican Commission on Human Rights, Amnesty International
oder Human Rights Watch haben erklärt, dass die Sanktionen
der USA gegen Kuba nach internationalem Recht keine recht-
liche oder moralische Grundlage haben.

Es ist kaum möglich, alle Ursachen und Wirkungen dieses
sechzig Jahre alten Sanktions-Apparats objektiv zu bewerten. Es
ist wie der Versuch, auf ein bewegliches Ziel zu schießen. 2014
ist nicht 1960. Die Welt ist nicht mehr dieselbe. Vor allem aber

sind die kubanisch-amerikanischen Beziehungen das Sinnbild
eines Kampfes zwischen David und Goliath ... und das kleine
Kuba, nicht viel mehr als hundert Kilometer vor der amerikanischen Küste, behauptet sich – mit solidarischer Unterstützung
von außen, darunter auch progressiven Kräften innerhalb der
Vereinigten Staaten. Kuba ist wahrscheinlich auch das einzige
»kommunistische« Land der Welt, in dem seit Inkrafttreten
der Sanktionen noch immer die gleiche politische Partei und
Bewegung (denn es ist mehr als nur eine politische Partei) an
der Macht ist. Fidel Castro übergab 2008 die Führung an seinen
Bruder Raúl, und obwohl es Unterschiede in Haltung und Stil
gibt, ist Raúl (zumindest meiner Meinung nach) lediglich eine
zeitgemäße Version von Fidel, angepasst an die dramatischen
Veränderungen in der Welt und in der transamerikanischen
politischen Ökonomie der letzten sechzig Jahre.

Es weht ein neuer Wind im amerikanischen Subkontinent.
Es ist der bolivarische Wind. Das *Movimiento Continental Boli-
variano* (Kontinentale Bolivarische Bewegung), benannt nach
der historischen Ikone Simón Bolívar, wurde am 8. Dezember
2009 in Venezuela von einer Gruppe von 950 linken Aktivisten aus 26 lateinamerikanischen Ländern gegründet, die entschlossen waren, gegen den Imperialismus zu kämpfen und für
die Interessen der Arbeiter des Kontinents einzutreten. Das ist
neu. Viel zu lange (fast 500 Jahre) haben lateinamerikanische
Länder unter der Knute gestanden – zuerst war es die der europäischen Kolonialmächte und dann die Pax Americana. Hugo
Chávez, der die Bewegung inspirierte, ist inzwischen tot, aber
er hat sein Vermächtnis hinterlassen – den *Chavismo*, der auch
seinem etwas weniger ungestümen Nachfolger Nicolás Maduro
als Leitfaden dient.

Die Bolivarische Revolution und der Chavismus sind wichtig; man kann die aktuelle Situation in Kuba unter den weiter-

hin bestehenden US-Sanktionen nicht verstehen, ohne diese
Sanktionen im Gesamtkontext der regionalen Politik und ihrer
Entwicklung zu sehen. Während des Kalten Krieges hielt die
Sowjetunion Castros Hand. Nach dem Zusammenbruch der
Sowjetunion 1989 musste Kuba praktisch allein mit den amerikanischen Sanktionen fertigwerden. Die USA dachten, sie
hätten Castro und Kuba endlich in die Ecke gedrängt. Es war
zweifellos die schwierigste Zeit für Kuba, die von den Einheimischen als »Sonderperiode« bezeichnet wird. Castro musste
seiner Bevölkerung eine schwere Prüfung zumuten, um den
amerikanischen Sanktionen zu widerstehen, machte aber selbst
in seiner Wirtschaftspolitik auch einige Kompromisse und öff-
nete die Türen für Tourismus und einige ausländische Investitionen.

Mit dem Aufstieg von Hugo Chávez (der Fidel als seinen
»Vater« betrachtete) wendete sich Kubas Schicksal. Venezuela
versorgte Kuba mit geschätzten 110 000 Barrel Öl pro Tag und
bekam als Gegenleistung die Arbeitskraft von rund 44 000 Ku-
banern, vor allem Ärzten und Krankenschwestern. Im Juli 2014
stattete der russische Präsident Wladimir Putin sechs lateinamerikanischen Ländern einen Besuch ab. Er traf Präsident
Castro und strich 90 Prozent der 32 Milliarden Dollar Schulden, die Kuba bei Russland hatte. Damit war ein seit zwei Jahrzehnten währender Streit beigelegt. Hintergrund dieser Geste
ist natürlich der Krieg in der Ukraine, in den die USA mit einer
antirussischen Kampagne stark involviert sind. Also gab Putin
den USA zu verstehen: Wenn ihr in meinem Hinterhof spielt,
dann spiele ich auch in eurem.

Wenn also Raúl Castro als die mildere Version seines älte-
ren Bruders erscheint, liegt es daran, dass Raúl es sich leisten
kann, ein wenig zu lächeln. Die Situation ist nicht mehr so
verzweifelt, wie sie während der »Sonderperiode« war.

Barack Obamas Gewinn der Präsidentschaftswahlen hatte zunächst Hoffnungen geweckt, ein Ende oder doch zumindest eine Lockerung der Sanktionen könnte bevorstehen. Doch diese Hoffnungen zerschlugen sich schnell. Obama machte die Aufhebung der Sanktionen von der Verbesserung der Menschen- und Freiheitsrechte in Kuba abhängig. Einige amerikanische Wirtschaftsführer sprachen sich für eine Aufhebung der Sanktionen aus – mit dem Argument, das sei gut fürs amerikanische Geschäft. Der frühere US-Senator Gary Hart sagte offen, die Sanktionen seien »irrational« und ein Produkt des Einflusses der ersten Generation kubanischer Einwanderer.[88] George Shultz, der unter Reagan Außenminister war, nannte das Festhalten am Embargo einen »Wahnsinn«.

Im Jahr 2006 gründete die US-Regierung eine Taskforce, um die Umsetzung der Sanktionen noch strenger zu überwachen. Die Strafen für Verstöße gegen das Embargo können bis zu zehn Jahre Gefängnis, eine Million Dollar Geldstrafe für Unternehmen, 250 000 Dollar Geldstrafe für Einzelpersonen und zivilrechtliche Strafen von bis zu 55 000 Dollar pro Verletzung betragen.

In über fünfzig Jahren Sanktionen waren die USA in den Vereinten Nationen in diesem Punkt fast gänzlich isoliert. Die UN-Generalversammlung hat seit 1992 jedes Jahr eine Resolution verabschiedet, die feststellt, dass die US-Sanktionen eine Verletzung der Charta der Vereinten Nationen darstellen.

Trotz dieser diplomatischen Isolierung der USA bleiben die Sanktionen bestehen.[89] Doch die Welt weiß, dass das kleine Kuba den amerikanischen Goliath geschlagen hat. Das amerikanische Bestreben, Kuba nach dem Zusammenbruch der Sowjetunion in die Ecke zu drängen, ist gescheitert. Das ist in der Tat bemerkenswert. Kuba und Castro sind nach wie vor ein Hoffnungsschimmer für die Länder und Völker des Südens.

Wenn das kleine Kuba es schaffen kann, warum dann nicht der
sehr viel größere Iran?

Iran

Beim Iran handelt es sich wie im Falle Kubas um ein Land, das
Sanktionen trotzt, deren Verhängung von den USA vorangetrie-
ben wurde; es ist wahrscheinlich der zweitgrößte Fall nach Kuba.
Die Sanktionen gegen den Iran begannen 1979 – vor gut drei-
ßig Jahren. Kinder, die in diesem Jahr im Iran geboren wurden,
haben ihr gesamtes Leben lang unter US-Sanktionen verbracht.
Jetzt sind sie reife junge Männer und Frauen, die seit dreißig
Jahren das Auf und Ab der Iranischen Revolution miterleben.
    Wie im Falle Kubas sind es auch hier die Vereinigten Staaten,
die die Sanktionen initiiert und durchgesetzt haben, während
Europa ein über weite Strecken widerwilliger Mitspieler war.
Wie bei Kuba sind die Sanktionen sehr umfassend. Aber es gibt
zwei wichtige Unterschiede. In Kuba führte die nukleare Frage
fast in die Eskalation, doch dann wurde sie innerhalb einer relativ kurzen Zeit entschärft. Im Iran steht sie im Zentrum der
festgefahrenen Situation zwischen den USA und dem Iran. Der
Iran behauptet, dass er die Nuklear-Energie braucht, um die
zur Neige gehenden Ölvorräte zu ergänzen. Die USA und Israel
(besonders Israel) behaupten, dass der Iran Nuklearenergie will,
um Krieg zu führen. Sie sehen im Nuklearpotenzial des Iran
eine Bedrohung »für den Frieden und die Sicherheit weltweit«.
Und so können die Sanktionen nicht aufgehoben werden, solange die nukleare Frage nicht zur Zufriedenheit der USA, Isra-
els und Europas gelöst ist.
    Daher ist der Iran vonseiten der NATO-Staaten mit einer
großen Zahl von Sanktionen belegt. Dazu gehören:

- ein totales Wirtschafts- und Finanzembargo;
- Sanktionen gegen den Energiesektor, der rund 80 Prozent der Einnahmen des Staates ausmacht;
- Sanktionen gegen den Verkauf von Flugzeugen oder Flugzeugersatzteilen an iranische Flugunternehmen;
- Sanktionen gegen Iraner, die irgendwelche Geschäfte mit amerikanischen Bürgern tätigen;
- ein Informationsembargo, auch gegen die staatliche Rundfunkbehörde. Die USA und der Westen wollen nicht, dass der Rest der Welt die iranische Seite der Geschichte zu hören bekommt;
- Sanktionen gegen große iranische Hersteller von Elektrogeräten;
- Sanktionen gegen Internet-Kontrollbehörden wie die iranische Cyber-Polizei;
- die Regulierungsbehörde für das Kommunikationswesen (Communications Regulatory Authority).
- Zusätzlich haben die USA Sanktionen gegen Unternehmen verhängt, die mit dem Iran Geschäfte machen. Man braucht eine Lizenz vom Finanzministerium, um mit dem Iran Geschäfte zu machen. Bei Unternehmen und Einzelpersonen, die auf der schwarzen Liste stehen, kann jegliches amerikanisches Vermögen konfisziert werden.[90]

Die USA werden von einer »Koalition der willigen« NATO-Staaten unterstützt:

- Israel hat den Iran zu einem feindlichen Staat erklärt. Es bestraft ausländische Unternehmen, die mit dem Iran Handel treiben und hat ausgefeilte Mechanismen installiert, um Sanktionen umzusetzen.
- Die EU hat umfassende Sanktionsmaßnahmen, die Handel sowie finanzielle und andere Dienstleistungen betreffen.

- Kanada hat iranische Grundstücksgeschäfte mit einem Bann belegt, ebenso Waffen- und Öltechnologie sowie Investitionen im Iran.
- Australien hat finanzielle Sanktionen und einen Reisebann gegen Einzelpersonen und Körperschaften verhängt, die mit den Nuklear- und Raketenprogrammen Irans zu tun haben.
- Die Schweiz hat den Handel mit dem Iran von zivil und militärisch nutzbaren Waffen sowie Produkten, die im Öl- und Gassektor Verwendung finden, verboten; außerdem gibt es ein Embargo gegen Finanzdienstleistungen.
- Japan hat einige iranische Banken geschlossen und Investitionen im iranischen Energiesektor verboten; außerdem wurde das Vermögen einiger Personen eingefroren (interessanterweise hat Japan jedoch kein Handelsverbot für Öl ausgesprochen, denn Japan braucht das Öl aus dem Iran).
- Südkorea hat gezielte Sanktionen gegen 126 iranische Einzelpersonen und Unternehmen ausgesprochen.

Es gibt allerdings auch Unterschiede zwischen Kuba und dem Iran. Der Iran ist ein großes Land, das strategisch günstig in der Mitte einer Kriegszone liegt. Während Kuba sein alternatives Entwicklungsprogramm an einer sozialistischen Vision ausrichtet, verfolgt der Iran ebenfalls ein Alternativprogramm, das allerdings die Schia-Interpretation der Scharia als Basis hat. Damit sind sowohl Kuba als auch der Iran gemäß meiner Terminologie »revisionistische« Staaten: Sie lehnen den »imperialistischen Frieden« ab, und ihre Vorstellungen von Demokratie und Good Governance sind nicht die gleichen wie die der USA und des Westens.

Wie im Falle Kubas ist es schwierig, die Auswirkungen der westlichen Sanktionen auf den Iran zu beziffern. Dass sie der Wirtschaft schaden, steht außer Frage. Der Vorsitzende des Pla-

nungs- und Budgetkomitees im iranischen Parlament Madsch-
les sagte, seit dem Beginn der iranischen Revolution im Jahr
1979 sei iranisches Geld im Wert von 100 Milliarden Dollar
auf westlichen Auslandskonten eingefroren. Doch der Schaden
ist nicht nur einseitig. Zwar haben die Handels- und Finanz-
sanktionen ein großes Loch in den Beziehungen zwischen dem
Iran und dem Westen hinterlassen, doch dieses Loch wird von
den BRICS-Staaten weitgehend gefüllt. Diese Länder teilen die
Begeisterung des Westens für Sanktionen gegen den Iran nicht.
Öl ist eine wichtige Ressource, und der Iran kann Öl gegen
Waren und Dienstleistungen aus den BRICS-Staaten eintau-
schen. Indien zum Beispiel zahlt für einige seiner iranischen
Ölimporte mit Rupien. Das ist eine potenzielle Gefahr für die
Vorherrschaft des »mächtigen« US-Dollar.

Außerdem hat der Iran die Sanktionen clever als Hebel genutzt, um seine Öl-Geschäfte mit ausländischen Unternehmen neu zu strukturieren. Der Iran hat ein System von »Buy-
back-Verträgen« eingerichtet. In diesen trifft die National
Iranian Oil Company (NIOC) mit einem ausländischen Unternehmen die Vereinbarung, gemeinsam ein Ölfeld zu erkunden
und zu erschließen. Das ausländische Unternehmen stellt seine
Technologie als Dienstleistung zur Verfügung, während die
NIOC die volle Kontrolle über das Projekt behält. Beim Auslaufen des Vertrags – üblicherweise nach fünf bis acht Jahren –
wird der iranische Staat zum alleinigen Betreiber und streicht
alle Einnahmen aus den weiteren Verkäufen ein. Kommt es
zu Konflikten zwischen der NIOC und dem Ölunternehmen,
kann es passieren, dass ein islamisches Gericht den Streitfall
an sich zieht und entscheidet.[91]

Das ist ein deutlicher Unterschied zu dem System, das dem
Irak von den USA aufgezwungen wurde. Bei »Production Sharing
Agreements« (PSAs) ist der irakische Staat rechtlich der Besitzer

des Öls, doch seine Kontrolle ist lediglich nominell. Das PSA ist nur ein anderer Name für die klassische koloniale Form der Förderkonzession. Dabei erhält das ausländische Unternehmen Monopolrechte, ein Ölfeld zu erschließen und 25 bis 40 Jahre lang auszubeuten. Die für diesen Zeitraum festgelegten Vertragsbedingungen können vom Staat nicht auf legalem Weg verändert werden. Die Ölreserven werden in der Bilanz als Aktiva des Unternehmens aufgeführt; das Unternehmen hat das Recht, die Förderraten und andere Produktionsdetails nach Gutdünken festzusetzen. Es gibt keine Obergrenze für Profite. Kommt es bei diesem Vertragsmodell zum Streit zwischen den Beteiligten, wird dieser nicht vor Gericht im Ursprungsland, sondern vor einem internationalen Schiedsgericht gelöst, vor dem das Unternehmen und der Staat als Geschäftspartner mit gleichen Ansprüchen gelten.[92]

Der Westen glaubt, dass die durch Sanktionen nötig werdenden Sparprogramme in der Bevölkerung Unzufriedenheit schüren und so »langfristig« einen Regimewechsel bewirken werden. Das ist eine Illusion, an der der Westen seit dreißig Jahren festhält. In diesen dreißig Jahren hat der Westen nicht mitbekommen, wie tief die antiimperialistische Stimmung im iranischen Volk verwurzelt ist.

Schlussfolgerung

Das folgende Diagramm ist die vereinfachte Darstellung eines in Wirklichkeit ausgesprochen komplexen Zusammenspiels inländischer und internationaler Kräfte. Handel im engeren Sinn ist lediglich Teil eines größeren Netzwerks imperialistischer Beziehungen zwischen dem Westen und dem Rest der Welt.

Die Geopolitik der Handelssanktionen

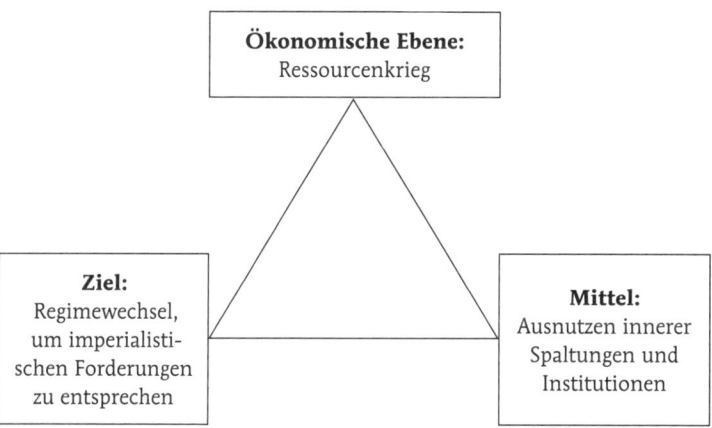

Die vier Fallstudien, die ich ausgewählt habe, sind, jede auf ihre Weise, einzigartig. Dennoch gibt es signifikante Berührungspunkte zwischen den unterschiedlichen Erfahrungen dieser Länder. Das Stichwort Regimewechsel ist einer davon. In Uganda gelang es der ehemaligen Kolonialmacht 1971, einen Regimewechsel herbeizuführen. In Simbabwe, Kuba und Iran kam es nicht dazu – der Grund dafür war allerdings nicht, dass man es nicht versucht hätte. In Kuba scheiterten die USA trotz der von der CIA angezettelten Schweinebuchtinvasion im April 1961. Es wäre interessant, einmal der Frage nachzugehen, warum der Versuch, von außen einen Regimewechsel herbeizuführen, in manchen Fällen Erfolg hat (wie in Libyen 2011) und in anderen Fällen scheitert (Nordkorea zum Beispiel). Hätte Gaddafi überlebt, wenn er über Nuklearwaffen verfügt hätte? Ist der Iran sicher, weil er sich weigert, sein Atomwaffenprogramm aufzugeben?

Einer der Faktoren, die über Erfolg oder Scheitern von Sanktionen entscheiden, ist die Stabilität des sanktionierten Staates.

In Uganda nutzte England interne ethnische Spannungen aus, um Obote abzusetzen. In Simbabwe, Kuba und dem Iran gibt es auch Spaltungen, aber diese Staaten haben sich als widerstandsfähig erwiesen. Ist das der Grund, dass der Westen diesen Regimes vorwirft, an einem »Demokratie-Defizit« zu leiden? Ist »Good Governance« die Kriegsstrategie des Kolonialreichs – die verletzliche Stelle dieser Länder, die man treffen kann, um den Boden für einen Regimewechsel zu bereiten?

Unter dem Strich könnte man, ohne dass man sich eine unzulässige Vereinfachung vorwerfen lassen müsste, sicher sagen, dass der Schlüssel für das Verständnis der westlichen Strategie gegenüber dem Süden im Konflikt um den Zugang zu seinen Ressourcen zu finden ist. Im Kapitel über die WPAs habe ich den renommierten Historiker Robert Skidelsky zitiert, um zu zeigen, wie die USA und Großbritannien in der Zeit nach dem Zweiten Weltkrieg im Wettstreit um afrikanische Ressourcen lagen. Ich schildere auch, wie Europa afrikanische Staaten unter Druck setzt, damit sie die WPAs unterzeichnen, die den europäischen Industrien Zugang zu Afrikas Rohstoffvorkommen sichern. Der Ressourcenkrieg ist Teil des Handelskrieges.

Heute hungern fünf Milliarden Menschen, fast alle von ihnen im Süden, damit eine Milliarde bequem leben kann. Es ist seltsam, dass Mainstream-Ökonomen immer mit Zahlen für »Wachstum« und Wohlstand arbeiten, auch wenn das System des Kapitalismus/Imperialismus offensichtlich eine Krise von epochalen Ausmaßen erlebt. Es ist ein weiteres Beispiel für die Art von Realitätsverweigerung, mit der der Westen überall auf der Welt nach wie vor seine gnadenlose imperialistische Aggressionspolitik betreibt. Wäre es möglich, dass der Westen Kriege braucht, um seine Waffenindustrie zu fördern und damit das »Wachstum« zu generieren, von dem seine Ökonomen reden? Der sogenannte militärische Keynesianismus hat durchaus akademische Verfechter – unter ihnen, etwas überraschend, auch der Nobelpreisträger Paul Krugman.[93] Nach Auffassung der Neo-Keynesianer war einer der Faktoren, die es den USA erlaubten, die Weltwirtschaftskrise der 30er-Jahre zu überwinden, der Zweite Weltkrieg, gefolgt vom Koreakrieg (1950–1953). Sie argumentieren, dass die Kriegsproduktion die Gesamtnachfrage steigen ließ, was dann schließlich der Nation den Wohlstand zurückbrachte.

Es ist also kein Wunder, dass es »revisionistische Nationen« gibt – zu denen grob gesagt der gesamte Globale Süden zählt –, die die Welt verändern wollen. Damit stellt sich natürlich die Frage nach Strategie und Taktik eines solchen Wandels. Dieses Thema werde ich im abschließenden Kapitel aufgreifen.

6. VOM KRIEG ZUM FRIEDEN: THEORIE UND PRAXIS DES REVOLUTIONÄREN WANDELS

»*Si vis pacem, para bellum*« lautet eine lateinische Maxime, die sich übersetzen lässt als »Wenn du Frieden willst, bereite den Krieg vor«. Die realpolitische Mainstream-Literatur über internationale Beziehungen – die weitestgehend angelsächsischen Ursprungs ist – interpretiert dies in der Regel in dem Sinne »Frieden erfordert überwältigende militärische Stärke«.[94] Langfristig ist das eine sich selbst widerlegende Weisheit. Man kann vielleicht darüber streiten, ob die USA mit ihrer militärischen Überlegenheit Frieden in den Irak, nach Afghanistan oder in den Iran gebracht haben – die meisten Menschen würden diese Frage aber vermutlich mit »Nein« beantworten. Israel ist ein mächtiger Staat, aber nur im militärischen Sinne.

Entgegen aller Erwartungen setzen sich die Starken und Mächtigen nicht immer durch. Es gibt einen aktiven Widerstand von unten. Überall finden sich Menschen, die innovativ sind und neue Wege finden, Aggression, Unrecht und Ungleichheit zu bekämpfen – und sie finden alternative Wege, Produktion und Warenaustausch zu organisieren. Eine neue Welt nimmt Gestalt an, nicht ohne Schmerzen, doch hoffentlich ohne Gewalt.

Die Grundursachen von
Handelskriegen

Wenn er nach den »Gründen« für etwas Lästiges oder Unan-
genehmes sucht, ist der Mensch natürlicherweise versucht, jemand anderem die Schuld zu geben. Deshalb möchte ich hier
ausdrücklich klarstellen, dass es mir in meinen Analysen von
WTO, WIPO oder WPAs nicht um Schuldzuweisungen geht.
Gerade beim Thema internationale Beziehungen ist es wichtig, dass man den Unterschied versteht zwischen dem menschlichen und auch in den Medien allgegenwärtigen Reflex, nach
einem Schuldigen zu suchen, und dem Versuch zu verstehen,
warum Individuen oder Nationen so handeln, wie sie es tun.
Verstehen ist nicht das Gleiche wie beschuldigen.

Beschuldigen oder mit dem Finger auf jemanden zeigen ist anklagend, verstehen wollen ist fragend. Mein Ansatz ist *fragend* –
warum geschehen bestimmte Dinge? – nicht *anklagend*.

Es gibt noch ein weiteres potenzielles Missverständnis, das ich ausräumen muss, bevor ich fortfahre. Ich habe Begriffe wie »Doppelmoral« oder »Heuchelei« gebraucht, um die Widersprüchlichkeit zu beschreiben zwischen dem, was die westlichen Länder beschwören (freier Handel, zum Beispiel) und dem, was sie in der Praxis tun (Protektionismus). Noch einmal: Das sind keine anklagenden Begriffe. Hinter solchen Diskrepanzen zwischen Prinzipien und Handeln liegt eine ontologische und verifizierbare Realität. Der Westen mag für sich in Anspruch nehmen (wahrscheinlich ehrlichen Glaubens), dass er dem Süden hilft, sich zu »entwickeln«, während er ihn in Wirklichkeit in die Armut treibt. Es gibt eine ganze Schule innerhalb der Volkswirtschaftslehre, die argumentiert, dass der Westen zwar behauptet, den Süden zu »entwickeln«, während er ihn in Wirklichkeit »unterentwickelt«.[95]

Es ist wichtig, die drei Realitäten des Handelskrieges zu verstehen:

Erstens: Imperialismus

Zweitens: Ressourcenkriege und

Drittens: Globale Anarchie – die Abwesenheit einer echten Global-Governance-Struktur.

Die Realität von Imperialismus definieren und erkennen

Wir müssen uns zunächst mit dem Konzept – und der Realität – des Imperialismus vertraut machen. Wenn man den Imperialismus nicht verstanden hat, hat man nichts von dem Verhältnis zwischen Norden und Süden oder Westen und dem Rest der Welt verstanden.

Der Westen leugnet die Realität
des Imperialismus

Paradoxerweise haben viele Menschen im Westen, darunter
auch NGOs und Menschen, die Afrika durchaus wohlwollend
gegenüberstehen, Schwierigkeiten, die Realität des Imperialismus zu erkennen. Viele Menschen legen eine regelrechte Realitätsverweigerung an den Tag, wenn es um Imperialismus geht.
Ich habe versucht, eine Erklärung für diese mentale Blockade
zu finden, in der Kultur des Westens oder in seiner Geschichte, aber ich konnte keine überzeugende Antwort finden. Ich
habe mich beispielsweise oft gefragt, warum Hitler in praktisch
der gesamten westlichen Literatur als »Faschist«, niemals aber
als »Imperialist« beschrieben wird. Könnte es sein, dass Hitler einen Imperialisten zu nennen einem Blick in den Spiegel
gefährlich nahe käme? Viele Menschen im Westen, darunter
auch Intellektuelle, streiten rundweg ab, dass Imperialismus
heute noch existiert.

Dies ist ein ziemlich wichtiger Punkt für dieses Kapitel
und für das gesamte Buch, deshalb möchte ich ein paar Beispiele aus meiner eigenen Erfahrung anführen. Im November
1995 nahm ich in Maastricht an einer Podiumsdiskussion mit
Herman Cohen teil. Cohen ist ehemaliger Staatssekretär für
Afrikapolitik im US-Außenministerium; zur Zeit der erwähnten
Veranstaltung war er Geschäftsführer der Global Coalition for
Africa (GCA).[96] Thema der Diskussion war »Demokratie und
Governance in Afrika«. Als ich das Wort »Imperialismus« benutzte, um die Situation in Afrika zu beschreiben, erklärte Cohen, ich sei »anachronistisch«, und Imperialismus sei schlicht
»ein Fantasiegebilde Tandons«. Ich musste ihm nichts entgeg-
nen – die im Publikum vertretenen Afrikaner gaben ihm meh-

rere konkrete Beispiele von Imperialismus. Zu den Publikums-
mitgliedern, die Cohen widersprachen, gehörte auch Aminata
Traoré, die frühere Ministerin für Kultur und Tourismus in
Mali. Sie sagte Cohen, sie sei enttäuscht, dass er als hoher Be-
amter der Global Coalition for Africa keine Vorstellung von
Imperialismus oder der Realität in Afrika habe.

Ein weiterer Fall ereignete sich im Februar 1997, als ich in
Oslo an einer Konferenz über die Agenda 21 – das heißt über
nachhaltige Entwicklung – teilnahm. Ich teilte mir das Podium
mit Lloyd Timberlake, dem einflussreichen Berater der Brundtland-Kommission.[97] Er war zu der Zeit gleichzeitig auch Direktor des World Business Council for Sustainable Development,
außerdem hatte er ein empirisch fundiertes Buch über den Zustand der afrikanischen Umwelt veröffentlicht. Auf meine Be-
schreibung der heutigen Realität in Afrika als dominiert von
Imperialismus entgegnete er, ich sei »von gestern« und das
Wort Imperialismus habe er »seit dreißig Jahren nicht mehr
gehört«. Zuerst war ich erstaunt, doch dann wurde mir klar,
dass das Publikum – das überwiegend aus Norwegern bestand –
wahrscheinlich mit ihm übereinstimmte. Ich musste Vorsicht
walten lassen, um meine Freunde im Publikum nicht vor den
Kopf zu stoßen. Also verzichtete ich darauf, ihn direkt anzugreifen und verwies stattdessen – mit einem bei meinen Umwelt-
schützer-Freunden geliehenen Begriff – lediglich darauf, dass
Englands »ökologischer Fußabdruck« viel größer als der Ugandas ist, weil England Ugandas Bodenschätze nutzt. Ich bezweifle,
dass er verstand, was ich damit sagen wollte, denn er starrte
mich mit leerem Blick an. Er begriff nicht, dass der Grund für
Englands größeren »Fußabdruck« in der Tatsache zu suchen
ist, dass England trotz Ugandas »Unabhängigkeit« nach wie
vor als Kolonialmacht Ugandas Ressourcen ausbeutet und verbraucht. Wie, so fragte ich mich, kann man einen Menschen

»belehren«, der sich weigert, die globale politische Umwelt zur Kenntnis zu nehmen. Warum war die ökologische Umwelt für Timberlake so real, wenn es die politische imperialistische Umwelt nicht war? Wie schaffte er es, die beiden zu trennen? Ein Blick ins Publikum ließ mich keine große Unterstützung von den norwegischen Zuhörern erwarten. Eine Ausnahme jedoch gab es – eine junge Dame namens Helene Bank. Sie versicherte mir während einer Kaffeepause, dass sie meine Meinung teilte. Sie sollte später mit mir zusammen SEATINI gründen.

Eine Definition des Imperialismus

Imperialismus stellt eine besondere Art der Beziehung dar, die im Gefolge des Kolonialismus entstanden ist. Man kann diesen Begriff nicht auf jede Art von asymmetrischer Machtbeziehung anwenden. Können zum Beispiel die Beziehungen zwischen den USA und Europa als imperialistisch beschrieben werden? Nein. Warum nicht? Weil es sich, obwohl auf globaler Ebene ein klares Machtgefälle zwischen ihnen besteht, bei *beiden* um imperialistische Mächte handelt; sie sind gleichzeitig *Partner und Konkurrenten.* So konkurrieren beispielsweise amerikanische und europäische Unternehmen auf dem Telekommunikationsmarkt. Doch wenn Simbabwe oder der Iran oder Kuba (oder Syrien, Somalia, Venezuela) »aus der Reihe tanzen«, werden die USA und Europa sich zusammentun und für »Ordnung« sorgen – ihnen sozusagen Gas und Wasser abdrehen, um sie »in die Schranken zu weisen«. Nein, Imperialismus ist nicht *jede* Beziehung zwischen zwei ungleichgewichtigen Mächten. Es ist ein historisch geschaffenes Phänomen – man kann es nicht abstrakt diskutieren. Konkret wetteifern und kooperieren die imperialistischen Nationen miteinander, um ein System aus

Produktion und Konsum aufrechtzuerhalten, das auf der Ausbeutung der reichen Ressourcen – einschließlich der Arbeitskraft – des Südens beruht.

Lenins Definition von Imperialismus als »höchste Stufe des Kapitalismus« ist eine gute analytische Weiterentwicklung der marxistischen Theorie des Kapitals bis ins Jahr 1880 und darüber hinaus.[98] Wer sich ausführlicher mit internationalen Beziehungen beschäftigen möchte, sollte – besonders, wenn er aus dem Süden stammt – vielleicht einmal einen Blick in Lenins Klassiker über den Imperialismus werfen. Im Folgenden stelle ich die wichtigsten Merkmale des Imperialismus vor, wie Lenin sie definiert hat:

1. Konzentration der Produktion und Monopole
2. Die Banken und ihre neue Rolle
3. Finanzkapital und Finanzoligarchie
4. Der Kapitalexport
5. Die Aufteilung der Welt unter die Kapitalistenverbände
6. Die Aufteilung der Welt unter die Großmächte
7. Der Imperialismus als besonderes Stadium des Kapitalismus
8. Parasitismus und Fäulnis des Kapitalismus

Einige Mainstream-Marxisten wenden Lenins grundsätzliche Analyse auch noch auf die gegenwärtige Lage an.[99] Wie man sieht, ist dies kein flüchtiges Phänomen – es ist Teil unserer gegenwärtigen Realität.

Fünfzig Jahre nach Lenins Werk schrieb Ghanas erster Präsident Kwame Nkrumah ein Buch (noch während seiner Präsidentschaft) mit dem Titel *Neo-Colonialism: The Last Stage of Imperialism*. In der Einleitung ist zu lesen: »Der heutige Neokolonialismus repräsentiert Imperialismus in seinem letzten und vielleicht gefährlichsten Stadium ... Das Wesen des Neo-Kolonialismus besteht darin, dass der Staat, der ihm ausgeliefert ist, theoretisch unabhängig ist und alle äußeren Symbole internationaler Souveränität besitzt. In Wirklichkeit aber werden sein Wirtschaftssystem und damit auch seine Politik von außen gesteuert.«[100]

Fünfzig Jahre nach Nkrumahs Buch existiert der Neo-Kolonialismus, so wie Nkrumah ihn definiert hat, noch immer. Er ist allenfalls noch aggressiver geworden. Warum? Weil er nun von den jüngeren Generationen von Drittweltvölkern und sozialen Aktivisten, auch aus dem Westen, ernsthaft herausgefordert wird.

Sind die BRICS-Länder imperialistische Staaten?

Einige Kommentatoren sind der Auffassung, Imperialismus sei nicht einfach ein westliches Phänomen, denn die BRICS-Staaten – Brasilien, Russland, Indien, China und Südafrika – seien ebenfalls imperialistisch oder doch zumindest sub-imperialistisch.[101] *Beuten sie die billigen Arbeitskräfte und Ressourcen Afrikas etwa nicht aus?*, fragen sie. *Drängen sie nicht mit ihren billigen Importen nach Afrika die afrikanischen Produzenten vom Markt?* Ich habe mir diese Fragen oft gestellt.[102] Meine Antwort darauf hat etwas mit der Definition von Imperialismus als ein historisches Phänomen zu tun – ein Phänomen, das beim Aufstieg des Kapitalismus und seines Nebenprodukts Kolonialismus geschaffen worden ist.[103]

China und Indien haben tausend Jahre lang mit Afrika Handel getrieben, aber Afrika nie kolonisiert.[104] Ich weiß nicht, was in der Zukunft geschehen wird. Im Moment jedenfalls sind sie beide kapitalistische Länder, und vielleicht werden sie neue Formen von imperialistischen Beziehungen zu Afrika entwickeln.

Es steht außer Frage, dass zwischen China und den afrikanischen Ländern asymmetrische Machtbeziehungen herrschen, genauso wie zwischen den USA und Europa asymmetrische Machtbeziehungen bestehen. Doch sind die Beziehungen der USA etwa mit Großbritannien durchaus nicht imperialistischer Natur. Ebenso sind die chinesischen Beziehungen mit Afrika nicht imperialistisch und auch nicht sub-imperialistisch.

Aus meiner Erfahrung mit zahlreichen Organisationen der globalen Governance – Vereinte Nationen, WTO, WIPO und andere – heraus gibt es deutliche Anzeichen dafür, dass China und Indien (und auch Russland) auf der Basis von »Solidarität« mit afrikanischen Nationen handeln. Auf ihre eigene Weise sind China, Indien und Russland ebenfalls »revisionistische« Staaten (wie wir den Begriff in einem früheren Kapitel definiert haben); wie Afrika wollen auch sie die globale Ordnung verändern. In diesem Sinne stehen sie auf der gleichen Seite der Trennlinie zwischen dem Westen und dem Rest der Welt. Und keine Ablenkungsversuche – die meist von links außen oder rechts außen kommen – können die strategische Frage der Bildung von Allianzen und Solidaritäten zwischen den BRICS-Staaten und afrikanischen und anderen Drittweltländern verschleiern.

Ressourcenkriege

Der zweite signifikante Aspekt der gegenwärtigen Realität sind Ressourcenkriege. Ich gebe jeweils einen kurzen Abriss von zwei derartigen Konflikten in Afrika.

Nigeria

In Nigeria werden seit Jahrzehnten raffinierte Erdölprodukte
über löchrige westafrikanische Grenzen geschmuggelt.[105] Dieser
parallele Warenstrom ermöglicht es den Menschen in vom
Öl abhängigen Kommunen, ihr gefahrvolles Leben und ihren
Lebensunterhalt außerhalb der offiziellen Wirtschaft zu bestreiten. Gleichzeitig verkaufen multinationale Ölkonzerne (allen voran Shell) seit Jahrzehnten unterfakturiertes Öl auf den
Weltmarkt. Sie ziehen den nigerianischen Staat mit sich, weil
die regierende Elite einen Teil der Profite dieses offiziell sanktionierten unterfakturierten Öls einstreicht.[106] 1995 wurde der
Schriftsteller, TV-Produzent, Gewinner des Alternativen Nobel-
preises (Right Livelihood Award) und Präsident des Movement
for the Survival of the Ogoni People, Ken Saro-Wiwa, vom nigerianischen Militärregime gehängt. Sein Verbrechen bestand
darin, einen gewaltlosen Kampf gegen die Umweltzerstörung
des Ogonilandes durch eine Ölindustrie geführt zu haben, die
einige globale Konzerne sowie ein paar tausend Angehörige der
nigerianischen Elite auf Kosten von Millionen bereichert.

Das bringt die komplexe Saga des afrikanischen »Ölkriegs«
auf den Punkt. 2013 strahlte Al Jazeera die vierteilige Dokumen-
tationsserie *The Secret of the Seven Sisters* aus, die zeigte, wie
von westlichen Konzernen dominierte Ölkartelle geheime Ab-
sprachen treffen, um die weltweiten Ölvorkommen zu kontrollieren.

Somalia

In Somalia ist die Situation noch komplexer als in Nigeria. Ich schildere das Ganze etwas ausführlicher, weil nur so wenig darüber bekannt ist.

Die verbreitete Tendenz, Somalia als einen »gescheiterten Staat« (failed state) zu verteufeln, greift zu kurz; sie lässt eine Reihe von legitimen Fragen offen. Somalia hat weltweit einen schlechten Ruf, weil es sowohl die Al-Shabaab-Miliz als auch die Piraten beherbergt, die seit einigen Jahren die Meere terrorisieren. Eine wichtige und legitime Frage, die man stellen muss, ist: Hat die somalische Piraterie vielleicht etwas mit dem illegalen Fischfang europäischer, amerikanischer und japanischer Flotten zu tun? Oder mit dem illegalen Verklappen von toxischem (darunter auch nuklearem) Müll vor der Küste Somalias, das die Lebensgrundlage der dort lebenden Menschen zerstörte? Wenn ja, sind dann nicht die »Fischpiraten« ebenso schuldig wie die »Schiffspiraten« (ihr plündert unseren Fisch, wir plündern eure Schiffe)?

Hat man diese Zusammenhänge verstanden, ergeben sich weitere Fragen. Hat das Plündern durch die »Fischpiraten« und das Entziehen der Existenzgrundlage etwas mit dem Auftauchen der Al-Shabaab zu tun? Und es gibt noch mehr Fragen, die Krieg und Frieden in dieser Region betreffen. Haben die durch äthiopische, kenianische und ugandische Truppen von außen aufgezwungene Ordnung sowie die gewaltsame Absetzung der Union islamischer Gerichte, die 2011/12 ein wenig Frieden nach Somalia gebracht hat, etwas damit zu tun, dass die Konflikte in dieser Region nicht zur Ruhe kommen? Wenn ja, sind dann nicht Somalias Nachbarländer ebenso schuldig wie die sich bekriegenden Warlords in Somalia selbst? Führen

die Nachbarländer hier Stellvertreterkriege, zum Beispiel für die
Vereinigten Staaten mit ihrem erbarmungslosen »Krieg gegen
den Terror«? Wenn ja, tragen dann nicht die ostafrikanischen
Regierungen eine Verantwortung für die Gewalt, der die un-
schuldige Zivilbevölkerung ausgesetzt ist?

Ich gebe zu, dies alles sind schwierige Fragen. Ich stelle sie
nicht rhetorisch, sondern um die Aufmerksamkeit auf Dinge
zu lenken, über die außerhalb der Afrikanischen Union nur
sehr wenig öffentlich diskutiert wird. Wahrscheinlich hätte
ein Verfolgen des Diskurses in und um Jubaland, Puntland
und Somaliland etwas mehr Licht auf diese Fragen geworfen.
Auch innerhalb der AU wäre es nötig, die Somaliafrage vor dem
Hintergrund eines breiteren geopolitischen und ökonomischen
Kontexts zu diskutieren.

Ende 2012 wurde der frühere Universitätsdekan Hassan
Sheikh Mohamud Präsident von Somalia. Seine Wahl wurde
im Westen allgemein begrüßt. Die USA nahmen nach zwanzig-
jähriger Unterbrechung wieder diplomatische Beziehungen zu
Somalia auf. Die UN beendete das Waffenembargo, das Waf-
fenlieferungen westlicher Länder nach Somalia eingeschränkt
hatte. Im Juni 2013 trat Somalia dem Cotonou-Abkommen bei
(bis dahin war es nicht Mitglied der AKP-Staatengruppe gewesen).[107] Präsident Mohamud erklärte, dies werde den nationalen Wiederaufbauprozess fördern, da Somalia nun Entwicklungshilfe von der EU bekommen könnte.[108]

Fisch ist nicht die einzige somalische Ressource, die von globalen Konzernen begehrt wird. Somalia besitzt auch Ölvorkommen. Präsident Mohamud benutzte Öl eindeutig als Köder, um
ausländische Investitionen im Fischerei- und Ölsektor ins Land
zu locken. Im April 2014 unterzeichnete Somalia ein Fische-
rei-Partnerschaftsabkommen mit der EU. Für das Erdöl gab es
eine ganze Reihe von Interessenten, darunter Großbritannien,

Frankreich, Norwegen, Katar und die Türkei. Bald nach Mohamuds Wahl war der britische Premierminister David Cameron Gastgeber einer Konferenz über Somalia. Cameron sagte: »Wir tragen zur Steigerung von Transparenz und Verantwortlichkeit bei, indem wir einen gemeinsamen Finanzvorstand (Joint Financial Management Board) einsetzen, in dem die Geberländer zusammen mit der somalischen Regierung daran arbeiten werden, dass die Einnahmen aus Somalias wichtigsten Wirtschaftsgütern sowie die internationale Hilfe zum Nutzen des somalischen Volkes eingesetzt werden.«[109] Chefunterhändler für Großbritannien war der frühere Vorsitzende der Konservativen Partei, Lord Michael Howard. Howard wurde später Vorstandsvorsitzender der Soma Oil and Gas Exploration Limited, eines eigens zur Ausbeutung somalischer Öl- und Gasvorkommen gegründeten Unternehmens. Im Juni 2014 gab Soma bekannt, es habe mit Somalia im Rahmen eines Investitionsabkommens (dessen Details nicht öffentlich bekannt gegeben wurden) einen Offshore-Seismik-Übernahmevertrag geschlossen, der rund 122 000 Quadratkilometer somalischer Küste umfasste.«[110]

Öl dient hier lediglich als ein Beispiel. Diese »Ressourcenkriege« werden überall in Afrika geführt, nicht nur um Öl, sondern auch um eine große Menge weiterer natürlicher Rohstoffe: Diamanten, Gold, Eisen, Kobalt, Uran, Kupfer, Bauxit, Silber, Kaffee, Kakao und Holz. Der Bürgerkrieg in der Demokratischen Republik Kongo zum Beispiel ist nicht nur mit dem Schmuggeln von Gold nach Uganda und Ruanda verbunden, sondern weitaus mehr noch mit den reichen Mineralvorkommen der DR Kongo, die wichtige Komponenten für die Elektronik- und Militärindustrien des Westens liefern.

Globale Anarchie:
Das Fehlen einer zentralisierten Struktur
der Global Governance

Der Wettbewerb der globalen Konzerne ist ebenso konspirativ
wie anarchisch. Ich hatte die Al-Jazeera-Dokumentation *The
Secret of the Seven Sisters* bereits erwähnt, die zeigt, wie ein
westliches Kartell aus sieben großen Ölunternehmen einen
geheimen Pakt einging, um die weltweiten Ölvorkommen zu
kontrollieren. Das ist konspirativ. Und es fehlt unübersehbar
irgendeine Form von globaler Governance, die diese globalen
Konzerne maßregeln könnte.

Das globale Finanzsystem ist ebenfalls anarchisch. Wer wäre
besser qualifiziert als Hank Paulson – dessen lange Amtszeit als
US-Finanzminister während der Finanzkrise endete –, dies fest-
zustellen? In einem Interview mit dem deutschen *Handelsblatt*
warnte er am 13. September 2013 vor einer neuen Finanzkrise,
die durch einen oder mehrere der folgenden Faktoren ausgelöst
werden könnte:[111]

- die »Too Big to Fail«-Banken: 2013 hatten die fünf größten
  US-Banken Vermögenswerte von 8,3 Billionen Dollar ange-
  häuft, das sind 2,5 Billionen mehr als 2007;
- der aufgeblähte Markt der Derivate, der von 586 Billionen
  Dollar im Jahr 2007 auf fast 633 Billionen Dollar im Jahr
  2013 angewachsen und weitgehend unreguliert ist;
- Schattenbanken: Mit Vermögenswerten von 67 Billionen
  Dollar (Tendenz rapide steigend) stellen die Schattenbanken
  einen unregulierten Bankensektor dar, für den nicht einmal
  Kapitalanforderungen existieren.

Ich muss hinzufügen, dass es auch Bereiche der Global Governance gibt, die recht gut funktionieren. Doch sind dies weitge-

hend funktionale – »technische«, wenn Sie so wollen – Organe
wie etwa die Internationale Fernmeldeunion oder die Weltorganisation für Meteorologie. Wenn es aber um handelsrelevante
Organisationen wie die WTO geht, dann hat die Politik das
Kommando – dann ist es ihr machtvolles Diktat, das definiert,
wie die Regeln gemacht, interpretiert und angewendet werden.
Andererseits – und das ist der anarchische Teil des Systems –
gibt es riesige Zuständigkeitsbereiche der Global Governance,
die man den Konzernen überlässt, die unreguliert und konspirativ agieren – zwei Aspekte des Konzernhandelns, die Bestandteil der gleichen Giftkapsel sind.

Für Rohstoffe gibt es im Grunde genommen überhaupt kein
Regulierungssystem. Dazu muss man wissen, dass die Spekulanten, die auf den Terminmärkten mit Rohstoffindizes handeln, keinerlei Interesse an einem Überwachungssystem haben.
Es liegt in der Natur des Spekulierens an einem Rohstoffmarkt,
dass hierfür noch nicht einmal die normalen Lehrbuchregeln
von Angebot und Nachfrage Geltung besitzen. Die Spekulanten wollen nicht, dass Rohstoffe als Anlageklasse in einer Beziehung zu anderen Anlageformen wie Aktien, Obligationen,
Immobilien oder Devisen stehen, denn schließlich besteht die
Idee des »Hedgens« ja gerade darin, eine Risikogruppe gegen
eine andere auszuspielen. Da Spekulanten kein Interesse daran
haben, die Rohstoffe physisch in Besitz zu nehmen, müssen
sie die Kontrakte wieder verkaufen, bevor sie fällig werden –
»Short Selling« –, um neue Kontrakte kaufen zu können. Es
ist im Grunde genommen ein anarchisches System des Bör-
senkriegs.

In diesem System haben die Mächtigen das Sagen, und die
Schwachen werden unterworfen oder, wie wir im letzten Kapitel gesehen haben, mit Sanktionen belegt.

Wie aber sollen wir in diesem von Macht angetriebenen

und anarchischen globalen »System« vom Krieg zum Frieden
gelangen?

Die Welt an der Schwelle eines
zivilisatorischen Wandels

Dies ist ein überaus umfangreiches und komplexes Thema für
ein einzelnes kleines Buch. Doch ich muss es anschneiden, weil
ich glaube, dass der Handelskrieg lediglich *eine* Dimension einer Welt verkörpert, die vor einem zivilisatorischen Wandel
steht, dessen Umrisse sich bislang nur schemenhaft abzeich-
nen. Im Gegensatz zu Francis Fukuyamas *Ende der Geschichte*
oder Huntingtons *Kampf der Kulturen* ziehe ich es vor, von einem »zivilisatorischen Wandel« zu sprechen.[112]

Meine These ist ganz einfach. Der gegenwärtige zivilisatori-
sche Wandel basiert auf drei Prämissen.

ERSTENS: Keine Zivilisation, wie immer sie auch definiert
sei,[113] hat ewig Bestand. Im Gegensatz zu dem, was die meisten Menschen denken (oder glauben), wird die sogenannte
westliche oder kapitalistische Zivilisation nicht unbegrenzt
fortbestehen. Ich teile die Auffassung, dass die rücksichts-
lose Ausbeutung von menschlicher Arbeitskraft und Natur
durch diese Zivilisation endlich einem Ende entgegengeht.
Auch wenn es noch ein Jahrhundert dauern sollte – die
Wartezeit ist nicht zu lang. Es gab Zivilisationen vor dem
Kapitalismus (etwa die der Azteken, Ägypter, Chinesen, In-
der und Perser), die weitaus länger Bestand hatten. Revolu-
tionen gehören zum Fortgang der Geschichte.

ZWEITENS: Gegenwärtig besteht der Kapitalismus noch
fort – was man als einen Beleg dafür werten könnte, dass
»sein Ende noch nicht gekommen ist«. Karl Marx war da-

von überzeugt, dass das internationale Proletariat sich als die Nemesis des Kapitalismus erweisen würde. Vielleicht wird es noch dazu kommen; wir wissen es nicht. In der Zwischenzeit sieht sich der Kapitalismus in seiner westlichen Ausprägung (mit Privateigentum und Marktwirtschaft als *raison d'être*) mehr als einer Nemesis gegenüber, darunter insbesondere den unterdrückten Nationen und Kulturen der Welt. Man erinnere sich an Marx' denkwürdige Sätze im *Kommunistischen Manifest*: »Ein Gespenst geht um in Europa – das Gespenst des Kommunismus. Alle Mächte des alten Europa haben sich zu einer heiligen Hetzjagd gegen dies Gespenst verbündet.«

DRITTENS: Dieses *Kommunistische Manifest* ist tot. Heute geht *das Gespenst der unterdrückten Nationen der Welt (vor allem der Nationalismus der Länder des Globalen Südens)* »in *Europa um*«. Und wie nicht anders zu erwarten, haben sich alle Mächte des alten Europa – angeführt von den Vereinigten Staaten – zu einer »heiligen Hetzjagd« gegen dieses Gespenst aufgemacht. Dies ist das neue Manifest unserer Zeit: *Das Manifest der unterdrückten Nationen und ausgebeuteten Völker der Welt.* Es gibt zwei große Erscheinungsformen dieses Gespensts: nationale Befreiung und islamisches Erwachen.

Die nationalen Befreiungsbewegungen

Die Tatsache, dass »Nationalismus« leichter zu erklären ist als »Nation«, ist eine seltsame Ironie von Geschichte und Soziologie. Ich will nicht zu tief in die Definitionsproblematik einsteigen. Manche definieren »Nation« als eine Art »kultureller« Identität – doch warum haben die Amerikaner (die ja vor allem englischer und irischer Abstammung waren) dann 1776 ihre »nationale Befreiung« von England betrieben? Sind die USA eine »Nation«? Wenn ja, wo in ihr verortet man dann die »Nation of Islam«? Stellt das Volk von »Tansania« eine »Nation« dar? Und bilden dann die Menschen von Sansibar eine separate Nation?

Die »Nation« ist eine theoretische Abstraktion. Ihre dynamische Energie äußert sich in »Nationalismus« oder »nationaler Befreiung« – wobei das Schlüsselwort »Befreiung« heißt. Völker suchen Befreiung. Freiheit von Unterdrückung und Ausbeutung. Völker suchen »Selbstbestimmung«, wobei das »Selbst« im Verlauf des Befreiungskampfes definiert – und neu definiert – wird. Befreiung ist das konstante Motiv; es ist die Selbst-Identität, die sich ändert. Ich wurde als »Ugander« geboren (mit »indischen« Wurzeln), doch ich »entwickle« mich nach und nach zu einem »Ostafrikaner«. Die fünf »Staaten« (nicht »Nationalstaaten«) Ostafrikas – Burundi, Ruanda, Tansania, Kenia und Uganda – wurden vor rund hundert Jahren von ihren Kolonialherren geschaffen. Im Kapitel über Europas Handelskrieg gegen Afrika haben wir gesehen, wie diese fünf Länder darum kämpfen, sich vom Joch der kolonial-imperialistischen Herrschaft zu befreien und sich möglicherweise zu einer neuen politischen Einheit namens »Ostafrika« zu »entwickeln«. Es ist ein Prozess, kein Ereignis.[114]

Grundlagen und Bedeutung des islamischen Erwachens

Die zweite Erscheinungsform der »nationalen Befreiung«, das islamische Erwachen, ist ein noch komplexeres Phänomen. Die Wurzeln für dieses Erwachen lassen sich meiner Meinung nach zurückverfolgen bis in die Zeit des kometenhaften Aufstiegs des

Islam in der Mitte des siebten bis Mitte des achten Jahrhunderts, also in die Zeit des islamischen Beitrags zur europäischen Aufklärung und Renaissance,[115] die Zeit der Kreuzzüge und der Anfänge des Kapitalismus als systematischer Produktionsweise in Europa.

Warum die kapitalistische Revolution nicht die islamische Welt ergriff (oder das alte Indien oder Mesoamerika), ist eine akademische Frage von allenfalls spekulativem Interesse. Die historische Realität ist, dass Industrialisierung und Kapitalismus zuerst nach Europa kamen. Marx liefert ein lebhaftes Bild der »ursprünglichen Akkumulation«, die dem Kapitalismus in England eine Basis bot: die massive Enteignung von Land und Eigentum der englischen und irischen Bauern (das sogenannte »Enclosure Movement«) und die Aneignung der bislang gemeinschaftlich genutzten »Allmende« durch einen aufsteigenden Landadel. Das spielte sich vor allem nach dem Wüten des Schwarzen Todes (ca. 1348–1350) ab. Doch noch deutlich früher *fand im Zuge der Kreuzzüge die kolossalste ursprüngliche Akkumulation statt* – diese übersah Marx in seiner Darstellung.

Eurozentrische Historiker stellen die Kreuzzüge als christliche Defensivkriege gegen die islamische Expansion bis an die Grenzen Europas dar und als einen Versuch, den christlichen Zugang zu den heiligen Stätten in und um Jerusalem wiederherzustellen. Doch das ist nur ein Teil der Geschichte. Die osmanische Eroberung Osteuropas hatte die Christen erschüttert. Von 1030 an versuchte der Westen fast 200 Jahre lang mit großem Furor, die islamische Vorherrschaft zu brechen. Wenn es einen Ersten Weltkrieg gab, dann war es dieser – die Kreuzzüge.

Am Ende der Kreuzzüge stand der erste Schritt des Westens in Richtung Kapitalismus. Im Zuge des byzantinisch-muslimischen Krieges von 1030 bis 1035 war es dem italienischen Stadtstaat Venedig gelungen, den islamischen Einfluss im Mit-

telmeerraum zu schwächen. 1061 bis 1091 hatten die Norman-
nen, unterstützt von den italienischen Stadtstaaten Genua
und Pisa, den Moslems Sizilien entrissen. Im Ersten Kreuzzug (1095–1099) eroberten die Kreuzzügler Jerusalem, was mit
einem blutigen Gemetzel an den Juden und Arabern endete,
die zusammen gegen die Christen gekämpft hatten. Im Vierten Kreuzzug (1202–1204) wurde Konstantinopel angegriffen
und seine Reichtümer geplündert. Es war die Zeit der finanziellen Innovationen des Templerordens, mit denen die Gold-
und Silberschatzkammern des Ostens angezapft wurden. Der
Vierte Kreuzzug hatte schließlich zur Folge, dass das finanzelle
Zentrum der Welt von Byzanz und der arabischen Welt in den
Westen wanderte.[116]

Im Rückblick betrachtet, war dies eine sehr bedeutsame Entwicklung. Lange bevor Kolumbus 1492 die Segel setzte, um »den
Osten« zu entdecken, hatte der Westen sich die Kontrolle über
das entstehende globale Geldsystem gesichert – von den Gold-
schmieden Venedigs über die italienischen und katalanischen
Bankhäuser, die Deutsche Hanse (bewaffnete Schar) und die
Geldverleiher (Fugger, Welser, Höchstetter) bis hin zur Gründung der ersten großen Börse Europas in Brügge. 1668 wurde
mit der Schwedischen Reichsbank die erste westliche Bank gegründet, die das Recht hatte, Banknoten auszugeben; 1694 entstand die Bank of England.[117]

Dank des institutionalisierten Rassismus und der Islamophobie unserer Zeit ist dieser Teil der Geschichte heute weitgehend in Vergessenheit geraten. Bis auf ein paar wenige auf-
geklärte Ausnahmen sind die Menschen im Westen auf eine
gewisse Hybris hinsichtlich der »höheren« Qualität der westlichen Zivilisation gegenüber den »niederen« Zivilisationen Afrikas und des Orients konditioniert. Es ist ein weit verbreiteter
Eindruck (gefördert durch schlechten Journalismus), dass das

Leben oder die Menschenrechte eines gewöhnlichen Afrika-
ners, Afghanen, Palästinensers oder Muslims wertlos sind im
Vergleich mit dem Leben oder den Rechten des gewöhnlichen
»weißen« Menschen. Diese Hybris vergiftet die Beziehungen
zwischen dem Westen und dem Rest der Welt. Das ist die harte –
und traurige – Realität der heutigen postkolonialen Welt.

Nur vor diesem Hintergrund lässt sich der Aufstieg des IS
bzw. ISIS (Islamic State of Iraq and Syria) verstehen.[118] Die
jahrhundertealte Fehde zwischen Schiiten und Sunniten ist
nach wie vor ein tiefgreifender Faktor, sie wird oft vom Westen, der die eroberten Völker spalten und beherrschen will, gezielt angefacht. Die »Wahhabisierung« des sunnitischen Islam
lag im westlichen Interesse, solange dieser in den 80er-Jahren
in Afghanistan gegen die Sowjets kämpfte. Das Kolonialreich
bedient sich der reaktionärsten atavistischen Relikte aus der
islamischen Vergangenheit, um Nationalisten und progressive
Kräfte der Dritten Welt zu verunglimpfen. Der IS selbst ist das
Ergebnis der NATO-Bemühungen, einen Regimewechsel in Sy-
rien zu erzwingen.

Wer Leben, Freiheit und Sicherheit wertschätzt, kann weder
die imperialistischen Ambitionen des Westens noch Syriens
Diktatur noch die Exzesse des IS gutheißen. Niemand, der bei
Verstand ist, kann die zügellose Brutalität der Enthauptungen
westlicher Journalisten und Entwicklungshelfer durch den IS
entschuldigen. So etwas ist nicht akzeptabel, auch nicht, wenn
der Westen oder seine Helfershelfer das Gleiche mit Osama bin
Laden, Saddam Hussein, Muammar al-Gaddafi und zahllosen
anderen getan haben.

Aber die Taten des IS sollten auch nicht der Maßstab sein,
an dem andere islamische Organisationen, wie etwa die Mus-
limbruderschaft, gemessen werden (die ohnehin keine einheit-
liche Organisation ist). Man darf beispielsweise nicht vergessen,

dass der nationalistische, antiimperialistische Arm der Muslim-
bruderschaft in den 30er-Jahren in Indien eine entscheidende
Rolle beim Widerstand gegen das britische Empire spielte. Das
ging so weit, dass Gandhi sich für eine Wiedereinführung des
Kalifats aussprach. Heute ist natürlich die Frage nach dem Ka-
lifat stark umstritten, selbst in der islamischen Welt.

Der Punkt ist, dass man ohne eine sehr breite historische
Perspektive unmöglich verstehen kann, warum der moderate
und säkulare Islam von militanten und fundamentalistischen
Dschihadisten an den Rand gedrängt wird, warum junge Muslime aus dem Westen sich den Dschihadisten anschließen[119]
und warum die Kommandostrukturen der NATO mit den de-
zentralen und selbstrekrutierten Strukturen des IS nicht ver-
gleichbar sind. Wie kann man die vernichtende Niederlage
einer von der NATO ausgestatteten, 350000 Mann starken
irakischen Armee am 10. Juni 2014 gegen nicht einmal 1300
IS-Kämpfer erklären?[120] Ob der IS seine Ziele erreicht – oder
auch nur teilweise erreicht – oder ob die NATO-Streitkräfte es
schaffen, den IS militärisch zu besiegen: Die Saat, die der IS ge-
sät hat, wird neue Früchte tragen. Die Macht einer Idee – wenn
sie genährt ist von der jahrhundertealten Geschichte der Kreuzzüge und der Erniedrigung, die die Muslime in ihrem täglichen
Leben erleben – kann nicht in einigen Jahren oder Jahrzehnten
beiseitegewischt werden.

Theorie und Praxis des revolutionären Wandels

*Die Strategie der Mainstream-Reformisten:
Pfeifen im Dunkeln*

Am 4. Februar 2014 hielt IWF-Chefin Christine Lagarde in London die Richard-Dimbleby-Gedenkvorlesung.[121] In ihrer Rede mit dem Titel »Ein neuer Multilateralismus für das 21. Jahrhundert« ging sie auf die zahlreichen Herausforderungen ein, denen sich das globale System gegenübersieht. Sie traf eine kühne Feststellung, der ich weitgehend zustimmen würde:

> »In der Vergangenheit haben Ökonomen die Bedeutung der Ungleichheit unterschätzt. Sie haben sich auf Wirtschaftswachstum, also auf die Größe des Kuchens statt auf seine Verteilung, konzentriert. Heute haben wir einen besseren Blick für den Schaden, den Ungleichheit verursacht. Einfach ausgedrückt: Eine extrem schiefe Einkommensverteilung schadet langfristig der Geschwindigkeit und Nachhaltigkeit des Wachstums. Sie führt zu einer Wirtschaft des Ausschlusses und einer Wüste verschwendeten Potenzials.«

Unter anderem lenkte sie die Aufmerksamkeit auf eine »Verschiebung der globalen Machtverhältnisse von West nach Ost und von Nord nach Süd.« Das ist natürlich relativ – ich denke, sie würde nicht bestreiten, dass der Norden militärisch außerordentlich mächtig ist. Schauen wir ruhig einmal nach, was Google dazu zu sagen hat. Ich habe »US military compared to the rest of the world« (um einen furchtbaren neumodischen Begriff zu gebrauchen) gegoogelt, und das war das Ergebnis:

»Die USA hatten 2012 höhere Defensivausgaben als die Länder
mit den zehn nächsthöchsten Verteidigungsbudgets zusammen.
Die 628 Milliarden Dollar, die die USA 2012 ausgaben, lagen
nach Aussage des Office of Management and Budget höher als
die kombinierten Militärausgaben von China, Russland, Großbritannien, Japan, Frankreich, Saudi Arabien, Indien, Deutschland, Italien und Brasilien. Diese gaben laut der SIPRI-Daten-
bank für Militärausgaben zusammen 625 Milliarden Dollar
aus.«[122]

Lagardes Rede enthielt eine lange Liste von Dingen, die getan werden müssen, um die Situation zu verbessern. Unter anderem nannte sie »sofortige Priorisierung von Wachstum, um
die Finanzkrise zu überwinden«, Lösungen für »private und
öffentliche Schulden«, »strukturelle Hindernisse für Wettbewerbsfähigkeit und Wachstum«, »schwache Bankensysteme«
und die Wichtigkeit eines »Finanzsystems, das einer produkti-
ven Wirtschaft dient und in dem die Branche eine Mitverantwortung übernimmt«. Sie schloss ihre Rede mit einer Aufforde-
rung an die heutige Generation: »Unsere Vorväter bezwangen
die Dämonen der Vergangenheit und hinterließen uns eine
bessere Welt – und unsere Generation war der größte Nutznie-
ßer ... Jetzt ist es an uns, den Weg für die nächste Generation zu
bereiten. Sind wir dieser Herausforderung gewachsen? Unsere
Zukunft hängt von der Antwort auf diese Frage ab.«

Damit ist die Strategie des Westens zur Rettung der Welt in
der Krise im Wesentlichen umschrieben. Man kann verstehen,
dass die Chefin des IWF keine revolutionäre Strategie vertreten
kann, selbst wenn ihr in privaten Momenten eine eingefallen
sein sollte.

Die Chancen dafür, dass Christine Lagardes Wunschliste
umgesetzt wird, sind, offen gesagt, praktisch gleich null. »Die
Dämonen der Vergangenheit« werden noch eine Weile bei uns

bleiben – bis zum endgültigen Ableben von Kapitalismus und Imperialismus. Ich will nicht auf diesem Punkt herumreiten. Die Welt wird natürlich weiterhin im materiellen Sinn wachsen, dank der (um einen marxistischen Ausdruck zu gebrauchen) kontinuierlichen Entwicklung der »Produktionskräfte« im Kapitalismus.[123] Für unser Thema von Bedeutung ist die Tatsache, dass im Kapitalismus (um es ganz einfach auszudrücken) die Früchte menschlicher Arbeit ungleich verteilt werden – zugunsten der Reichen und zuungunsten der Armen. Das trifft innerhalb der Nationen ebenso zu wie zwischen den Nationen. *Das kapitalistisch-imperialistische System polarisiert in Wohlstand und Armut. Das liegt in seiner DNA.* Wenn die arbeitenden Klassen etwas erreicht haben – in materieller Hinsicht und im Bezug darauf, dass sie in den »kapitalistischen Demokratien« (eigentlich Plutokratien) eine Stimme haben, dann ist dies das Ergebnis ihres politischen Widerstands. Die Ungleichheit in der Welt hat in den letzten fünfzig Jahren stärker zugenommen als in den tausend Jahren davor. Die OECD-Studie *Divided We Stand: Why Inequality Keeps Rising* aus dem Jahr 2011 zeigte, dass die globale Kluft zwischen Reich und Arm in den letzten zehn Jahren größer geworden ist. Zwischen den Nationen ist das unübersehbar. Doch selbst innerhalb von hochentwickelten Ländern – auch in »egalitären« Staaten wie Deutschland, Dänemark und Schweden – wächst die Wohlstandskluft zwischen Reich und Arm.[124]

Das gegenwärtige System ist strukturell darauf angelegt, Ungleichheit zu produzieren; es gibt in ihm keine Möglichkeit einer »Verteilungslösung«. Und das ist der Punkt, an dem Christine Lagardes Optimismus ins Leere läuft.

Was wir als Gegenentwurf zu dieser reformistischen Strategie anbieten, ist die Strategie eines Guerillakrieges gegen den imperialistischen Frieden.

Ein Guerillakrieg gegen den imperialistischen Frieden

Ein Handelskrieg ist nicht das Gleiche wie ein militärischer Krieg; die beiden unterscheiden sich in grundsätzlicher Weise. Doch es gibt bestimmte Prinzipien der militärischen Kriegführung, die auch auf einen Handelskrieg anwendbar sind. Eine asymmetrische Machtsituation verlangt nach einer Guerillataktik. Es gibt vieles, was man von Sūnzǐ, Mao, Che Guevara, Cabral, Lê Duǎn, Giáp, Gandhi, Nkrumah, Nyerere und Castro lernen kann.[125] Es mag überraschen, dass ich alle diese Persönlichkeiten zusammengruppiere, doch wenn man sich deren Leben und ihren Kampf gegen asymmetrische Machtsituationen anschaut, wird man verstehen, dass sie uns ein reiches Vermächtnis von Strategien und Taktiken für den Kampf gegen mächtigere und gefährliche Gegner hinterlassen haben.

Warum ein gewaltloser Guerillakrieg?

Die erste Frage, der ich mich stellen muss, ist, ob ich das mit dem »Guerillakrieg« ernst meine. Übertreibe ich da nicht ein wenig, bin ich vielleicht gar paranoid? Oder zumindest ein Romantiker?

Die Strategie, die ich hier vorstelle, ist nicht romantisch. Sie ist auch nicht paranoid. Sie ist ernst gemeint. Wir können von Che, dem Inbegriff des Guerillakämpfers, eine Menge lernen, aber wir müssen auch über ihn hinausgehen. Wer eine andere Art des Friedens erreichen will, hat keine andere Wahl, als einen gewaltlosen Guerillakrieg gegen die bestehende Ordnung zu führen. Ich sage *gewaltlos*, weil ich der festen Überzeugung bin, dass ein gewaltloser Kampf zwar langsam sein mag, sein Ergebnis aber dafür humaner, effektiver und dauerhafter ist. Gewalt spaltet. Mag sie praktisch auch schnelle Ergebnisse bringen, so sind diese doch oft nicht von großer Dauer. Ein gewaltloser Guerillakrieg bringt viele Herausforderungen mit sich. Die Marschroute »von hier nach dort« (wie immer man »dort« definieren will) verlangt nach taktischen Entscheidungen, die sofort getroffen werden müssen, doch strategisch gesehen ist es ein langwieriger Kampf.

Ein langwieriger Kampf ist keine Eintagsfliege. Für alle, die im Kapitalismus die Grundursache aller gegenwärtigen Probleme sehen, steht ein epochaler Kampf bevor. Vielleicht werden sie Geduld haben müssen. Es besteht kein Zweifel, dass das System Risse bekommt – wir haben es gesehen, als wir dem aktuellen Finanzchaos auf der Spur waren –, doch das Schiff des Kapitalismus ist weit davon entfernt auseinanderzubrechen. Und es sind mehr als sechs Milliarden Menschen an Bord. Die richtige Strategie besteht darin, Boote zu bauen – tausend Boote, hunderttausend Boote – und sie zu Wasser zu lassen, sodass »Frauen und Kinder«, begleitet von guten Ruderern, sich in die raue See aufmachen können. Wenn das kapitalistische Schiff tatsächlich zu sinken beginnt, sollte niemand mehr an Bord sein. Dieser epochale Kampf hat bereits mit der Russischen Revolution von 1917 begonnen, wenn nicht noch früher. Von damals bis heute wurden verschiedene Versuche in Richtung Sozialismus unternommen. Diese haben uns die Wracks ihrer Boote hinterlassen, die leckschlugen oder auf dem Ozean verlorengingen – doch sie haben uns auch einen Reichtum an Erfahrung und Wissen hinterlassen. Die Menschheit muss aus den Erfolgen und Misserfolgen eines fast schon ein Jahrhundert andauernden Kampfes gegen den Kapitalismus und seinen unvermeidlichen Auswuchs, den Imperialismus, lernen.

Es ist ein schwieriges und komplexes Thema, das wir uns
für den letzten Abschnitt unseres Buches aufgehoben haben,
das einen winzigen Aspekt der in den Untergang führenden
Reise des kapitalistischen Schiffes beleuchtet. Darum gebe ich
im Folgenden nur einen kleinen Ausblick auf das Gesamtbild.
Wenn die größere strategische Vision fehlt, kann es sein, dass
alle taktischen Reaktionen auf Probleme des Handels nicht nur
fehlgeleitet, sondern letztlich illusorisch sind.

Die Philosophie der Widersprüche

Viele Guerillabewegungen haben Maos Lehren – einschließlich
seiner Widerspruchstheorie – für legitime politische Ziele genutzt. Einige dieser Bewegungen – etwa in Peru oder Sri Lanka –
haben ein schreckliches Ende genommen, für ihre Anführer
ebenso wie für das Volk. Ich gehörte in den 70er- und 80er-
Jahren in Uganda selbst einer maoistischen Untergrund-Gue-
rillabewegung an, und ich habe einige persönliche Erfahrung,
was die Stärken und Schwächen dieser Theorie angeht. Mir ist
klar, dass wir viel von Mao lernen können, gleichzeitig aber
auch über ihn hinausgehen müssen.

Dabei will ich den Fokus ausweiten, damit wir auch größere
philosophische Fragen mit in den Blick nehmen können. Das
folgende Diagramm soll uns dabei helfen, die Komplexität und
Vernetztheit der drei Aspekte der Widerspruchtheorie zu erklären.

Wie ich schon weiter oben ausgeführt habe, bin ich der
Meinung, dass auf der materiellen Ebene die Entwicklung der
Produktivkräfte zu den dynamischsten Kräften gehört.[126] Nach
Marx und Mao würde ich sagen, dass die Arbeiterklassen – jene,
die auf dem Land sowie in Industrie und Dienstleistungssektor

arbeiten – die revolutionärsten Klassen sind. Allerdings würde ich präzisieren, dass »die Massen« nicht aus den Vertretern der Arbeiterklasse bestehen. Im Sinne von Moses, Christus, Mohammed, Guru Nanak, Gandhi, Nyerere und Mandela denke ich, dass »die Massen« ein viel weiterer Begriff ist. Ich würde auch sagen, dass die Massen nicht nur von materiellen Kräften, also der Erfahrung von Unterdrückung und Ausbeutung auf der Produktionsebene motiviert werden. Sie werden auch inspiriert durch etwas, das ich aus Mangel an einer besseren Bezeichnung »spirituelle Kräfte« nenne. Zu diesen Kräften gehören nach meiner Definition Ideologie und Zeitgeist. Ich möchte jedoch hinzufügen, dass ich den Zeitgeist nicht mit »Modernisierung« oder »Globalisierung« gleichsetze, sondern mit Widerstand gegen Ausbeutung und Unterdrückung auf allen Ebenen – sei es Nation, Klasse, Geschlecht, Alter, Religion oder Umwelt.

Mir ist klar, dass ich dünnes philosophisches Eis betrete, zumal ich kein Philosoph bin. Vielleicht finden Sie meine oben umrissene Philosophie problematisch. Doch ich belasse es dabei. Meine Absicht ist es, die Vorstellungskraft anzuregen – nicht um einen Konsens zu erreichen, sondern mit dem Ziel, eine gesunde Debatte anzustoßen. Und diese sollte nicht nur strategische und taktische, sondern auch normative und ethische Fragen behandeln.

PHILOSOPHIE DER WIDERSPRÜCHE

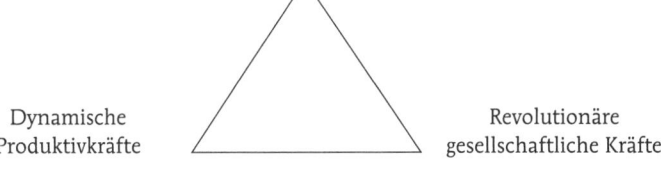

Konservative Kräfte auf
internationaler und nationaler Ebene

Dynamische
Produktivkräfte

Revolutionäre
gesellschaftliche Kräfte

Eine Frage allerdings bleibt: Marx und Mao hatten eine sozialistische Vision vor Augen; was, so fragen Sie vielleicht, ist meine Vision? Nun, wenn wir von meiner Analogie vom Schiff des Kapitalismus ausgehen, so besteht meine Vision aus tausenden von kleinen Booten im Ozean – tausenden von gewaltfreien, mehr oder weniger autarken Gemeinschaften, die ihre eigenen Methoden von Produktion und Konsum organisieren. Diese Gemeinschaften sollten nicht nur altruistisch, sondern auch »umweltbewusst« sein. Sie sollten untereinander handeln, um Güter und Dienstleistungen zu bekommen, zu deren Produktion sie nicht die Ressourcen haben, aber dieser Handel sollte sich am »Nutzwert« und nicht am kommoditisierten »Tauschwert« orientieren. Um Gandhi zu paraphrasieren: Die Welt hat genug für jedermanns Grundbedürfnisse, aber nicht genug für die Gier von einer Milliarde Konsumenten auf Kosten der fünf Milliarden Menschen, die enteignet und machtlos sind, und auch nicht auf Kosten der Umwelt und anderer Spezies. Die Menschheit sollte alle Lebewesen anerkennen, einschließlich Flora und Fauna.

Und nun die Riesenfrage: Wie lassen wir diese Vision zur Wirklichkeit werden? Visionen zur Realität zu machen ist leichter gesagt als getan. Aber irgendwo müssen wir anfangen. Es gibt schlichtweg keine andere Möglichkeit, wenn wir den absolut ungerechten und gewalttätigen »imperialistischen Frieden« hinter uns lassen und zu einer neuen Art von Frieden, dem »Frieden der Menschen« gelangen wollen.

Materielle und soziale Kräfte mobilisieren

Im Bezug auf die oben skizzierte Dreiecksbeziehung sind Reflexion und Handeln auf zwei Ebenen erforderlich:

a) auf der materiellen Ebene – derjenigen von Produktion und
   Warenaustausch;
b) Auf der sozialen Ebene – derjenigen der Produktionsbeziehun-
   gen sowie der ideologischen und moralischen Basis der Gesellschaft.

Das Folgende sind, angesichts des beschränkten Raums und der
Notwendigkeit, mit der gebotenen Kürze eine Orientierung zu
geben, ein paar vorläufige Gedanken.

AUF DER MATERIELLEN EBENE: »ABKOPPELN«

Samir Amin schrieb 1985 das einflussreiche Werk *La déconne-
xion: Pour sortir due système mondial* (englische Übersetzung *Delinking: Towards a Polycentric World*, 1990). Amin ist eine wichtige Figur, wenn es darum geht, die bestehende kapitalistische
und imperialistische Ordnung zu hinterfragen und einer Generation von Akademikern – aus dem Norden ebenso wie aus
dem Süden – durchdachte und überzeugende Argumente dafür zu liefern, dass eine neue Ordnung unvermeidlich ist. Der
Kapitalismus, so argumentierte er, ist am Ende seines Weges
angelangt, und die Menschheit braucht jetzt einen Schritt in
Richtung einer neuen Zivilisation.[127]

Meine Vorstellung von Abkopplung gleicht Amins »Delinking«. Für Amin ist es vor allem ein präskriptives Konzept; ich
nutze es gleichermaßen deskriptiv und präskriptiv. Mit anderen
Worten, ich vertrete die Auffassung, dass das Abkoppeln bereits
stattfindet. Ich werde darauf noch zurückkommen, sobald ich
eine begriffliche Abgrenzung zu ähnlich gelagerten Verwendun-
gen von »Delinking« vorgenommen habe – auch dort, wo das
Wort selbst gar nicht verwendet wird. So ist es beispielsweise
in Joseph Stiglitz' Essay *On the Wrong Side of Globalization on
Trans-Pacific Partnership*.[128] Stiglitz hat recht damit (meiner

Meinung nach), dass er die Transpazifische Partnerschaft kritisiert, allerdings impliziert seine Überschrift, dass es auch eine
»right side«, also eine richtige Seite, der »Globalisierung« gibt.
Im Grunde genommen ist Stiglitz damit aus dem gleichen reformistischen Holz geschnitzt wie Christine Lagarde, und er
hat die gleichen Illusionen wie sie, wenn es daran geht, das
kapitalistische System zu reformieren, indem man die Version
»freie Marktwirtschaft« abtrennt und durch eine Art »regulier-
ten Kapitalismus« ersetzt.[129]

Ich beginne mit der Prämisse, dass der *Kapitalismus unre-
gulierbar ist*. Er ist seinem Wesen nach anarchisch – und seine
Hauptakteure – die transnationalen Konzerne und die Finanz-
und Rohstoffspekulanten – ziehen ein anarchisches System vor,
das sie manipulieren können. Einige Mainstream-Ökonomen
und -Journalisten wie Wolfgang Münchau und David Pilling
argumentieren im Prinzip so, dass Globalisierung real ist und
nicht verschwinden wird und dass es unmöglich ist, sich von
ihr abzukoppeln. Ihnen möchte ich entgegnen, dass eine Abkopplung nicht nur möglich ist, sondern dass sie bereits stattfindet, selbst innerhalb des kapitalistischen Rahmens. Das
Projekt der Globalisierung steckt in einer tiefen Systemkrise.
Länder wie China, Indien, Brasilien, Chile, Malaysia, Venezuela usw. haben sich teilweise vom globalen System abgekoppelt – zum Beispiel, indem sie dem IWF die Stirn bieten; indem
sie die Liberalisierung ihrer Kapitalströme verweigern; indem
sie die volle (China) oder doch eine teilweise (Indien, Argen-
tinien) Kontrolle über ihre Währung einrichten; und indem
sie sich weigern, dem Liberalisierungsdruck von USA, EU und
WTO nachzugeben. Sie sind recht gut gefahren damit, eine
»Firewall« aufzubauen gegen jene Virusattacke, die durch die
US-Immobilienkrise von 2007/08 ausgelöst wurde. Das hat
China, Indien, Brasilien und Russland politischen Spielraum

verschafft und es ihnen ermöglicht, die Finanzkrise viel besser zu meistern als der Norden.[130] Anders ausgedrückt (und um meine Schiffsmetapher wieder aufzugreifen): Diese Länder – die BRICS plus Venezuela, Chile, Malaysia sowie der Iran und noch einige andere – bleiben einstweilen an Bord des kapitalistischen Schiffs, aber sie hören nicht auf das Kommando des Kapitäns, sie haben ihre eigenen kleinen kapitalistischen Boote im Ozean ausgesetzt und machen sich daran, sie vom Hauptschiff abzukoppeln.

Gemäß meiner Terminologie bedeutet also »Regionalismus« eine Art Abkopplung. Wir haben in Kapitel drei gesehen, dass die Menschen (im Gegensatz zu den Regierungen) Ostafrikas es (bislang) geschafft haben, ihre regionalistischen Ambitionen und Programme durchzuhalten; sie haben sich geweigert, der »Teile und herrsche«-Taktik der Europäischen Union nachzugeben.

Ich würde sogar noch einen Schritt weitergehen. Während einige Länder aktiv versuchen, sich von der Globalisierung abzukoppeln, werden »schwierige« Länder wie Russland, China, Kuba und viele andere zwangsweise abgekoppelt. Im Gefolge der Ukraine-Krise von 2014 bekam Russland Sanktionen auferlegt, die genau diesen Effekt haben. Anders gesagt: Abkoppeln – und nicht in die westlich geführte Globalisierung integrieren – ist der Zeitgeist unserer Tage.

VON TAUSCHWERT ZU GEBRAUCHSWERT

Eine noch radikalere Form des Abkoppelns liegt vor, wenn eine Gesellschaft aus dem kapitalistischen System der Rohstoffproduktion ausgeklinkt wird. Das ist allerdings eine Langzeitstrategie, eine Vision für die Zukunft. Ich bin der Meinung, dass die Normalbürger auf lokaler oder kommunaler Ebene eine *be-*

wusste Anstrengung unternehmen und Wege finden müssen, um sich von dem allgegenwärtigen marktbasierten Wertesystem abzukoppeln.

Im Zentrum der gegenwärtigen Zivilisationskrise steht eine reduktionistische Logik, die alles in Geldwert taxiert. Alles, einschließlich der Würde des Einzelnen – und insbesondere von schutzbedürftigen Frauen und Kindern –, unterliegt dem »Gesetz des Wertes«. Alles ist kommoditisiert. Doch in den Ritzen und Spalten dieses globalisierten Systems gibt es Gruppierungen, die heroische Anstrengungen unternehmen, um sich davon zu distanzieren. Es gibt viele innovative Ansätze, darunter auch die Produktion von Waren und Dienstleistungen auf der Basis eines Austauschs, der kein Geld beinhaltet. Dort, wo Geld als Medium des Austauschs nötig ist, gibt es Gemeinschaften, die »Kommunalgeld« (eine Art Arbeitsgutscheine) nutzen, abgekoppelt von den nationalen Währungen, die bekanntermaßen Fluktuation und Spekulationen ausgesetzt sind.[131]

AUF DER SOZIALEN EBENE: DIE ROLLE VON IDEOLOGIE UND WISSEN

Der deutsche Philosoph Karl Mannheim definiert Ideologie als die Gesamtheit des Gedankensystems, das die regierenden Gruppen einer Gesellschaft gemeinsam haben. Ideologie verschleiert die realen Bedingungen und trägt so zur Erhaltung des Status quo bei. In seinem Klassiker *Ideologie und Utopie* (1929; auf Englisch und erweitert 1936 unter dem Titel *Ideology and Utopia: An Introduction to the Sociology of Knowledge* erschienen) analysiert er die Beziehung zwischen Soziologie und Sozialpolitik und die Rolle der Intelligenz.[132] Angelehnt an Marx argumentiert Mannheim, dass die ideologische Struktur unserer Gedanken durch die Klassenstruktur der Gesellschaft konditioniert ist. Weiter schreibt er, dass in Gesellschaften mit Klassenschranken eine besondere Schicht von Menschen existiert, »deren einziges Kapital in ihrer Bildung besteht« und die ihre Ideen entwickeln, um die Interessen verschiedener Klassen zu fördern. Ein Teil von ihnen dient den herrschenden Klassen; sie liefern das Wissen, das den Wesenskern der herrschenden Ideologie bildet – die dominierende »*Weltanschauung*«. Ihnen steht eine andere Schicht gegenüber, die die herrschende Orthodoxie und Wissensproduktion herausfordert. Nach Mannheim bewirkt die jeweils vorherrschende Ideologie, dass die herrschenden Gruppen alles Wissen ablehnen, das ihre Dominanz zu untergraben droht.

In Anlehnung an Mannheim argumentiere ich, dass wir am Scheideweg zwischen der seit fast vierzig Jahren vorherrschenden neoklassischen Ideologie des gescheiterten Neoliberalismus auf der einen und der Herausforderung an die radikale Intelligenz auf der anderen Seite stehen, ein Wissen hervorzubringen, das es den Menschen ebenso wie ihren politischen Führern erlaubt, die gegenwärtige obskurantistische Denkweise abzustreifen.

Die Frage, wo Wissen herkommt und wie wir wissen, was wir wissen, beschäftigt die Philosophie seit Jahrhunderten. Eines der besten Bücher, das ich in letzter Zeit zu diesem Thema gelesen habe, ist Nassim Talebs *Der schwarze Schwan*, in dem er unter anderem »dekontextualisiertes Wissen« (er spricht von »Platonizität«) attackiert.[133] Aus afrikanischer Perspektive schrieb Dani Wadada Nabudere, der ugandische Wissenschaftler und politische Aktivist, mit dem ich fast dreißig Jahre lang zusammengearbeitet habe, kurz vor seinem Tod im November 2011 einige seiner Betrachtungen zu diesem Thema nieder. In seinen beiden Büchern *Afrikology, Philosophy and Wholeness: An Epistemology* und *Afrikology and Transdisciplinarity: A Resto-*

rative Epistemology analysiert Nabudere die durch die kartesi-
anische Fragmentierung des Wissens in der westlichen Zivilisation heraufbeschworene Krise und liefert Einsichten aus
traditionellen afrikanischen Wissenssystemen.[134]

Jenseits der ideologischen Ebene (die ich hier vor allem im
Bereich der Ökonomie definiere) findet der Kampf auf politischer, moralischer und ethischer Ebene statt. Die Allgemeine
Erklärung der Menschenrechte ist ein gutes Beispiel. Die Erklärung basiert auf Prinzipien und Werten, die die meisten
von uns unterstreichen würden. Doch in der Weltpolitik, deren grundlegend anarchische Natur wir bereits konstatiert
haben, sind die Menschenrechte von NATO-Staaten gröblich
missbraucht worden, um in die inneren Angelegenheiten vor
allem von Ländern des Südens einzugreifen. Eines der am
meisten missbrauchten Korollare der Menschenrechtserklä-
rung ist die Schutzverantwortungs-Resolution der Vereinten
Nationen (Responsibility to Protect oder kurz R2P; Resolution
A/RES/63/308).[135]

Nicht anders verhält es sich mit anderen allgemein anerkannten Normen wie Demokratie, Pressefreiheit oder Good
Governance. Sie sind zu normativen Werkzeugen geworden,
mit denen man im Namen der Ausrottung von »Terroristen«
kriegsähnliche Konflikte gegen Länder des Südens wie Kuba
und den Iran oder gegen Gruppen innerhalb dieser Länder austrägt. Wir müssen eine andere Welt schaffen – ohne NATO und
ähnliche Militärallianzen. Dann könnten diese politischen und
ethischen Normen das bedeuten, wofür sie eigentlich stehen.

Von hier nach dort:
Tausend Boote auf dem Ozean

Für die Antwort auf die Frage, wie wir weiter verfahren sollen, wenden wir uns an den chinesischen Weisen und Militärstrategen Sūnzǐ (544–498 v. Chr.). Dieser bezog seine Weisheit aus dem Taoismus, dem Wissen, das sowohl die Heilkunst als auch die Kampfkunst Chinas hervorbrachte. Sein klassisches Werk *Die Kunst des Krieges* ist voller Einsichten zur Kriegführung, die sich auch gut auf unsere Zeit und auf alle Formen kriegerischer Auseinandersetzungen bis hin zum Guerillakrieg anwenden lassen.[136] Es sollte auf dem Schreibtisch eines jeden Guerillakriegers liegen. Sūnzǐ erklärt, dass es nach den Regeln für militärische Operationen neun Arten von Terrain gibt:

1. *Terrain der Auflösung:* wo örtliche Interessen auf ihrem eigenen Territorium miteinander im Wettstreit liegen;
2. *Leichtes Terrain:* wenn du des anderen Land betrittst, aber nicht tief eindringst;
3. *Umkämpftes Terrain:* ein Gebiet, das für dich von Vorteil wäre, würdest du es erobern, und das für den Gegner von Vorteil wäre, würde er es erobern;
4. *Verbindendes Terrain:* ein Gelände, wo du und die anderen kommen und gehen können;
5. *Sich überschneidendes Terrain:* ein Gelände, das auf drei Seiten von Widersachern umgeben ist und das Zugang zum ganzen Volk auf dem Kontinent geben würde;
6. *Schweres Terrain:* wenn du tief in feindliches Gebiet eindringst, vorbei an Städten und Dörfern;
7. *Unwegsames Terrain:* wenn du Bergwälder, tiefe Schluchten, Sümpfe oder andere Stellen durchquerst, wo es schwierig ist, vorwärtszukommen;

8. *Eingekreistes Terrain:* wenn der Weg hinein schmal und der Weg hinaus verschlungen ist, sodass eine kleine gegnerische Streitmacht dich angreifen kann;

9. *Hoffnungsloses Terrain:* wenn ein rascher Angriff das Überleben sichert und ein zögerlicher Angriff die Vernichtung bedeutet.[137]

Sūnzǐ gibt detaillierte Anweisungen für die richtigen Strategien und Taktiken auf jedem Terrain. »Lass es daher auf einem Terrain der Auflösung nicht zu einem Kampf kommen. Auf leichtem Terrain halte nicht inne.« Und so weiter. Er ist gegen den Krieg: »Siegen ohne zu kämpfen ist am besten ... Eine siegreiche Armee siegt zuerst und sucht dann die Schlacht; eine geschlagene Armee kämpft zuerst und sucht dann den Sieg.«

Wenn ich *Handel ist Krieg* in den Begriffen Sūnzǐs zusammenfassen sollte, dann würde ich sagen, dass der Imperialismus es geschafft hat, den Süden auf »*unwegsames Terrain*« zu drängen. Manche Länder wie China, Kuba und der Iran stehen zusammen im Angesicht des Feindes, doch die meisten anderen befinden sich auf dem »*Terrain der Auflösung*«. Das ist in erster Linie die Folge der von den imperialistischen Mächten eingesetzten Teile-und-herrsche-Taktik. Diese Mächte schaffen es trotz all ihrer Differenzen immer wieder, im Rahmen der NATO die Reihen zu schließen, wenn sie einer Situation wie in Libyen 2011, in der Ukraine 2014 oder in Palästina seit der Gründung des Staates Israel 1949 gegenüberstehen. Der Krieg um die WPAs zwischen Europa und Afrika zeigt, dass Afrika sich auf dem »*Terrain der Auflösung*« befindet, und wenn es sich nicht zu einigen vermag, wird es sich bald auf »*hoffnungslosem Terrain*« befinden. Afrikas Industrien werden schlicht untergehen – und mit ihnen Afrikas Zukunft. Doch dies ist nicht die Zeit, zu verzweifeln oder gar aufzugeben. Der UN-

Sicherheitsrat ist mehr oder weniger gelähmt, doch Russlands und Chinas Vetorecht kann den Süden davor bewahren, herumgeschubst zu werden. Die Generalversammlung hat keine Sanktionsmöglichkeit, doch sie ist »*verbindendes Terrain*«. Sie ist auch »*eingekreistes Terrain*«, »*umkämpftes Terrain*« – und sie kann ein nützliches Mittel sein, den Gegner zu isolieren, so wie es Palästina mit Israel getan hat. Die UN bietet auch eine nützliche Plattform, auf der man seine Freunde und Feinde erkennen und Allianzen bilden kann. Bei Sūnzǐ heißt es: »Wenn du die Pläne deiner Widersacher nicht kennst, kannst du keine Bündnisse schließen.«

Sūnzǐ sagt: »Wenn deine Strategie tiefgründig und umfassend ist, kannst du gewinnen, bevor du überhaupt kämpfst.«

Es ist Zeit, eine Strategie für das Aussetzen von tausend Booten im Ozean zu entwickeln. Das ist der Punkt, an dem ich stehe.

ANHANG

Anmerkungen

1 UNCTAD-Daten.
2 D. Poon, 2013. *South-South trade, investment and aid flows.* The North-South Institute, Policy Brief. http://www.nsi-ins.ca/wp-content/uploads/2013/06/2013-South-South-Trade-Investment-and-Aid-Flows.pdf.
3 »China and Africa. Little to fear but fear itself.« *The Economist*, 21. September 2013. http://www.economist.com/news/middle-east-and-africa/21586583-slowing-demand-raw-materials-will-not-derail-african-economies-little-fear.
4 F. Dews. »8 facts about Chinese investments in Africa.« Brookings, 20. Mai 2014. http://www.brookings.edu/blogs/brookings-now/posts/2014/05/8-facts-about-china-investment-in-africa.
5 »Africa and China: more than minerals.« *The Economist*, 23. Mai 2013. http://www.economist.com/news/middle-east-and-africa/21574012-chinese-trade-africa-keeps-growing-fears-neocolonialism-are-overdone-more.
6 »India and Africa: elephants and tigers.« *The Economist*, 26. Oktober 2013. http://www.economist.com/news/middle-east-and-africa/21588378-chinese-businessmen-africa-get-attention-indians-are-not-far.
7 Weltbank-Daten.
8 UNCTAD-Daten. Die von Carlos Lopes zum Ausdruck gebrachten Ansichten sind persönlich.
9 Edgar Morin, *Vers l'abîme?* Paris: Ed. L'Herne, 2007. S. 117.
10 Diese Zitate sind meinen Notizen von dieser Konferenz entnommen.
11 Siehe Glossar.
12 Zitiert von Alex Smith von Associated Press, San Francisco, 26. Oktober 2008.
13 Der Begriff »Washington Consensus« bezeichnet ein Bündel von marktbasierten wirtschaftspolitischen Maßnahmen (von Kritikern auch als »neoliberaler Fundamentalismus« bezeichnet), die Weltbank, IWF und

westliche Länder von den Entwicklungsländern als Gegenleistung für die sogenannte »Entwicklungshilfe« verlangen.

14 Der Neo-Keynesianismus ist eine makroökonomische Denkschule, die nach dem Zweiten Weltkrieg aus den Schriften von John Maynard Keynes entwickelt wurde. Diese Theorie stellt das vorherrschende monetaristische Denken infrage, wie es im Washington Consensus festgeschrieben wurde.

15 Es gibt eine Schule von juristischen Aktivisten, die sagt, dass Entscheidungen der WTO »Präzedenzfälle« schaffen, die zur gängigen Praxis und gewohnheitsmäßig befolgt werden und sich so nach und nach zu einem »Normensystem« entwickeln. Ich will nicht auf diese teleologische, hegelianisch-kantische Sichtweise eingehen, die ich nicht teile, die aber in Teilen der »Linken« in Kontinentaleuropa eine Renaissance erlebt. Für mehr zu diesem Thema vgl. »Kantian Tradition« in Martin Griffiths (1999, 2006) *Fifty Key Thinkers in International Relations*, Routledge.

16 Diese Phrase habe ich von Hudec entlehnt; vgl. Fußnote 19.

17 Erstere unterliegt Sektion 301 des Omnibus Trade & Competitiveness Act von 1988; Letztere ist Gegenstand der Countervailing Duties, CVDs (Antidumping- und Ausgleichszölle).

18 Für eine exzellente Diskussion des Konzepts der »Fairness« im internationalen Handel vgl. Robert E. Hudec (1990), »Mirror, Mirror on the Wall: The Concept of fairness in US Foreign Trade Policy« in seinem 1999 erschienenen Buch *Essays on the Nature of International Trade Law*, Cameron.

19 Das Protokoll von Kyoto zum Rahmenübereinkommen der Vereinten Nationen über Klimaänderungen (UNFCCC) ist ein gesetzlich bindender internationaler Vertrag mit dem Ziel, gefährliche anthropogene (von Menschen verursachte) Veränderungen des Klimasystems zu verhindern. Es legt den Industriestaaten bindende Verpflichtungen auf, um die Emission von Treibhausgasen zu reduzieren.

20 »Will you walk into my parlor,« said the Spider to the Fly. »The way into my parlor is up a winding stair.« »Oh no, no,« said the little fly, »to ask me is in vain, for who goes up your winding stair can ne'er come down again.« (»Komm doch in meinen Salon«, sagte die Spinne zur Fliege. »Der Weg dorthin führt eine Wendeltreppe hinauf.« »Oh nein«, sagte die kleine Fliege, »es hat keinen Zweck, mich zu fragen, denn wer deine Wendeltreppe hinaufgeht, kann niemals wieder herunterkommen.« – Aus dem Gedicht »The Spider and the Fly« von Mary Howitt, Anm. d. Übers.).

21 Später schrieb ich darüber eine Geschichte mit dem Titel »My Attempt to Enter the Boiler Room at Doha Ministerial«. Vgl. *SEATINI Bulletin*, 30. November 2001.

22 Beim sechsten WTO-Ministertreffen in Hongkong dagegen gab es in diesem technischen Sinne keinen »Konsens«. Am letzten Tag verlas der Vorsitzende des Treffens die »Hong Kong Declaration«, die lediglich ein paar privilegierte Delegationen vorher zu Gesicht bekommen hatten. Ohne weitere Diskussionen klopfte der Vorsitzende mit einem Hämmerchen auf den Tisch und verkündete, da niemand einen Einwand erhoben habe, sei die Erklärung nunmehr per Konsens angenommen. Sofort erhoben sich die Leiter der Delegationen von Kuba und Venezuela, um Widerspruch anzumelden. Als der Vorsitzende ihren Einspruch nicht anerkannte, eilten sie zum Podium und protestierten, dass sie nicht zugestimmt hätten. Die kubanisch-venezolanischen Einwände wurden offiziell im Protokoll »vermerkt«. Ich war bei jenem Treffen dabei, und ich fragte später einen Rechtsexperten der WTO, welche juristischen Konsequenzen diese Verweigerung der Zustimmung durch zwei Länder hatte. Er antwortete: »Gar keine. Das sind kleine Akteure. Die zählen nicht.«

23 Siehe allerdings die vorangegangene Anmerkung.

24 Die Dependenztheorie basiert auf dem Argument, dass die Art und Weise, wie arme Staaten in das weltweite System von Produktion und Warenaustausch eingebunden werden, dafür sorgt, dass die armen Länder ärmer und die reichen Länder reicher werden. Die Theorie stellt fest, dass Ressourcen von der »Peripherie« der armen und unterentwickelten Länder ins »Zentrum« des globalen Systems zu den reichen Ländern fließen. Darin sieht die Theorie die Wurzel der zunehmenden Kluft zwischen armen und reichen Nationen.

25 Vgl. Kapitel Drei (WPAs: Europas Handelskrieg gegen Afrika).

26 Vgl. Ziegler, Jean (2011). *The Fight for the Right to Food: Lessons Learned*, Palgrave-Verlag. Das Buch setzt sich für ein »Recht auf Nahrung in Theorie und Praxis« ein, basierend auf konzeptionellen und juristischen Entwicklungen und Erfahrungen in elf Ländern in Afrika, Asien und Lateinamerika.

27 Ich kann das aus meiner eigenen Beobachtung bestätigen, weil ich es in meiner Zeit als »Entwicklungsberater« in den ländlichen Gebieten Tansanias und Simbabwes in den 1980er und 1990er Jahren mit eigenen Augen sehen konnte.

28 *Agricultural Subsidies in the WTO Green Box.* ICTSD, September 2009.

29 Vgl. South Centre, Diskussionspapier »Present Situation of the WTO Doha Talks and Comments on the 21 April Documents.« April 2011.

30 Oxfam, 2003. »Cultivating Poverty: The Impact of US Cotton Subsidies on Africa«. Positionspapier; Baffles, 2003.

31 Andrea R. Woodward (2007). Case Study Nr. 10-5, »The Impact of U.S. Subsidies on West African Cotton Production.« In: Per Pinstrup-Andersen und Fuzhi Cheng (Hrsg.). *Food Policy for Developing Countries: Case Studies.* http://cip.cornell.edu/dns.gfs/1200428204.

32 Vgl. IFDC: »Linking Cotton and Food Security in the Cotton-Four (C-4) Countries.« IFDC Report Band 38, Nr. 1 (2013).

33 Ibid.

34 Für eine Darstellung, wie die MDGs auf die Agenda der UN gelangten und welche Rolle die »Überflieger« der westlichen Wohltätigkeits- und Medienwelt (wie Bob Geldof, Bono, George Clooney und Angelina Jolie) dabei spielten, vgl. Sumner, Andy und Meera Tiwari (2009). *After 2015: International Development Policy at a Crossroads.* Palgrave.

35 *South Bulletin* Nr. 71, 7. Juli 2013.

36 Vgl. www.businesseurope.eu.

37 Robert Skidelsky (2000). *John Maynard Keynes, Vol. 3: Fighting for Britain, 1937–1946,* Macmillan.

38 Ibid.

39 Afrikanische Soldaten schleppten die lebenswichtigen Vorräte – genau zur Zeit des Sklavenhandels – und wurden als *Carrier Corps* bezeichnet. Daher hat der größte Markt in Daressalam seinen Namen – *Kariako* –, dessen Ursprung unter der heutigen Generation der Afrikaner nur den wenigsten bekannt ist.

40 Dani Nabudere (1980). *Imperialism and Revolution in Uganda,* Onyx Press, S. 87.

41 http://en.wikipedia.org/wiki/Lend-Lease.

42 Vgl. L.C. Gardner (1964). *Economic Aspects of New Deal Diplomacy,* Madison, 1964. S. 272–91.

43 Nur wenige Menschen wissen noch, dass es ursprünglich einen anderen Plan, den sogenannten Morgenthauplan, gegeben hatte. Dieser sprach sich dafür aus, Deutschlands industrielle Basis für das Führen weiterer Kriege zu zerschlagen und es zu einem Agrarland zu machen. Es ist durchaus nicht abwegig, mit Erik Reinert den Standpunkt zu vertreten, dass das, was der Westen mit Afrika macht, eher der Umsetzung einer Variante des Morgenthauplans als einem neuen Marshallplan entspricht. Diesmal ist jedoch das Ziel nicht, Afrikas Fähigkeit zum Kriegführen zu zerstören, sondern es dauerhaft auf den Status einer Agrar-Region für die Industriestaaten des Westens zu reduzieren. Reinert schreibt in seiner Rezension von Paul Colliers Buch *Die unterste Milliarde: Warum die ärmsten Länder scheitern und was man dagegen tun kann:* »Als die Alliierten Deutschland nach dem Zweiten Weltkrieg bestrafen wollten, war der grausamste Plan ... die erzwungene Deindustrialisierung: der Morgenthauplan. Dieser Plan erwies sich jedoch als so effektiv darin, Massenarmut zu produzieren, dass es nur zwei Jahre dauerte, bis er durch den Marshallplan, einen Plan zur Reindustrialisierung, ersetzt wurde. Diese Tatsache ist der Entwicklungsökonomie unter der Ägide des Neoliberalismus völlig entgangen ... In dieser längerfristigen Perspektive wird die von der neoliberalistischen Schocktherapie ausgelöste Deindustrialisierung –

ein moderner Morgenthauplan – immer deutlicher als Torheit bewertet werden. Von Paul Collier, dem früheren Chefökonomen der Weltbank und einem der Architekten dieser Torheit, eine Erklärung dafür zu erwarten, was mit der Globalisierung schiefgelaufen ist, ist ungefähr so, als würde man dem Hunnenkönig Attila das Ministerium für den Wiederaufbau des Römischen Reiches anvertrauen. Colliers Buch enthält mehr Versuche, die Vergangenheit zu verschleiern als konstruktive neue Einsichten und mehr Beschreibungen von Symptomen der Armut als Analysen ihrer tieferen Ursachen.« Vgl. Erik S. Reinert (2005), »Development and Social Goals: Balancing Aid and Development to Prevent Welfare Colonialism.« The Other Canon Foundation, Norwegen und Technische Universität Tallinn, Estland.

44 Vgl. Jeffrey Sachs (2009). *Common Wealth*, Penguin.

45 Vgl. auch Richard N. Gardner (1956). *Sterling-Dollar Diplomacy*, Clarendon Press.

46 Unter Wirtschaftswissenschaftlern ist es weit verbreitet, beispielsweise Ghana mit Malaysia zu vergleichen. Letzteres ist zu einem Land mit »mittlerem Einkommen« geworden, und Ghana steht mehr oder minder immer noch dort, wo es 1957 stand. Doch die Situation der beiden Länder unterscheidet sich deutlich. Afrika war an koloniale Wurmfortsätze gefesselt – wie das imperialistische »Präferenzen«- und Währungssystem, ebenso wie an imperialistische Regierungs- und Verwaltungsstrukturen. Einige der Ostasiatischen Länder konnten dagegen, zumal unter dem Einfluss der Chinesischen Revolution und der Gründung der VR China im Jahr 1949, einen eher radikalen und revolutionären Ansatz verfolgen. Andere Länder wie Südkorea oder Taiwan konnten sich die kommunistische Bedrohung zunutze machen, um in den Bereichen Handel, Investitionen und Technologietransfer große Zugeständnisse von den USA und Europa eingeräumt zu bekommen.

47 Charles E. Harahan (2001). »The U.S.-European Union Banana Dispute.« Congressional Research Service, The Library of Congress, United States. Außerdem: Hans-Peter Werner, »Lomé, the WTO, and bananas.« In: *The Courier ACP-EU* Nr. 166, November–Dezember 1997: S. 59–60.

48 Vgl. Kapitel zwei für eine Erklärung der Regeln der grünen bzw. blauen Box.

49 Nabudere hatte an der Juristischen Fakultät der Universität ein Seminar über die juristischen Aspekte des internationalen Handels gegeben und hatte sich recht tief in die Details dieses Themas eingearbeitet. Er fragte mich, ob ich ihn zu einem Treffen mit Ramphal im Kilimanjaro Hotel begleiten wolle, wobei er sich gegen das Unterzeichnen des Lomé-Abkommens aussprechen wollte. Ramphal hörte uns höflich an und stimmte uns prinzipiell zu, doch er sagte zugleich, dass wir pragmatisch sein müssten. Damals gab es noch keine NGOs von der Art, wie wir

sie heute kennen, deshalb waren Nabuderes und meine Einwände ein einsames Pfeifen in der Wüste. Unsere Stimmen ließen sich leicht als akademisch abtun.

50 Dani Nabudere (1979). »Lom. Convention and the Crisis of Neo-colonialism: An Evaluation of Lom. I–III.« In: *Essays on the Theory and Practice of Imperialism.* Onyx.

51 Es ist interessant, dass alle postkolonialen Handelsabkommen zwischen Afrika und Europa in ehemaligen französischen Kolonien in Afrika unterzeichnet wurden – Yaoundé in Kamerun, Lomé in Togo und Cotonou in Benin. Verglichen mit den riesigen Ländern, die es in Afrika gibt – Kongo, Nigeria oder Südafrika – sind dies geradezu Zwergstaaten. Warum diese kleinen frankophonen Länder und nicht die großen Staaten Afrikas ausgewählt wurden, um Abkommen zu schließen, die so wichtig sind für die afrikanisch-europäischen Beziehungen, ist eine Frage, die ich der Spekulation meiner Leser überlasse.

52 Für Leser, die an mehr Details oder juristischen Feinheiten interessiert sind, verweise ich auf die vielen vom South Centre herausgegebenen Dokumente, die eine südliche Perspektive vermitteln. Eines davon ist »EPAs and WTO Compatibility: Developing Country Perspective«, formlose Notiz, 11. August 2010. Einen guten Überblick von der anderen Seite (also aus EU-Perspektive) findet man in Sanoussi Bilal (2007). »Concluding EPA Negotiations: Legal and Institutional Issues.« ECDPM.

53 Noch einmal: Die Realität hat sich seit etwa 2008 gewandelt – durch die globale Finanz- und Wirtschaftskrise und die große Desillusionierung vieler gewöhnlicher Wähler in den meisten EU-Ländern über die Europäische Union.

54 Vgl. www.businesseurope.eu.

55 Vgl. »EPA Negotiations: African Countries Continental Review«. Europas Teile-und-herrsche-Taktik macht es den verschiedenen Unterregionen und einzelnen Ländern schwer, sich gegen eine Vereinbarung zur Wehr zu setzen, die für Afrika »hoffnungsloses Terrain« schafft. Die Phrase »hoffnungsloses Terrain« stammt von Sūnzǐ, dem antiken chinesischen Militärstrategen. Eine detailliertere Diskussion zu Sūnzǐ findet sich im letzten Kapitel.

56 Einfuhrtauschverhältnis (Terms of Trade) bezieht sich auf den relativen Preis von Exportgütern in Bezug auf Importgüter. Einfach ausgedrückt handelt es sich um die Menge von Gütern, die ein Land pro Einheit exportierter Güter kaufen kann. Ein (für die afrikanischen Länder typischer) Rückgang im Einfuhrtauschverhältnis bedeutet, dass sich das jeweilige Land weniger Importe für eine bestimmte Menge Exporte leisten kann. Es bedeutet auch, dass Arbeiter härter arbeiten müssen, um die gleiche Menge Waren zu importieren.

57 An dieser Stelle sollte man vielleicht ergänzen, dass diese Fragen, die uns 2010 in Ostafrika beschäftigten, bis heute umstritten und ungeklärt sind. Die Europäische Kommission bestand auf ihren Forderungen; sie drohte mit dem Beschneiden ihrer sogenannten »Entwicklungshilfe« an Ostafrika. Sie hat obendrein Kenia gedroht, dass es als nicht LDC den Präferenzstatus auf dem europäischen Markt verlieren würde, was die großen transnationalen Blumenproduzenten und -exporteure mit Sitz in Kenia veranlasste, die Regierung unter Druck zu setzen, das FEPA zu unterschreiben. Timothy Clarke, der Leiter der EU-Delegation in Tansania, sagte, die EU sei der größte Markt für Ostafrika, und Kenia würde der größte Verlierer, wenn die Gespräche scheiterten, weil es über keine alternativen Wege verfügte, mit Europa zu handeln, wenn sich das Präferenz-Fenster schließe. Da es nicht zur Gruppe der hochverschuldeten Entwicklungsländer (Highly Indebted Poor Countries; HIPC) gehörte, wäre es nach einem Scheitern der Gespräche gezwungen, seinen Handel mit der EU nach dem weniger großzügigen Allgemeinen Präferenzsystem (APS) abzuwickeln. Das bedeutete, dass auf die Exporte des Landes, die den europäischen Markt zollfrei erreichten, Abgaben von 8,5 bis 15,7 Prozent fällig würden. Um das Maß vollzumachen, fügte er noch hinzu, dass der Verlust des Präferenzstatus bei den Zöllen durch den Wechsel zum APS Kenia in der Folge 700 Millionen Dollar an Investitionen und tausende von Jobs in den Gärtnereibetrieben kosten würde. Vgl. *Business Daily* (Nairobi), 9. Juni 2010. Es sollte klar sein, dass Clarke lediglich seinen Job machte. Er arbeitete mit Drohungen und Panikmache, um die Position der kenianischen Regierung in der FEPA-Frage zu beeinflussen. Wie ich in diesem Kapitel erläutert habe, verliert Kenia durch das Unterzeichnen des WPA mehr, als wenn es nicht unterzeichnet hätte. Warum Kenia das WPA dennoch unterschrieb, ist eine Frage, die die Historiker klären müssen. In den Beziehungen zwischen dem Kolonialreich und der Neo-Kolonie läuft vieles hinter den Kulissen ab, das nicht auf den ersten Blick erkennbar ist.

58 Kenya Human Rights Commission (2010). *Possible Impact on Human Rights of the Framework for the Economic Partnership Agreements (EPAs) Between the East African Community and the European Union.*

59 Vgl. CTA Brussels Newsletter, 8. April 2011, www.cta.int.

60 Die oben zitierte Business Daily vom 9. Juni 2010 hatte berichtet, dass die Statements für zivilgesellschaftliche Organisationen in Tansania und ein weiteres für Uganda, unterzeichnet vom Southern and Eastern Africa Trade Information and Negotiation Institute (SEATINI), am Tagungsort verteilt wurden. Beide Statements hatten festgestellt, dass Ostafrika nicht bereit war für den freien Handel mit Europa: »Der massive Unterschied in der Größe unserer Wirtschaftsleistung, der historische Ursachen hat, wird nicht zu einem Handel führen, der von gegenseitigem

Nutzen ist, er wird weitere europäische Dominanz nach sich ziehen. Vor dem Hintergrund dieser Gewissheit müssen wir das Recht behalten, Zölle und andere Interventionen einzusetzen, um unsere bestehenden und zukünftigen Industrien zu entwickeln.« Das Statement warnte, dass der »freie Handel«, nach dem Europa verlangte, »in Wirklichkeit durchaus nicht frei und ganz sicher nicht fair ist. Es stellte fest, dass Europa hunderte Milliarden Euro zur Unterstützung seiner Bauern ausgibt und nicht bereit ist, diesen Zustand zu ändern oder darüber zu verhandeln. Diese Subventionen führen zu Dumpingpreisen und billigen Produkten auf unseren Märkten, die den Lebensunterhalt der Bauern gefährden. Sie machen es auch sehr schwer, in Europa mit den dortigen subventionierten Produkten zu konkurrieren.«

61 Beim WTO-Ministertreffen 2003 in Cancún war ich ein Repräsentant der Zivilgesellschaft in der Delegation Ugandas unter der Leitung von Minister Edward Rugumayo. Die Afrikanische Union hatte sich kollektiv gegen bestimmte Standpunkte ausgesprochen, die USA und EU insbesondere im Bereich Landwirtschaft einnahmen. Rugumayo hatte natürlich die Position der AU vertreten. Nur wenige Stunden nach Eröffnung der Konferenz erhielt er ein Fax von Präsident Museveni, das ihn instruierte, sich von der Position der AU zu distanzieren. Später erfuhren wir aus gut unterrichteten Quellen, die USA hätte den Präsidenten »ersucht«, die USA-EU-Position nicht anzugreifen. Museveni war kein Schwächling; er konnte dem Imperium die Stirn bieten, wenn seine Interessen auf dem Spiel standen. In diesem konkreten Fall hatte er vermutlich beschlossen, dass es sich nicht lohnte, das Imperium herauszufordern.

62 Die Deadline für ein Zurückziehen der Marktzugangsregelung (Market Access Regulation) MAR 1528 war drei Jahre zuvor festgelegt worden. MAR 1528 regelte den steuer- und quotenfreien Marktzugang (duty free, quota free; DFQF) für AKP-Länder.

63 Yash Tandon (1988). *Ending Aid Dependence*, South Centre. Außerdem Yash Tandon (2012). *Demystifying Aid*, Pambazuka Insights.

64 »Wenn die Natur irgendetwas hervorgebracht hat, was weniger als alles andere zum ausschließlichen Eigentum geeignet ist, so ist es das Resultat der Denkkraft, Idee genannt, welche ein Einzelner nur ausschließlich besitzen kann, solange er sie für sich behält; in dem Augenblick, wo sie bekannt wird, drängt sie sich jedermann als Eigentum auf, und der Empfänger kann sich ihres Eigentums nicht entledigen. Ihre Eigenart ist auch, dass niemand etwas weniger besitzt, weil jeder andere sie ganz besitzt. Wer eine Idee von mir empfängt, empfängt Kenntnisse, ohne die meinen zu schmälern; so wie Licht empfängt, wer seine Kerze an der meinigen anzündet, ohne mich ins Dunkel zu versetzen.« Thomas Jefferson, Brief an Isaac McPherson, 13. August 1813. Vgl. http://en.wikipedia.org/wiki/Intellectual_property.

65 Mitglieder der europäischen Piratenparteien sind vor allem die Jugend. Sie sind Kinder der digitalen Revolution, und ihre wichtigsten Themen sind freie Software, ganz besonders Musik, und die Reform des Copyrights und des Patentsystems. In letzter Zeit scheinen sie Themen wie Saatgut und Gene aufgegeben zu haben. Nichtsdestotrotz sind sie potenzielle Verbündete im Kampf des Südens gegen die globalen Regelungen zum Schutz des geistigen Eigentums.

66 Ibn al-Khatib lieferte den statistischen Beweis, dass der Schwarze Tod in Europa sich durch Ansteckung verbreitete und nicht aufgrund eines religiösen Fluchs, wie die damaligen Europäer glaubten. Weitere Wissenschaftler waren etwa die Ärzte Al-Razi (Rhazes) und Al-Haytham (Alhazen). Der englische Historiker Arnold Toynbee war mit seiner klassischen Studie *Der Gang der Weltgeschichte* (*A Study of History*, 1955, Oxford University Press) einer der wenigen integren europäischen Historiker, die die Bedeutung des Islam für die europäische Wissenschaft und Aufklärung anerkannten.

67 http://en.wikipedia.org/wiki/International_Assessment_of_Agricultural_Knowledge,_Science_and_Technology_for_Development.

68 See WHO A/CEWG/3, 2. November 2012. www.who.int/phi/1-cewg_secretariat_paper-en.pdf?ua=1.

69 Information aus meinen Notizen eines Interviews mit dem chinesischen Botschafter in Genf am 14. Januar 2009. Die chinesische Regierung akzeptiert einerseits die WIPO und die WTO-Normen zum geistigen Eigentum und maßregelt von Zeit zu Zeit heimische Unternehmen, die diese Normen missachten, andererseits verschließt sie die Augen vor dem, was der Westen »Piraterie« seines geistigen Eigentums nennt.

70 Das führte Anfang 2014 zu diplomatischen Verstimmungen zwischen den USA und Deutschland, als die Deutschen ein amerikanisches Industriespionage-Netzwerk aufdeckten.

71 Das bezieht sich auf George Orwells berühmten dystopischen Roman *1984*, in dem »Big Brother« die Bewegungen der Bürger konstant überwacht. Während der Roman ein nationales Szenario schildert, haben wir inzwischen eine globale Dimension erreicht.

72 Ein Bericht errechnete, dass die Verwendung von Open-Source-Software für die Verbraucher Einsparungen von jährlich rund 60 Milliarden Dollar bedeutet. Vgl. Richard Rothwell (2008). »Creating Wealth With Free Software.« *Free Software Magazine.*

73 Die Ludditen waren eine Bewegung in England von 1811 bis 1817, bei der Handwerker Maschinen zerstörten, um sie durch niedrig bezahlte und niedrig qualifizierte Arbeiter zu ersetzen. Der Begriff »Luddit« oder »Maschinenstürmer« ist in den allgemeinen Sprachgebrauch eingegangen, um alle zu verunglimpfen, die gegen globale, von Konzernen kontrollierte Innovation sind.

74 Gandhi: »Ein Land bleibt arm, sowohl materiell als auch intellektuell, wenn es nicht sein Handwerk und seine Industrie entwickelt und ein faules, parasitäres Leben führt, indem es alle Fertigungsprodukte von außen einführt … Wir sind von der Außenwelt abhängig für die meisten industriellen Produkte … Doch beim Festlegen einer Definition musste man Sorge tragen, diese nicht so eng zu machen, dass Fertigung praktisch unmöglich wurde, aber auch nicht so breit, dass sie zur Farce geriet und nur dem Namen nach Swadeshi war.« *Young India*, 20. August 1931.

75 »Nganga« ist ein Wort aus der Bantu-Sprache, das in vielen afrikanischen Gesellschaften – aber auch in vielen Gesellschaften in der afrikanischen Diaspora, wie etwa in Brasilien – einen Kräuterkundigen oder Geisterheiler bezeichnet.

76 Dafür gibt es eine große Anzahl dokumentierter Beweise. Vgl. zum Beispiel George Susan (1976), *How the Other Half Dies: The Real Reasons for World Hunger*, Penguin; Vandana Shiva (1992), *The Violence of the Green Revolution: Ecological Degradation and Political Conflict in Punjab*, Zed Press; Vandana Shiva (2000), *Stolen Harvest: The Hijacking of the Global Food Supply*, South End Press.

77 »Protesters around the World March Against Monsanto.« *USA Today*, 26. Mai 2013.

78 Für mehr Informationen über die Save Our Seeds-Kampagne (SOS), vgl. www.saveourseeds.org/en.html.

79 Für den vollen Text der Vereinbarung cf. »WT/MIN(01)/DEC/2«, 20. November 2001, Erklärung über das TRIPS-Abkommen und öffentliche Gesundheit.

80 Novartis AG gegen Union of India, Supreme Court of India. Vgl. en.wikipedia.org/wiki/Novartis_v._Union_of_India_%26_Others. Vgl. auch Carlos Correa, »Indian Court decision on Novartis Good Outcome for Public Health«, *South Centre News*, 11. November 2013.

81 Bestes Beispiel dafür ist das Institute for Capacity Development des IWF mit Sitz in Washington und mehreren regionalen Dependancen. Das Institut produziert Fachartikel und Analysen zu verschiedenen Aspekten der Entwicklung – alle mit dem Ziel, die Ideologie einer freien Marktwirtschaft zu propagieren. Von dieser Ideologie ist die etablierte Lehre der Ökonomie an den Universitäten durchdrungen – nicht nur im Westen, sondern auch in den Ländern des Südens.

82 Eine eingehendere Diskussion des Konzepts Imperialismus findet sich in Kapitel sechs.

83 Für eine eingehendere Diskussion des Begriffs Imperialismus vgl. Kapitel sechs.

84 Ramphal erzählte mir das, als wir uns bei der WTO-Konferenz in Doha zufällig begegneten. Später bestätigte er es in einem Interview mit der

BBC. Vgl. Martin Plaut, »Africa: US Backed Zimbabwe Land Reform«.
BBC News, 22. August 2007.

85 Vgl. http://mg.co.za/article/2013-11-28-mbeki-blair-plotted-military-intervention-in-zim.

86 Am 17. April 1961 begannen 1400 Exilkubaner mit Unterstützung der USA in der Schweinebucht den erfolglosen Versuch einer Invasion Kubas. Der Angriff wurde zurückgeschlagen. Als Reaktion darauf bat Kuba die Sowjetunion um die Stationierung von Atomraketen auf Kuba, um die USA von weiteren Invasionsversuchen abzuschrecken. Die UdSSR kam diesem Ersuchen nach. Das hatte im Oktober 1962 eine direkte Konfrontation zwischen den USA und der Sowjetunion zur Folge, und die Welt stand 13 Tage lang am Rande eines Atomkriegs. Schließlich zog die UdSSR die Raketen wieder ab, und die USA sicherten zu, auf eine Invasion Kubas zu verzichten.

87 Ich habe verschiedene Quellen für Informationen über die amerikanischen Sanktionen gegen Kuba herangezogen. Sehr informativ ist der Wikipedia-Artikel zum Thema: http://en.wikipedia.org/wiki/United_States_embargo_against_Cuba.

88 Gary Hart, »Fiction in Foreign Policy,« *Huffington Post*, 7. März 2011.

89 Während dieses Buch in den Druck geht, haben die USA und Kuba die »Normalisierung« ihrer diplomatischen Beziehungen eingeleitet. Doch in einer Rede beim dritten Gipfel der Gemeinschaft der Lateinamerikanischen und Karibischen Staaten (Comunidad de Estados Latinoamericanos y Caribeños; CELAC) im Januar 2015 sagte Präsident Raúl Castro, eine »Normalisierung« sei »nicht möglich«, solange die USA in den Beziehungen zwischen beiden Staaten »souveräne Gleichberechtigung und Gegenseitigkeit« nicht respektierten und die Blockade sowie die »illegale Besetzung« von Guantanamo nicht beendeten. (http://en.granma.cu/mundo/2015-01-29/president-raul-castro-speaks-to-third-celac-summit-in-costa-rica). Sein Bruder Fidel sagte, dass er das Tauwetter in den Beziehungen einerseits begrüße, andererseits: »Ich vertraue der Politik der Vereinigten Staaten nicht.« (http://www.dailymail.co.uk/news/article-2927784/Fidel-Castro-endorses-new-phase-Cuba-relations-statement-quashes-rumors-discord-brother-Raul.html).

90 Alle diese Informationen haben den Stand August 2014. Die Dinge könnten sich im Laufe der Zeit ändern, auch wenn dies auf absehbare Zeit unwahrscheinlich erscheint. [Anm. d. Red.: Am 14. Juli 2015 einigten sich die E3+3 Staaten (China, Deutschland, Frankreich, Großbritannien, Russland, USA) und Iran in Wien auf den Joint Comprehensive Plan of Action zur Beilegung des Streits um das iranische Atomprogramm. Darin wurde vereinbart, dass technische Beschränkungen und Kontrollmechanismen gewährleisten, dass das Iranische Atomprogramm ausschließlich friedlichen Zwecken dient und nicht für die Entwicklung von

Nuklearwaffen verwendet werden kann. Die seit 2006 gegen den Iran verhängten Sanktionen sollen schrittweise aufgehoben werden. http:// www.auswaertigesamt.de/DE/Aussenpolitik/RegionaleSchwerpunkte/ NaherMittlererOsten/Iran/aktuell/150714_IRN_Deal.html]

91 Vgl. Alexander Brexendorff und Christian Ule, »Changes Bring New Attention to Iranian Buyback Contracts,« *Oil & Gas Journal*, 1. November 2004.

92 Vgl. Platform IPS, War on Want, Global Policy Forum, Oil Change, NEF (2005), *Crude Designs: The rip-off of Iraq's oil wealth*, Platform. (Download möglich auf www.platformlondon.org.)

93 Vgl. Tim Kelly, »Paul Krugman and Military Keynesianism,« 30. August 2011, http://fff.org/explore-freedom/articlse/paul-krugman-military-keynesianism.

94 Das klassische Werk in diesem Bereich ist Hans J. Morgenthau, *Macht und Frieden. Grundlegung einer Theorie der internationalen Politik*, 1963. Andere wichtige Autoren sind etwa E.H. Carr, Henry Kissinger, George Kennan und Samuel Huntington.

95 Die sogenannte »Unterentwicklungs«-Denkschule hat ihren Ursprung bei lateinamerikanischen Wissenschaftlern in den 70er-Jahren. Sie hatte erhebliche Wirkung auf afrikanische und karibische Akademiker wie Samir Amin und Walter Rodney. Nach dem Aufstieg der neoliberalen Wirtschaftswissenschaften verlor diese »Schule« an Bedeutung, hat aber in den letzten Jahren wieder vermehrt Anhänger gefunden.

96 Die GCA entstand um 1993 auf Initiative des früheren Weltbankchefs Robert McNamara. Ihr Ziel war es, »sicherzustellen, dass Afrika auf der internationalen Agenda präsent bleibt, ein besseres Verständnis für die Entwicklungs-Herausforderungen dieses Kontinents zu befördern und Übereinstimmung über die notwendigen Maßnahmen zu erzielen, die die afrikanischen Regierungen und ihre internationalen Partner ergreifen müssen. Die Agenda der GCA konzentriert sich auf die allgemeinen Themen a) Friede und Sicherheit; b) Governance und der Übergang zur Demokratie sowie c) nachhaltiges Wachstum und Integration in die Weltwirtschaft.« Inzwischen hört man nicht mehr viel von der GCA; offenbar war es schlicht »ein Fantasiegebilde« westlicher Imperialisten wie der Weltbank, dass man die Entwicklung Afrikas übernehmen könnte.

97 1983 setzten die Vereinten Nationen die Weltkommission für Umwelt und Entwicklung unter dem Vorsitz von Gro Harlem Brundtland, der ehemaligen Ministerpräsidentin Norwegens, ein. Die Kommission ist auch als Brundtland-Kommission bekannt.

98 Mitte 1917 in Petrograd als Pamphlet veröffentlicht. Vgl. Lenin (1963), *Lenin's Selected Works*, Band 1, Progress Publishers, S. 667–766. Ich sollte hinzufügen, dass Lenins Pamphlet kein vollkommen eigenständiges

Werk war. Lenin bezieht sich ausdrücklich auf J.A. Hobson, *Imperialism: A Study* (1902) und andere.

99 Für eine Anwendung dieser Analyse auf die Vereinigten Staaten vgl. Perry Anderson, *American Foreign Policy and its Thinkers*, New Left Review, September/Oktober 2013.

100 Kwame Nkrumah (1966), *Neo-Colonialism: The Last Stage of Imperialism*, International Publishers, S. ix.

101 Vgl. Patrick Bond, »BRICS and the tendency to sub-imperialism«, *Pambazuka News* 673, April 2014; Michael Abbott, *Sub imperialism the U.S. and Brazil in Morales' Bolivia*; Elif Çagli, *On Sub-imperialism Regional Power Turkey*, 2009.

102 Für eine ausführlichere Auseinandersetzung mit dem Thema, vgl. meinen Artikel »On sub-imperialism and BRICS-bashing«, *Pambazuka News*, http://pambazuka.org/en/category/features/91832.

103 Natürlich gab es auch in der Vergangenheit schon Imperien. Doch diese Reiche – wie das chinesische, aztekische, griechische, römische und osmanische – hatten ihre eigenen Merkmale. Hier betrachten wir den Imperialismus in unserer eigenen Epoche: der kapitalistischen Ära.

104 Abdul Sheriff (2010), *Dhow Cultures and the Indian Ocean: Cosmopolitanism, Commerce and Islam*, Oxford University Press.

105 Vgl. Terisa Turner (Hrsg.), *Oil and Class Struggle*, Zed Press (mit Peter Nore).

106 Vgl. R. Soares de Oliveira (2007), *Oil and Politics in the Gulf of Guinea*, Hurst.

107 Vgl. Kapitel drei für mehr Informationen zu den AKP-Ländern und dem Cotonou-Abkommen.

108 »Somalia joins Cotonou Agreement«, *Sabahi*, 9. Juni 2013 und »Mohamud praises Somalia's membership in Cotonou Agreement«, *Sabahi*, 10. Juni 2013.

109 Shawn Helton, »The Horns of Africa: Neo-Colonialism, Oil Wars and Terror Games,« www.globalresearch.ca/the-horns-of-africa-neo-colonialism-oil-wars-and-terror-games/5355993.

110 Vgl. www.rigzone.com/news/oil_gas/a/133442/Soma_Oil_Gas_Completes_Seismic_Acquisition_Program_Offshore_Somalia.

111 Vgl. http://finance.yahoo.com/news/hank-paulson-warns-another-financial-171148084.html.

112 Fukuyama und Huntington sind, jeder auf seine Art, im geopolitischen und ideologischen Denken des westlichen Mainstreams verhaftet, der seine Basis letztendlich in eurozentrischen Epistemologien hat. Das läuft im Falle Fukuyamas auf den verfrühten Jubel des westlichen Triumphalismus über das Ende des Kalten Krieges und den Zerfall der Sowjetunion und im Falle Huntingtons auf die Angst vor antiwestlichen – insbesondere islamischen – Zivilisationen hinaus. Vgl. Francis Fukuyama (1992), *Das Ende der Geschichte: Wo stehen wir?*, Kindler; Samuel Huntington

(1996), *Kampf der Kulturen: Die Neugestaltung der Weltpolitik im 21. Jahr-hundert*, Europa-Verlag.

113 Es ist üblich, dem Begriff »Zivilisation« die vermeintlich barbarischen oder primitiven Kulturen gegenüberzustellen, so etwa die Jäger und Sammler oder nomadische Hirtenvölker. Das Wort »primitiv« ist stark abwertend, und es würdigt viele Kulturen herab – so etwa die ugandi-schen Karamojong, unter denen ich als Kind aufwuchs –, die in vielerlei Hinsicht (etwa im Hinblick auf soziale Bindungen und friedliche Me-thoden interner Konfliktlösung) eine höhere Kulturstufe repräsentieren als unsere »moderne« industrielle oder postindustrielle Zivilisation.

114 Während ich diese Zeilen schrieb, wurde (am 19. September 2014) in Schottland ein Referendum darüber abgehalten, ob man sich als eine »Nation« von England abspalten sollte. Eine klare Mehrheit sprach sich gegen die Unabhängigkeit aus, doch es ist unwahrscheinlich, dass der Prozess damit beendet ist.

115 Denker der Aufklärung wie Edward Gibbon, Autor des Klassikers *Ver-fall und Untergang des römischen Imperiums*, und selbst die Schriften des englischen Historikers Arnold Toynbee zeichneten sich durch ein sehr ausgewogenes Bild des Islams aus. Diese und viele weitere Historiker schrieben, dass sich der Islam nach dem Tod des Propheten im Jahr 632 in alle umliegenden Gebiete ausbreitete und Ländereien von Persien bis Spanien unter seine Kontrolle brachte. Vom siebten Jahrhundert an bis etwa zum Beginn der Kreuzzüge – also rund 500 Jahre – war der Islam nicht nur eine ernstzunehmende Macht, sondern auch kulturell, wissen-schaftlich und intellektuell fortschrittlich. Die Kalifate unterstützten die Reisen von Kaufleuten und Gelehrten durch das westliche Eurasien, die Waren und Wissen nach Europa mitbrachten. Im Jahr 751 gelangte bei-spielsweise die Kunst der Papierherstellung aus China durch muslimi-sche Händler nach Europa. Die zukünftigen Staaten in der Region – wie die Reiche der Safawiden, Seldschuken, Osmanen sowie das Mogulreich in Indien – waren sämtlich islamisch.

116 Die Kreuzzügler übernahmen den goldenen Bezant, die Münze der er-oberten Gebiete, komplett mit ihrer arabischen Legende.

117 Einen faszinierenden historischen Abriss liefert Stephen Zarlenga (2002), *The Lost Science of Money*, American Money Institute Charitable Trust.

118 Der IS ist ein selbsterklärter »Staat«, der versucht, sich in der Levante (Sy-rien, Jordanien, Libanon, Israel, Palästina und Südtürkei) zu etablieren.

119 »Why Young Europeans Join ISIS?« Charlotte Van Hek, *Euron*, 4. Okto-ber 2014. http://euron.co.uk/why-young-europeans-join-isis/.

120 Vgl. Patrick Cockburn (2014), *The Jihadis Return*, OR Books, S. 9.

121 Vgl. https://sustainablecrediton.org.uk/economics/reading/christine-lagarde.aspx. Da Lagarde aus einer institutionellen Perspektive spricht, ist auch meine Kritik an ihr institutionell und nicht persönlich.

122 Vgl. http://www.nbcnews.com/storyline/military-spending-cuts/u-s-military-spending-dwarfs-rest-world-n37461.

123 Zu den »Produktivkräften« gehören Wissenschaft und Technologie, die in den letzten hundert Jahren astronomisch gewachsen sind, und die Organisation der Rohstoffproduktion. Um die soziale Infrastruktur der Produktion darzustellen, einschließlich der Beziehungen, Ideologie und Kultur der Menschen, prägte Marx den Begriff der »Produktionsverhältnisse«. Es ist, wie Marx sagte, die Kombination der Produktionskräfte mit den Produktionsverhältnissen, die eine konkrete historische Produktionsweise ergibt. Ich gebrauche diese Begriffe, weil sie hilfreiche analytische Kategorien darstellen, aber ich will nicht in eine Diskussion dieser Termini einsteigen.

124 Vgl. http://www.oecd.org/social/soc/dividedWestandwhyinequality-keepsrising.htm.

125 Vgl. die exzellente Reihe über afrikanische Führungsfiguren der Vergangenheit (darunter Frantz Fanon, Amílcar Cabral, Mehdi Ben Barka, Patrice Lumumba, Thomas Sankara und Julius Nyerere), die 2013–14 von der Organisation *Centre Europe-Tiers Monde* (CETIM) herausgegeben wurde.

126 Diese auf Wissenschaft, Technologie und das Organisieren der Produktion materieller Güter zu beschränken, wäre grob vereinfachend, doch es verdeutlicht den Kern des Konzepts.

127 Vgl. auch Samir Amin (2011), *Ending the Crisis of Capitalism or Ending Capitalism?*, Pambazuka Press.

128 Vgl. http://opinionator.blogs.nytimes.com/2014/03/15/on-the-wrong-side-of-globalization/?_php=true&_type=blogs&_php=true&_type=blogs&ref=josephestiglitz&_r=1.

129 Im Jahr 2009 setzte die Generalversammlung der Vereinten Nationen eine Kommission unter dem Vorsitz von Joseph Stiglitz ein, die eine Analyse der Wirtschafts- und Finanzkrise durchführen und Empfehlungen aussprechen sollte. Der Bericht der Kommission enthielt eine ziemlich gute Analyse. Sie gab zehn Empfehlungen ab, die mehr oder weniger auf der Linie von Christine Lagardes oben beschriebenen Reformvorschlägen lagen, allerdings detaillierter, mit Daten untermauert und um einen konkreten Handlungsplan ergänzt. Doch bis heute, fünf Jahre später, ist keine einzige ihrer zehn Empfehlungen umgesetzt worden. Daran zeigt sich, dass die »internationale Gemeinschaft« nicht bereit ist, die globale finanzielle Infrastruktur von oben her zu verändern. Der IWF und die Weltbank sind im gegenwärtigen geopolitischen Umfeld nicht reformierbar. Eine Konsequenz daraus ist, dass es bereits aktive Bemühungen gibt, parallele Strukturen zu schaffen, so etwa die von den BRICS-Staaten initiierte Entwicklungsbank AIIB, deren Gründungsurkunde am 29. Juni 2015 von 57 Ländern in Peking unterzeichnet wurde.

130 Vgl. auch Yilmaz Akyuz, »Are Developing Countries Waving or Drowning?« *South Bulletin* Nr. 76, 21. November 2013. Er schreibt: »Nach 2009 begannen mehrere Entwicklungsländer damit, Kapitalzuflüsse zu kontrollieren, vor allem durch marktfreundliche Maßnahmen anstelle von direkten Restriktionen. Dazu gehörten die Verpflichtung zur unverzinsten Mindestreservehinterlegung (*unremunerated reserve requirements*, URR) und Steuern (Brasilien Steuern auf Portfoliozuflüsse; Peru auf Auslandskäufe von Zentralbankpapieren; Kolumbien URR von 40 Prozent für sechs Monate); Mindestbesitzdauer (Kolumbien für Direktinvestitionen im Inland; Indonesien für Zentralbankpapiere); besondere Mindestreservepflichten (*reserve requirements*; RR) und Steuern auf Bankenpositionen (Brasilien RR auf Shortpositionen und Steuern auf Shortpositionen bei Devisenderivaten; Indonesien RR für ausländische Gesamtvermögenswerte; Peru höhere RR auf Konten in Landeswährung von Devisenausländern); Steuern und Einschränkungen für Kredite aus dem Ausland (Indien auf Unternehmensverbindlichkeiten; Indonesien auf Bankverbindlichkeiten; Peru zusätzliche Kapitalanforderungen für Devisenkreditrisiken); und Besteuerung von Auslandseinkünften aus Vermögenswerten (Thailand Quellensteuer auf Zinseinkünfte und Kapitalzugewinne aus inländischen Anleihen). Einige Entwicklungsländer wie etwa Südafrika liberalisierten die Regeln für Kapitalexporte ihrer Einwohner, um den Aufwärtsdruck auf ihre Währungen abzuschwächen.«

131 Eine weitere abgekoppelte Innovation im Finanzsektor ist Bitcoin. Bitcoin ist eine Kryptowährung, die mit Peer-to-Peer-Technologie arbeitet und keine zentrale Autorität oder Bank benötigt. Niemand besitzt oder kontrolliert Bitcoin. Vgl. https://bitcoin.org/de/.

132 Karl Mannheim (1954), *Ideology and Utopia: An Introduction to the Sociology of Knowledge*, Harcourt Brace.

133 Nassim Taleb (2008), *Der schwarze Schwan: Die Macht höchst unwahrscheinlicher Ereignisse*. Hanser.

134 Dani Nabudere (2011), *Afrikology, Philosophy and Wholeness: An Epistemology*, sowie (2012) *Afrikology and Transdisciplinarity: A Restorative Epistemology*, herausgegeben vom African Institute of South Africa in dessen Reihe »Development through Knowledge«.

135 Vgl. Yash Tandon, »Pitfalls of Humanitarian Interventionism – Responsibility to Protect (R2P): A Perspective from Africa«, Vortrag, gehalten im Rahmen der Doshisha University International Conference on Asian Perspectives on Humanitarian Interventions in the 21st Century, Kyoto, 28.-29. Juni 2011, http://global-studies.doshisha.ac.jp/attach/page/GLOBAL_STUDIES-PAGE-JA-24/24946/file/asia-program.pdf.

136 Sünzi (1991), *The Art of War*, ins Englische übersetzt von Thomas Cleary, Shambala Pocket Classic.

137 Ibid. S. 90.

Bibliografie

Amin, Samir (2011), *Ending the Crisis of Capitalism or Ending Capitalism?*, Pambazuka Press.

Chomsky, Noam (1993), *Year 501 – The Conquest Continues*, New York: Black Rose Books.

Fanon, Frantz (1952), *Black Skin, White Masks* (1967) übersetzt von Charles Lam Markmann, New York: Grove Press.

Gardner, R.N. (1956), *Sterling-Dollar Diplomacy*, New York: Clarendon Press.

George, Susan (1976), *How the Other Half Dies: The Real Reasons for World Hunger*, London: Penguin UK.

Gibbon, Edward (1909–1914), *The Decline and Fall of the Roman Empire*, 6 Bände, Kindle Edition, 2014.

Hudec, Robert E. (1999), *Essays on the Nature of International Trade Law*, London: Cameron May.

Hudson, Michael (1992), Trade, *Development and Foreign Trade*, 2 Bände, London: Pluto Press.

Huntington, S. (1996), *The Clash of Civilizations and the Remaking of World Order*, London: Simon and Schuster UK.

Lenin, V.I. (1916), *Imperialism, the Highest Stage of Capitalism*, Lenin Internet Archive, 2005.

Morgenthau, Hans J. (1967), *Politics Among Nations: The Struggle for Power and Peace*, New York: Knopf.

Nabudere, Dani W. (2011), *Afrikology, Philosophy and Wholeness: An Epistemology*, Africa Institute of South Africa.

Nkrumah, Kwame (1966), *Neo-Colonialism: The Last Stage of Imperialism*, London: Panaf Books.

Reinert, Erik S. (2007), *How Rich Countries Got Rich ... and Why Poor Countries Stay Poor*, London: Constable.

Shiva, Vandana (2000), *Stolen Harvest: The Hijacking of the Global Food Supply*, New York: South End Press.

Skidelsky, Robert (2000), *John Maynard Keynes, Vol. 3: Fighting for Britain, 1937-1946*, McMillan.

Soros, George (2004), *The Bubble of American Supremacy: Correcting the Misuse of American Power*, London: Weidenfeld & Nicolson.

Sumner, Andy und Meera Tiwari (2009), *After 2015: International Development Policy at a Crossroads*, London: Palgrave.

Taleb, Nassim (2007), *The Black Swan: the Impact of the Highly Improbable*, New York: Random House.

Tandon, Yash (2001), »My Attempt to Enter the Boiler Room at Doha Ministerial,« *SEATINI Bulletin*, 30. November 2001.

Tandon, Yash (2008), *Ending Aid Dependence*, Genf: South Centre / England: Fahamu Books.

Tandon, Yash (2012), *Demystifying Aid*, Pambazuka Insights. Fahamu Books.

Toynbee, Arnold (1934–1961), *A Study of History*, 12 Bände, Oxford University Press.

Tzu, Sun; Sūnzǐ (1991), *The Art of War*, übersetzt von Thomas Cleary, Boulder: Shambhala Pocket Classic.

Ziegler, Jean (2011), *The Fight for the Right to Food: Lessons Learnt*, London: Palgrave.

Glossar

Abkoppeln/Trennen: Die eigene Nation und Wirtschaft von der Herrschaft und dem Kontrollsystem von *Globalisierung und Entwicklungshilfe distanzieren.*

Akephales internationales System: Die Abwesenheit einer Struktur der Global Governance.

Arbeitsgutscheine: Anders als Geld basieren diese auf der Arbeitszeit, die benötigt wird, um ein konsumierbares Gut oder eine Dienstleistung bereitzustellen (siehe auch Tauschwert und Nutzwert).

Asymmetrischer Krieg: Krieg zwischen dem Norden und dem Süden, sei es auf einem realen Schlachtfeld oder auf dem Gebiet des Handels.

Chimurenga: Kriege des simbabwischen Volkes gegen die britische Kolonialherrschaft und fortdauernde Dominanz.

Dependenz- oder Unterentwicklungstheorie: Die Theorie, dass der freie Handel die »Peripherie« der südlichen Länder zum Vorteil der reichen »Kern«-Staaten des Nordens »unterentwickelt«.

Dynamische und revolutionäre Kräfte: Kräfte, die von den ausgebeuteten Gesellschaftsschichten sowie von Wissenschaft und Technologie geschaffen werden und die Produktionsverhältnisse verändern (siehe Produktionsverhältnisse).

Eurozentrische Epistemologie und Pädagogik: Der Mythos, dass der Westen die Quelle allen Wissens ist.

»Evergreening« von Technologie: Der Prozess, mit dem Pharmaunternehmen den Preis für Medikamente künstlich hochhalten, indem sie mithilfe von »kleinen Modifikationen« den Patentschutz für bereits existierende Medikamente immer wieder verlängern.

Geld: Das Medium, mit dem in einem gegebenen historischen Kontext Schulden beglichen oder Ersparnisse aufbewahrt werden können.

Genozid: Die Ermordung einer großen Zahl von Menschen, die meist einer bestimmten Nation, ethnischen Gruppe oder Religion angehören.

Ideologie: Eine strukturierte Gruppe von Ideen und Werten, die die Basis eines philosophischen, ökonomischen oder politischen Weltbildes darstellt.

Imperialistischer Frieden: Demokratie, Globalisierung und Militarismus, von Westen/NATO definiert.

Imperialismus: Jede historische Epoche hat ihren spezifischen Imperialismus. In der kapitalistischen Ära erscheint er in der Gestalt von Kolonisierung, Kapitalexport, Besetzung sowie der Beherrschung der kolonisierten Länder und ihrer Ressourcen.

Kognitive Umdeutung: Einer Situation oder einem Ereignis wird eine neue Bedeutung oder Bewertung zugewiesen. Zum Beispiel der Erste und Zweite Weltkrieg aus arabischer Sicht.

Kohwa Pakuru: Wörtlich übersetzt »ernte viel« oder »größerer Ertrag«; eine Initiative von Ciba Geigy (Novartis) in Simbabwe.

Kritischer oder revolutionärer Realismus: Das Anerkennen der existenziellen Realität, während man sie gleichzeitig grundlegend verändert.

Mhondoro: »Königliche Vorfahren« (Simbabwe).

Neokolonialismus: Postkolonialer Imperialismus (siehe Imperialismus).

Neoliberale Ideologie: Wirtschaftspolitische Richtung, die auf dem Mythos der freien Marktwirtschaft beruht und von den westlichen imperialistischen Nationen seit Mitte der 8oer-Jahre forciert wird.

Nganga: Ein Wort aus der Bantu-Sprache, das in vielen afrikanischen Gesellschaften – aber auch in vielen Gesellschaften in der afrikanischen Diaspora, wie etwa in Brasilien – einen Kräuterkundigen oder Geisterheiler bezeichnet.

Okzidentalismus: Die Kulturen und Werte des Westens aus der Perspektive des Südens betrachtet (siehe Orientalismus).

Orientalismus: Die Kulturen und Werte des Südens (des Orients) aus der Perspektive des Westens betrachtet.

Paradigma und Paradigmenwechsel: Das gesamte Wissenssystem und Weltbild einer historischen Epoche (nach Kuhn); ein Paradigmenwechsel findet statt, wenn dieses Wissenssystem infrage gestellt wird.

Produktionsverhältnisse: Die Beziehung zwischen denen, die die Produktionsmittel (wie Land oder Kapital) besitzen oder kontrollieren und jenen, denen sie weder gehören noch die eine Kontrolle darüber ausüben.

Solidarität: Verbundenheit mit einer Gruppe von Nationen oder Menschen auf der Basis gemeinsamer Werte und Interessen und ohne Ausbeutung.

Systemische Kausalität: Basiert auf der gesamten bzw. ganzheitlichen – im Gegensatz zur fragmentierten – Sicht auf die Ursachen eines Phänomens.

Ursprüngliche Akkumulation: Das präkapitalistische Ansammeln von Kapital. Meist gewaltsam und durch Enteignung oder Kolonisierung.

Utupa (Trifosea Vogelli), Anabaum (Acacia Albida) und Nzigati: Bäume, die in Tansania zum Bodenschutz eingesetzt werden.

Tauschwert und Nutzwert: Der Tauschwert eines Produkts oder einer Dienstleistung bezieht sich darauf, dass sie als Waren für einen Preis gehandelt werden; der Nutzwert bezieht sich auf den Konsum von Produkt oder Dienstleistung, unabhängig davon, ob sie als Ware gehandelt werden.

Vorsorgeprinzip: Dieses Prinzip besagt, wenn das Risiko besteht, dass eine Handlungsweise oder Politik Menschen oder Umwelt Schaden zufügt, sollte man Vorsicht walten lassen, solange wissenschaftliche Erkenntnisse fehlen.

Register

Brasilien 14, 26, 30, 44, 87 f.,
107, 121, 164, 170 f., 208,
224, 232, 250, 256, 260
Bretton Woods 14, 44, 53,
BRICS-Staaten/-länder 14 f., 26,
87, 183, 195, 208 f., 255
Britisches Empire 136, 222
British Commonwealth 102
Brundtland-Kommission 205, 252
Brüssel 20 f., 88, 110 f.,
116, 124, 136, 247
Burkina Faso 77, 155
Burundi 38, 126, 130 f., 218
BusinessEurope 88, 110, 128,
244, 246

Cabral, Amílcar 226, 255, 270
Cameron, David 213
Cancún 30 f., 36, 56, 68 f., 88, 248
Cargill 150
Carter, Jim 184
Castro, Fidel 187–190, 226, 251
Castro, Raúl 189–191, 251
CAMPFIRE – Communal Areas
Management
Programme for Indigenous
Resources 159 f.
Center for Food Safety 155
Center for International
Environmental Law 171
Chavanduka, Gordon 161
Chávez, Hugo 189 f., 270
Chavismo/Chavismus 189
Chidyausiku, Boniface 165
Chifamba, Tadeous 165
Chimurenga 158, 259
China 13 ff., 26, 34, 44, 53,
56, 81, 87 f., 100, 107, 111, 121,
145, 147, 164 f., 186, 208 f., 224,
232 f., 237–241, 245, 251, 254
Ciba Geigy 157, 159 f., 260
CIPLA 167 f.
Clinton, Bill 48

Global Coalition for Africa
(GCA) 204 f., 252
Coalition of the Flemish North
South Movement 11.11.11 124
Cohen, Herman 204 f.
Common Man's Charter 182
Common Market for Eastern and
Southern Africa (COMESA) 47
Correa, Carlos 170, 250
Costa Rica 95, 251
Cotonou 20, 95, 105–116, 146,
212, 246, 253
Cotton Four (C-4) 77–81, 178, 244
Customs for Uniform
Rights Enforcement
(SECURE) 146, 171–175

Daressalam 38, 108, 118, 124,
126, 128, 149, 244
De Gucht, Karel 38 f., 128
Delinking 231
De minimis 74, 76, 90
Del Monte 104
Deutschland 51, 97–101,
224 f., 244, 249, 251
Differenzierte Sonderbehandlung
(Special and Differential
Treatment; S&D) 24, 60, 84 ff.
Disputes Settlement Body
(DSB; Streitschlichtungsorgan
der WTO) 80
Doha 23, 37, 56, 59–64, 70,
84 f., 88, 91, 164 ff., 170,
174, 242 f., 250, 258
Dubai 171 f.

East African Legislative Assembly
(EALA) 23, 38 f., 124–129, 133
England/Großbritannien 33 f., 44,
50 f., 53 f., 96–104, 134, 143,
177, 182 f., 186, 198, 205, 209,
212 f., 218 f., 224, 249, 251, 254

Danksagungen

Ich nehme die Veröffentlichung dieses Buches zum Anlass, den zahllosen Menschen zu danken, die dazu beigetragen haben, mein Leben und mein Denken zu formen, die aber natürlich in keiner Weise für meine Fehler und Unvollkommenheiten verantwortlich sind.

Zuerst jene, die nur noch im Geiste unter uns sind, deren unendliche und zeitlose Weisheit uns aber seit Jahrhunderten Bildung und Orientierung schenkt – Amílcar Cabral, Buddha, Che Guevara, Jesus Christus, Dani Nabudere, Frantz Fanon, Guru Nanak, Hugo Chávez, Julius Nyerere, Kwame Nkrumah, Lenin, Mahatma Gandhi, Mao, Martin Luther King, Marx, Nelson Mandela, Mohammed, Moses und Simón Bolívar – um nur einige aus der unzähligen Schar zu nennen.

Dann jene, die uns durch Tat oder Solidarität darin unterstützen, den globalisierten Handelskriegern entgegenzutreten. Dazu gehören Africa Kiiza, Aileen Kwa, Aminata Traoré, Arndt Hopfmann, Ali Mchumo, Amedee Darga, Benee Bunsee, Benjamin Mkapa, Dauti Kahura, Demba Dembele, Edward Oyugi, Edward Rugumayo, Fatma Alloo, Firoze Manji, Francine Mestrum, Gacheke Gachihi, Godfrey Kanyenze, Helene Bank, Horace Campbell, Issa Shivji, Jane Nalunga, Jean Ziegler, Lazare

Ki-Zerbo, Mark Weisbrot, Martin Khor, Matt Meyer, Moeletsi Mbeki, Mukhisa Kituyi, Nathan Irumba, Oduor Ong'wen, Peter Anyang Nyongo, Peter Lunenborg, Riaz Tayob, Samir Amin, Timothy Kondo, Xuan Li, Vandana Shiva, Vasanthan, Vikas Nath und viele andere.

Meinen Verlegern Colin Robinson von OR Books, Julie Duchatel vom Centre Europe-Tiers Monde (CETIM), die dieses Buch auch ins Französische übersetzt hat, sowie Walter Bgoya von Mkuki na Nyota. Sie haben mich immer wieder motiviert, meine These, dass Handel Krieg ist, mit Argumenten und Beweisen zu untermauern sowie meine Sprache und meinen Satzbau zu verfeinern.

Besonders dankbar bin ich meinem Literaturagenten, Freund und Ratgeber Roger van Zwanenberg. Ohne seine stetige Ermutigung und seinen Enthusiasmus hätte dieses Buch niemals das Licht der Welt erblickt.

Last not least bin ich meiner Familie zu Dank verpflichtet, insbesondere Nidhi, Vivek und Maya. Und was Mary, die seit mehr als einem halben Jahrhundert meine Frau ist, angeht: Es gibt nicht genug Worte des Dankes für dein akribisches Lektorieren mehrerer Manuskriptstadien dieses Buches, ganz zu schweigen von deiner Liebe, deiner grenzenlosen Geduld und Toleranz.